北岡明佳

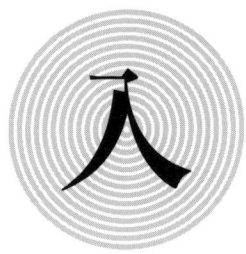 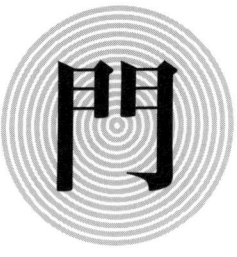

朝倉書店

◎まえがき

　本書は，錯視の本である．錯視図形をたくさん掲載してあり，多くの文献を引用している．信頼できそうな学術書に見える．しかし，決して誤解をされないようにしていただきたいことがある．本書は錯視研究のすべては網羅できていないし，錯視の選び方も公平ではありえない．それは，錯視と呼ばれるものの範囲が膨大で，完全を目指すことはとても一個人の力の及ぶところではないからである．

　そして，何よりも気をつけていただきたいのは，本書の錯視図のほとんどは筆者のオリジナルの図であるということである．元の論文の錯視図が不適当と判断したら，躊躇なく図の形を変更している．しかしながら，本書の図が「作品」だと主張したいのではない．本書の図のほとんどは基本図形（丸や長方形みたいなもの）であるから，図そのものはご自由にお使いいただきたい．

　私がここで強く言いたいことは，「本書には，他の錯視の本とは異なり，図に歴史資料的価値がない」ということである．本気で錯視の研究に取り組まれるという方は，この点をくれぐれも注意していただき，ご発表・ご講演・ご著書等で錯視の図を示す必要が生じた場合は，必ず原典あるいは原典に忠実な文献をチェックするようにしていただきたい．

　そのほか，紙面では見せることが難しいため，本書では動画において見られる錯視（運動視の錯視）にはあまり言及していない．しかしそれは，種類が少ないとか，価値が低いということでは決してない．静止画が動いて見える錯視に1章を割いているが，これは標準的な運動視の錯視ではなく，「変則的」運動錯視（anomalous motion illusion）と呼ばれることがあるくらいである．

　他感覚との相互作用で起こる錯覚的現象についても言及していない．たとえば，マガーク効果（McGurk effect. 口の形と発音が一致しない時に起こる錯聴）（McGurk and MacDonald, 1976）や通過・反発現象（streaming/bouncing phenomenon）に音が効く現象（2つの物体が交差するタイミングで音が鳴ると跳ね返るように見えやすいこと）（Sekuler, Sekuler and Lau, 1997）など，近年の知覚の研究において注目を浴びている現象について何も述べていない．

　以上のように，本書は広く錯視を解説することを目的としているが，すべての読者に等しく満足いただくことはできないであろう．この点は各自留保していただき，私の現時点（2009年）での力の及ぶ範囲でレビューした錯視の世界を，お楽しみいただけたら幸いであ

る．

　なお，上記の文章は 2009 年 4 月に書き上げている．しかし，校正もほぼ終わって出版も間近となった現在は 2010 年 5 月である．仕上げに一年も時間を費やしているうちに，いろいろなことがあった．何と言っても，2009 年 12 月に，日本で初めての錯視コンテストが開催された（審査委員長は筆者）．応募のあった 53 作品から 10 作品が入賞作品として選ばれた．それらは，立命館大学文学部心理学専攻のウェブページ（http://www.psy.ritsumei.ac.jp/~akitaoka/sakkon/sakkon2009.html）で見ることができる．また，理化学研究所が運営する視覚刺激の電子図書館 "Visiome"（http://visiome.neuroinf.jp/）にも保存された．

　さらにである．その錯視コンテスト 3 位の作品が，2010 年 5 月にアメリカ・フロリダ州で開催された the 6th Annual Best Illusion of the Year Contest で一等賞（First prize）を獲得した．杉原厚吉教授（明治大学）の「何でも吸引 4 方向すべり台」（Impossible motion: magnet-like slopes）である．この作品は一種の不可能図形であるが，ペンローズの三角形（Penrose triangle）の仲間ではなく，形の恒常性（shape constancy）にトリックを仕掛けただまし絵（trompe l'oeil）と考えられる．

　上記の「不可能図形」「ペンローズの三角形」「形の恒常性」「だまし絵」といった用語も本書では解説されている．つまり，本書をひもとくと，錯視やだまし絵的な視覚の話題を辞書的に調べることもできる．

2010 年 5 月

北 岡 明 佳

◎目　次

1. ものの大きさや傾きが変わって見える錯覚－幾何学的錯視－　　001

1.1　ミュラー＝リヤー錯視とポンゾ錯視　　002

1.2　エビングハウス錯視とデルブーフ錯視　　004

1.3　ジャストロー錯視　　006

1.4　オッペル-クント錯視　　008

1.5　フィック錯視と上方の過大視　　010

1.6　ポッケンドルフ錯視　　012

1.7　ジョヴァネッリ錯視と重力レンズ錯視　　014

1.8　ツェルナー錯視とフレーザー錯視　　016

1.9　カフェウォール錯視　　020

1.10　彎曲錯視　　022

1.11　渦巻き錯視　　024

1.12　樽錯視　　026

1.13　図形残効　　028

2. ものの明るさが変わって見える錯覚－明るさの錯視－　　031

2.1　明るさの対比　　032

2.2　コントラスト・コントラスト，明るさの同化　　036

2.3　シュブルール錯視，マッハの帯，クレイク-オブライエン-コンスイート効果　　038

2.4　標的図形　　042

2.5　ホワイト効果　　044

2.6　エーデルソンの錯視群と縞誘導　　046

2.7　ヘルマン格子錯視　　050

2.8　バーゲン錯視　　052

2.9　ピンナの明るさの錯視　　054

3. ものの色が変わって見える錯覚－色の錯視－　057
3.1　色の対比　058
3.2　色の同化と彩度対比　062
3.3　遠隔色対比と遠隔色同化　064
3.4　ムンカー錯視　066
3.5　モニエ-シェベル錯視　068
3.6　色の残像　070
3.7　マッカロー効果　072
3.8　主観色　074
3.9　色の恒常性　076

4. 静止画が動いて見える錯覚－動く錯視－　079
4.1　オオウチ錯視　080
4.2　ハイン錯視　086
4.3　ピンナ錯視　090
4.4　線画による回転錯視　094
4.5　四色錯視　096
4.6　コントラスト依存の時間遅れ錯視　100
4.7　みかけの速度差による錯視　104
4.8　フレーザー-ウィルコックス錯視　106
4.9　中心ドリフト錯視　110
4.10　オプ効果とその残効　112

5. ないものが見えてくる錯覚−視覚的補完−　115

5.1　カニッツァ図形と隣接格子　116

5.2　エーレンシュタイン錯視とネオン色拡散　120

5.3　針差し格子錯視　124

5.4　ヴァリン図形　126

5.5　視覚的ファントム　128

5.6　線分が不連続なネオン色拡散　130

5.7　水彩錯視　132

5.8　盲点の錯視　134

6. あるものが見えなくなる錯覚−消える錯視−　137

6.1　トロクスラー効果　138

6.2　消失錯視　140

6.3　運動誘導性消失錯視　142

7. ものに奥行きがあるように見える錯覚−立体視と空間視−　145

7.1　重なりによる奥行き知覚の錯視　146

7.2　透明視　148

7.3　クレーター錯視　150

7.4　奥行き反転図形　152

7.5　ステレオグラム　154

7.6　主観的輪郭の立体視　156

7.7　壁紙錯視とステレオキャプチャ　158

7.8　色立体視　160

7.9　道路勾配の錯視−坂道の錯視　162

7.10　エイムズの部屋　164

7.11　ペンローズの三角形と無限階段　166

8. ものが見えにくくなる錯覚－隠し絵－ 169

- 8.1 隠し字　170
- 8.2 画像を劣化させることで作る隠し絵，ムーニーフェース　172
- 8.3 よい連続の要因による隠し絵　174
- 8.4 図地反転と全体部分反転による隠し絵　176
- 8.5 ハイブリッド画像　178
- 8.6 結合探索による隠し絵　180
- 8.7 変化の見落とし　182

9. 顔に特有と考えられる錯覚－顔の錯視－ 185

- 9.1 サッチャー錯視　186
- 9.2 ウォラストン錯視　188
- 9.3 テレビの錯視　190
- 9.4 充血錯視と不気味の谷　192
- 9.5 ホロウマスク錯視　194
- 9.6 さかさま顔の過大視と顔ガクガク錯視　196
- 9.7 「表情の口優位性効果」と「表情の眉優位性効果」　198

10. 錯視とは何か 201

- 10.1 錯視に似た概念　202
- 10.2 錯視の歴史　206
- 10.3 錯視の分類　212

文　献　218
索　引　233

北岡明佳作品集

① 〈島田さん〉（2010 年）　　030

② 〈光る菊〉（2005 年）　　056

③ 〈四色の犬〉（2007 年）　　078

④ 〈秋の沼〉（2000 年）　　114

⑤ 〈黄ばみ格子〉（2007 年）　　136

⑥ 〈あさがお〉（2003 年）　　144

⑦ 〈余呉湖〉（2009 年）　　168

⑧ 〈シドニーのオペラハウス〉（2010 年）　　184

⑨ 〈目と口の回転〉（2010 年）　　200

1
ものの大きさや傾きが変わって見える錯覚
―幾何学的錯視―

　同じ大きさのものが異なる大きさに見えたり，平行な2つの線が平行でなく見えたりする錯覚がある．このような錯視は**形の錯視**（shape illusion）と呼ぶべきなのであるが，その歴史的経緯から，**幾何学的錯視**（geometrical illusion）と呼ばれる．**幾何学的・光学的錯視**（geometrical-optical illusion）あるいは**光学的錯視**（optical illusion）と呼ばれることもある．長い間，錯視と言えば多くは幾何学的錯視のことであったこともあり，文献も豊富であるから，本章では代表的なものだけを簡潔に紹介する．詳しくは，『錯視の科学ハンドブック』（後藤・田中, 2005）や田中（1994）のレビュー，Robinson（1972/1998）のレビュー，今井（1984）の著書，da Pos and Zambianchi（1996）のレビュー，北岡（2005b）の幾何学的錯視「百選」などを参照されたい．この中でも田中（1994）のレビュー「幾何学的錯視と残効」（『新編 感覚知覚心理学ハンドブック』誠信書房, pp. 681-736）は詳細であり，幾何学的錯視研究の進歩はあまり速くないこともあって，16年前のレビューではあるが内容は少しも古くないから，幾何学的錯視について広く深く知るには絶好の文献である．

　幾何学的錯視を大別すると，**大きさの錯視**，**位置の錯視**，**角度・傾きの錯視**に分けられる．大きさの錯視の代表例としては**ミュラー＝リヤー錯視**，位置の錯視としては**ポッゲンドルフ錯視**，角度・傾き錯視としては**ツェルナー錯視**が挙げられるが，たとえばミュラー＝リヤー錯視にも角度錯視の要素があるなど，明確に区別できるわけではない．

1.1 ◎ミュラー＝リヤー錯視とポンゾ錯視

線分の両端に，内向きに矢羽を付けると短く見え，外向きに付けると長く見える（図1.1）．この現象を**ミュラー＝リヤー錯視**（Müller-Lyer illusion）(Müller-Lyer, 1889) という．この錯視の説明には諸説あるが（Robinson, 1972/1998），グリゴリー（Gregory, 1963, 1966）の**線遠近法**（line perspective）説が特に有名である．内向図形では線分は近くに見え，外向図形は遠くに見えるから，大きさの恒常性（size constancy）の誤作動で錯視が起こるという考え方である．**ポンゾ錯視**（Ponzo illusion）(Lipps, 1897; Ponzo, 1912)（図1.2）も遠近法説で説明されることがしばしば好まれる．

ミュラー＝リヤー錯視を定量的に検討すれば，内向図形と外向図形で変位量が異なる（外向図形の錯視量が多い）し，片側の矢羽だけでは逆錯視となることがあるから，位置の次元の錯視というよりは大きさの次元の錯視である（Morinaga and Ikeda, 1965; Noguchi, Kitaoka and Takashima, 2008）．しかし，位置の変位で説明する考え方は現在も少なくない（例えば，Howe and Purves, 2005）．

錯視量の多い錯視図形として重宝されているが，筆者が学生の実験実習で得た経験によれば，内向図形は10数人に1人，外向図形は50人に1人程度，錯視が起きないという個人差が認められる．このため，この錯視図形を供覧する時は，受講者や被験者に対するケアに十分な注意を払う必要がある．すなわち，この錯視が見えない人は少数派であるが何も異常はない，ということを伝える必要がある．

図1.1 ◎ミュラー＝リヤー錯視. 横線は同じ長さであるが，内向きの矢羽の付いた上の横線よりも，外向きの矢羽の付いた下の方が長く見える．

図1.2 ◎ポンゾ錯視. 収斂する線分の頂点に近い側に置かれた対象が大きく見える現象である．左の図では，上の横棒が下の横棒よりも長く見えるが，物理的には同じ長さである．右の図では，左の円が右の円よりも大きく見えるが，物理的には同じ大きさである．

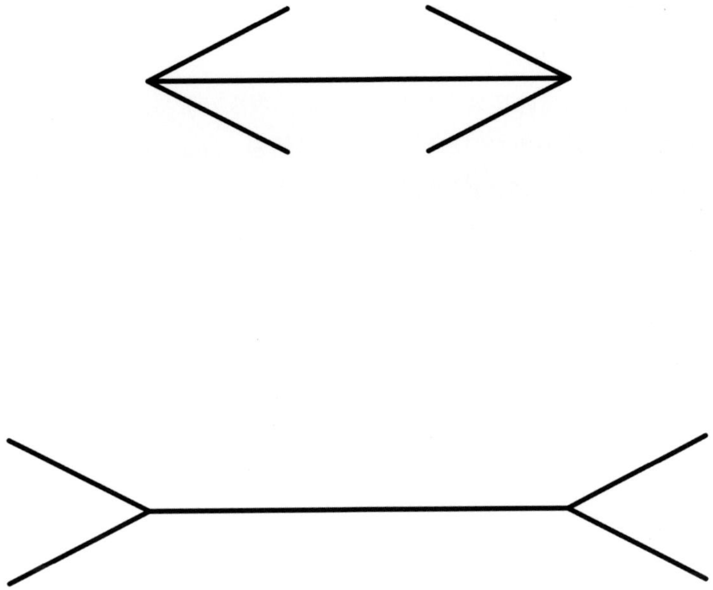

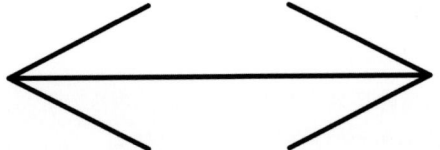

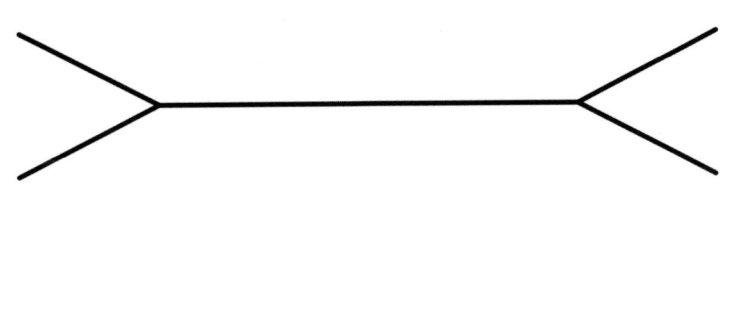

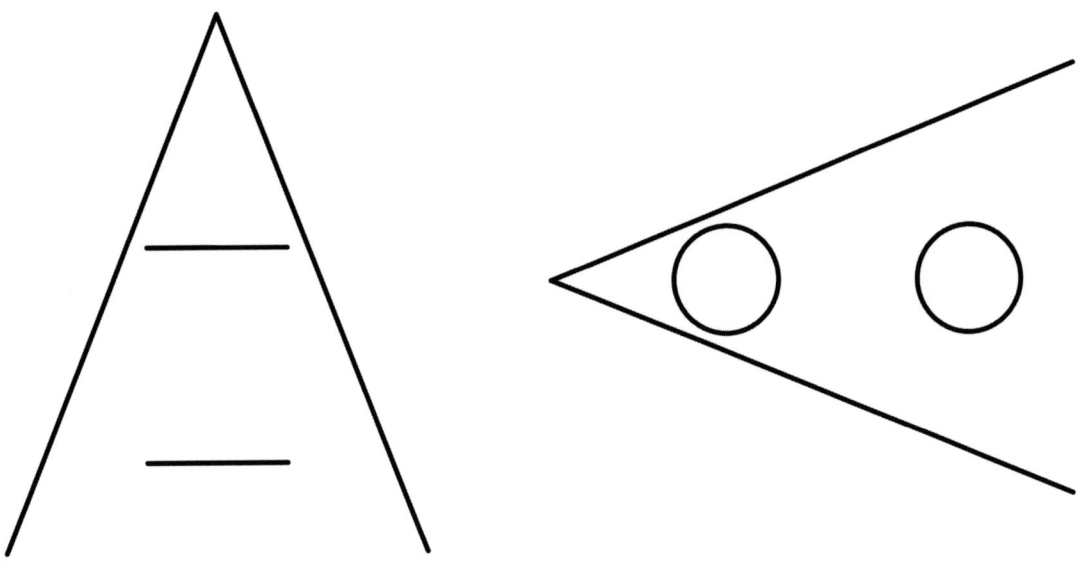

ものの大きさや傾きが変わって見える錯覚（幾何学的錯視）　　第1章

1.2 ◎エビングハウス錯視とデルブーフ錯視

ある円が複数のより小さい円に囲まれると大きく見え，複数のより大きい円に囲まれると小さく見える現象を，**エビングハウス錯視**（Ebbinghaus illusion）（図1.3）という．日本では**梅鉢模様錯視**という名称もある（今井, 1984）．記憶の心理学研究の祖として有名な心理学者エビングハウス（Ebbinghaus, 1902）の発見とされているが，**ティチェナー錯視**（Titchener illusion）の名称も通用している．筆者は独自の調査から，この錯視の掲載された最も古い文献はLipps（1897, p.222）であると推定したが（北岡, 2005a），最近（2009年）に他界したDr. Walter Ehrenstein Jr. からの私信によれば，それより以前のエビングハウスによる執筆物にエビングハウス錯視図形があるということであった．

類似した錯視に，**デルブーフ錯視**（Delboeuf illusion）（Delboeuf, 1865）がある．ある円がより小さくて中心が同じ円に囲まれると大きく見え，より大きくて中心が同じ円に囲まれると小さく見える現象である（図1.4）．デルブーフ錯視には，外円の過小視というバージョンもある．ある円の内側に小さい円が描かれると，その外円が小さく見える現象である（図1.5）．デルブーフ錯視の研究は，かつては日本の錯視研究のお家芸であり，多くの研究知見が蓄積されている．日本では**同心円錯視**とも呼ばれる．「同心円」というのは，中心が同じで大きさが異なる複数の円でできた図形のことである．今井（1984）や田中（1994）などを参照されたい．

図1.3 ◎エビングハウス錯視. リングの中の円は同じ大きさであるが，左の方が右よりも大きく見える．

図1.4 ◎デルブーフ錯視・内円の過大視と過小視. リングの中の円は同じ大きさであるが，左の方が右よりも大きく見える．

図1.5 ◎デルブーフ錯視・外円の過小視. 右の外側の円は左の円の大きさと同じであるが，内部に小さめの円があることで，少し小さく見える．

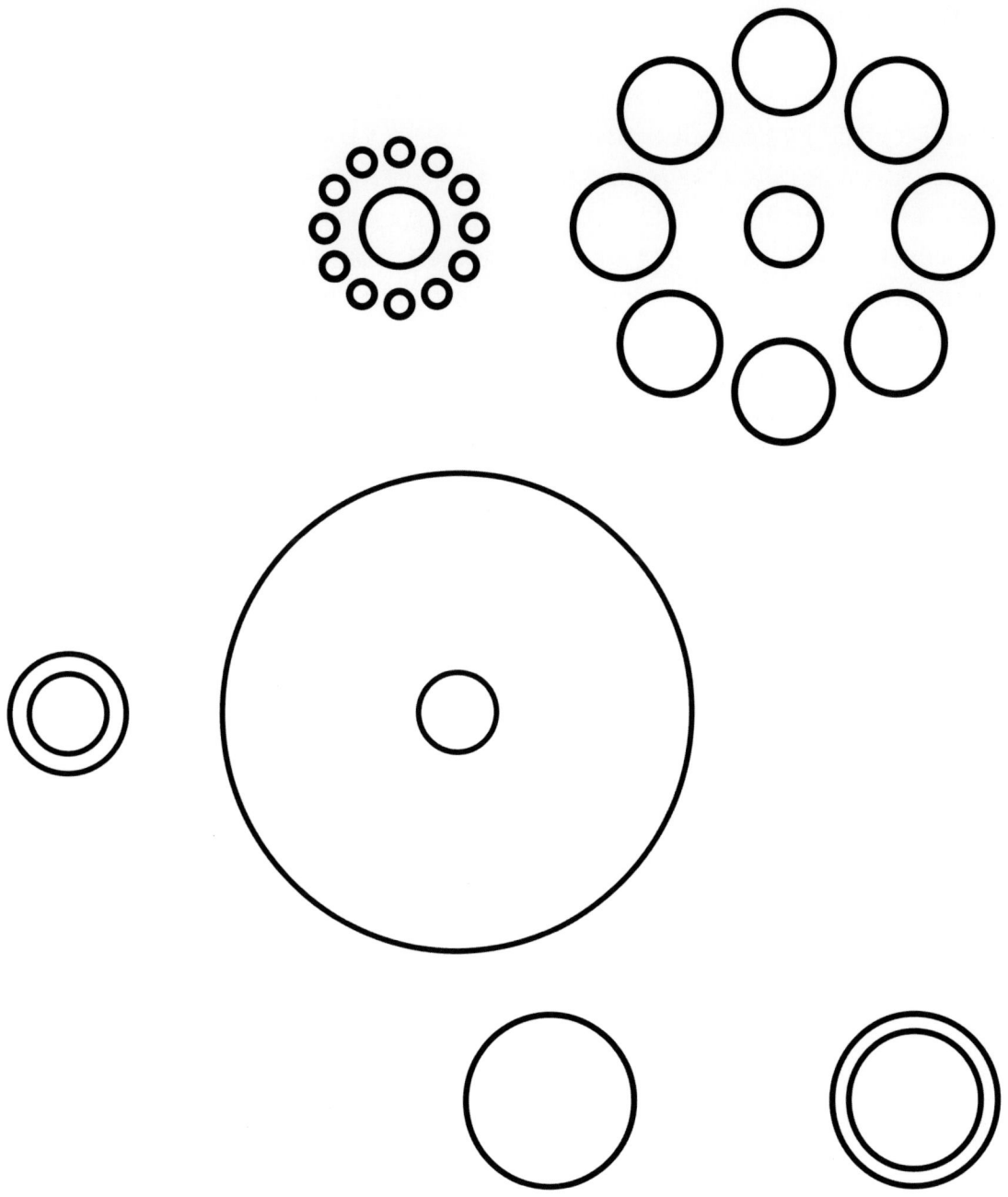

ものの大きさや傾きが変わって見える錯覚（幾何学的錯視）　　第1章

1.3 ◎ジャストロー錯視

　エビングハウス錯視とデルブーフ錯視は大きさの同化と対比の両方の性質を持っているが，大きさの対比だけに注目するなら，**ジャストロー錯視** (Jastrow illusion)（図1.6）も近縁の錯視である．同じ大きさの蒲鉾形を図のように並べると，弧の中心の側に置いた図形がより大きく見える現象である．実際には，これはミュラー＝リヤーが最初に示した図形（Müller-Lyer, 1889, Fig. 15）である．一方，ジャストローのオリジナルの図形は片側がしぼんだ形をしている (Jastrow, 1891)．つまり，この錯視は本来は「ミュラー＝リヤーの円弧の錯視」などと呼ばれるべきであった．

　図1.6では上の蒲鉾形は下のものに比べて位置が左に寄っているが，垂直に整列して並べても同じ効果が得られる．ミュラー＝リヤーの原図では，2つの蒲鉾形は垂直に整列していた．

　ちなみに，ジャストロー錯視はおもちゃのカーブの線路で簡単に作ることができる（図1.7）．この錯視はデモンストレーションに向いており，大きく見える蒲鉾形を取って，小さく見える蒲鉾形の上に置き直すだけでよい．そうすると，今まで大きく見えていた蒲鉾形が，今まで小さく見えていた蒲鉾形よりも小さく見えるようになるため，硬いものの大きさが急に変化したかのように見えておもしろい．

図1.6 ◎ジャストロー錯視．上下の蒲鉾形は同じ大きさであるが，下の方が大きく見える．

図1.7 ◎おもちゃの線路のジャストロー錯視．3つとも同じ大きさであるが，一番下の線路が一番大きく見え，一番上の線路が一番小さく見える．

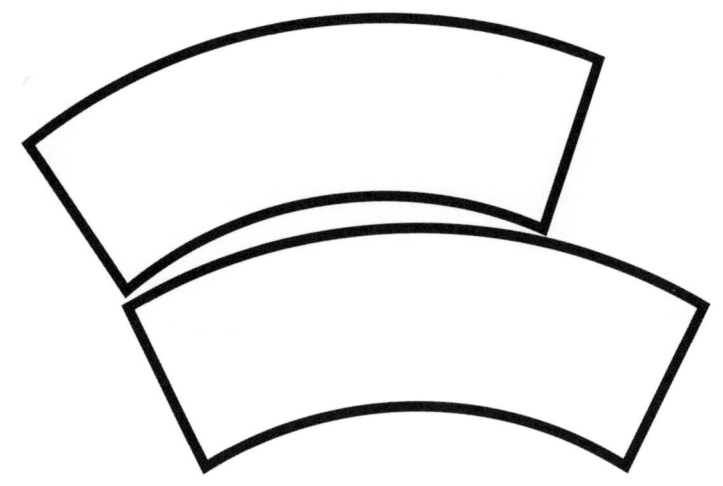

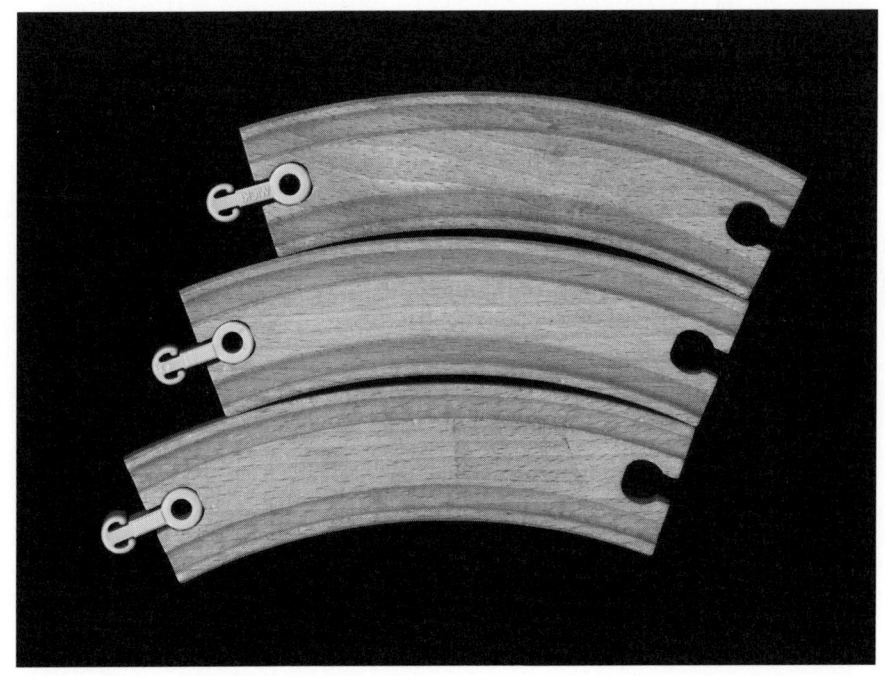

ものの大きさや傾きが変わって見える錯覚（幾何学的錯視）　　　第1章

1.4 ◎オッペル-クント錯視

　2つの線分の間の中点に線分を描き，中点の線分とどちらかの線分との間を適切な間隔で線分で埋めると，埋めた側の距離が大きく見える現象がある．これを**オッペル-クント錯視**（Oppel-Kundt illusion）（図1.8）という．Oppel (1855) が最初に示したが，Kundt (1863) が量的に研究したことからクントの名もつけて呼ばれることが普通である（Robinson, 1972）．**分割距離錯視**ともいう．

　ヘルムホルツの正方形（Helmholtz's square）（Helmholtz, 1856）（図1.9）は，オッペル-クント錯視の一種である．しかし，**ヘルムホルツの分割角度錯視**（Helmholtz, 1856）（図1.10）は分割線距離錯視の角度版と言ってよいのか，単なるツェルナー錯視のような角度過大視錯視なのか判然としない（Robinson, 1972/1998）．

　オッペル-クント錯視は服飾への応用がしばしば期待されるが，期待される効果は逆である（今井，1984）．というのも，縦縞の服を着た人はスマートに見えるが，オッペル-クント錯視によってその服は実際よりも横長に見えることになるからである．これは，「スマートに見える」ということが，「対象のみかけの縦横比が大きくなる」ことによるものではないことを示している．

図1.8 ◎オッペル-クント錯視．密集した線分の右端の線分は，図の左端と右端の線分の中間の位置にあるが，それよりは右に寄っているように見える．

図1.9 ◎ヘルムホルツの正方形．左の横縞の正方形は縦に長く見え，右の縦縞の正方形は横に長く見える．

図1.10 ◎ヘルムホルツの分割角度錯視．本図では，垂直線が左に，水平線が右に傾いて見える．

ものの大きさや傾きが変わって見える錯覚（幾何学的錯視）　　第1章

1.5 ◎フィック錯視と上方の過大視

　同じ長さのものでも，縦にしたものは横にしたものよりも長く見える現象がある（図1.11）．これを**フィック錯視**（Fick illusion）という．da Pos and Zambianchi (1996) によると Fick (1851) が最初に示したが，Oppel (1855) が最初とした文献がある（Robinson, 1972/1998）のは，Fick は単に視空間の異方性の例として示したのにすぎないのに対し，Oppel はこれを錯視として初めて研究したことによる．**垂直水平錯視**（vertical-horizontal illusion: V-H illusion）ともいう．図1.11 のような刺激配置では，単に垂直・水平の異方性の錯視というだけでなく，一部を隠された対象が拡大して見える錯視（expansion by amodal completion）(Kanizsa, 1979; Vezzani, 1999) の寄与もある．

　そのほかの視空間の異方性としては，**視野の上半の過大視**（Bourdon, 1902）（図1.12）などが知られている．さらに，角度錯視では主線（被誘導線）は斜めの方が錯視量が多いということや，顔の倒立効果（9.1節参照）なども含めれば，異方性としての錯視は種類が多い．比較的最近報告された**シェパード錯視**（Shepard, 1981）（図1.13）や**斜塔錯視**（Kingdom, Yoonessi and Gheorghiu, 2007）（図1.14）も異方性の錯視と言えなくもないが，それらはどちらかというと3次元的な空間知覚の錯視として考察される．

図1.11（左）◎フィック錯視．縦長の長方形の縦の長さは横長の長方形の横の長さよりも長く見えるが，物理的には同じ長さである．

図1.12（右）◎視野の上半の過大視．下よりは上に置かれた図形が大きく見える錯視で，下の丸が大きい8の字をさかさまにすると，その差が強調されて見える．SやBの字を使って示すこともある．

図1.13 ◎シェパード錯視．左の物体の上面の平行四辺形は縦長に見え，右の平行四辺形はずんぐりしているように見えるが，2つは合同である．奥行き方向の辺と知覚されたものは過大に見積もられる，と説明される（シェパード，1993）．

図1.14 ◎斜塔錯視．塔を斜め下から見上げた写真を見ると，多くの場合は写真の2次元上の絵としてはどちらかに傾いて見える．その場合，同じ写真を横に並べると，傾いている側に置かれた写真の塔の傾きがより大きく見える．この写真(岩船寺，京都府木津川市)では，左の塔の傾きが右よりも大きく見える．オリジナルの写真は，当然ピサの斜塔であった（Kingdom et al., 2007）．

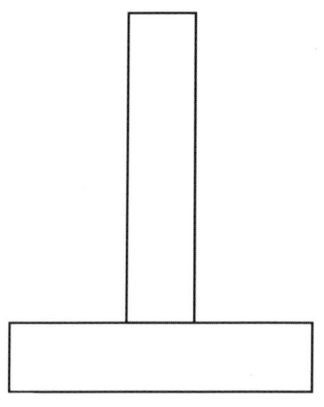

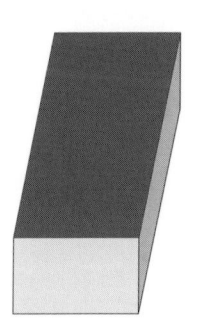

ものの大きさや傾きが変わって見える錯覚（幾何学的錯視）　　　第 1 章　　　011

1.6 ◉ポッゲンドルフ錯視

直線の途中をさえぎられると，その断片が一直線上にないように見える現象がある（図1.15）．これを**ポッゲンドルフ錯視**（Poggendorff illusion）という．ポッゲンドルフがツェルナーの投稿論文（Zöllner, 1860）を審査した時に，ツェルナー錯視の図の中にこの錯視があることを指摘したという．Robinson (1972/1998) によれば，「ポッゲンドルフ錯視」と命名したのはBurmester (1896) である．ポッゲンドルフ錯視にとって重要なのは鈍角側であり，鋭角のみを残すと逆の錯視（**プレッセー錯視**）となる（Pressey and den Heyer, 1968）（図1.16）．

ポッゲンドルフ錯視は研究論文が多く，その説明にも諸説あるので簡潔に書くのは難しいが，現象的に重要なのは斜線と平行線が接する交点部分で，ここが離れているとポッゲンドルフ錯視は弱くなる．また，分類するなら，ポッゲンドルフ錯視は，位置の錯視ということになるが，斜線と平行線の角度や刺激全体の提示角度に依存するという角度錯視としての性質もある．田中（1994）のレビューを参照されたい．

ジャストロー錯視と同様，ポッゲンドルフ錯視はデモンストレーションに向いている．直線状のものの中間部を，別の直線状で不透明なもので斜めに覆い隠せばよい．簡単なやり方としては，鉛筆の中央部をカードで覆い隠すという方法がある．ブラインドの隙間から見る直線状のもの（電線など）にもポッゲンドルフ錯視が生じる．

図1.15 ◉ポッゲンドルフ錯視．右上の斜線は左下の斜線の延長線よりは上にあるように見えるが，両者は同じ直線上にある．

図1.16 ◉鈍角のみによるポッゲンドルフ錯視（左図）と（鋭角のみによる）逆ポッゲンドルフ錯視（右図）．左図では，右上の斜線は左下の斜線の延長線よりは上にあるように見えるが，両者は同じ直線上にある．右図では逆に見える（プレッセー錯視）．

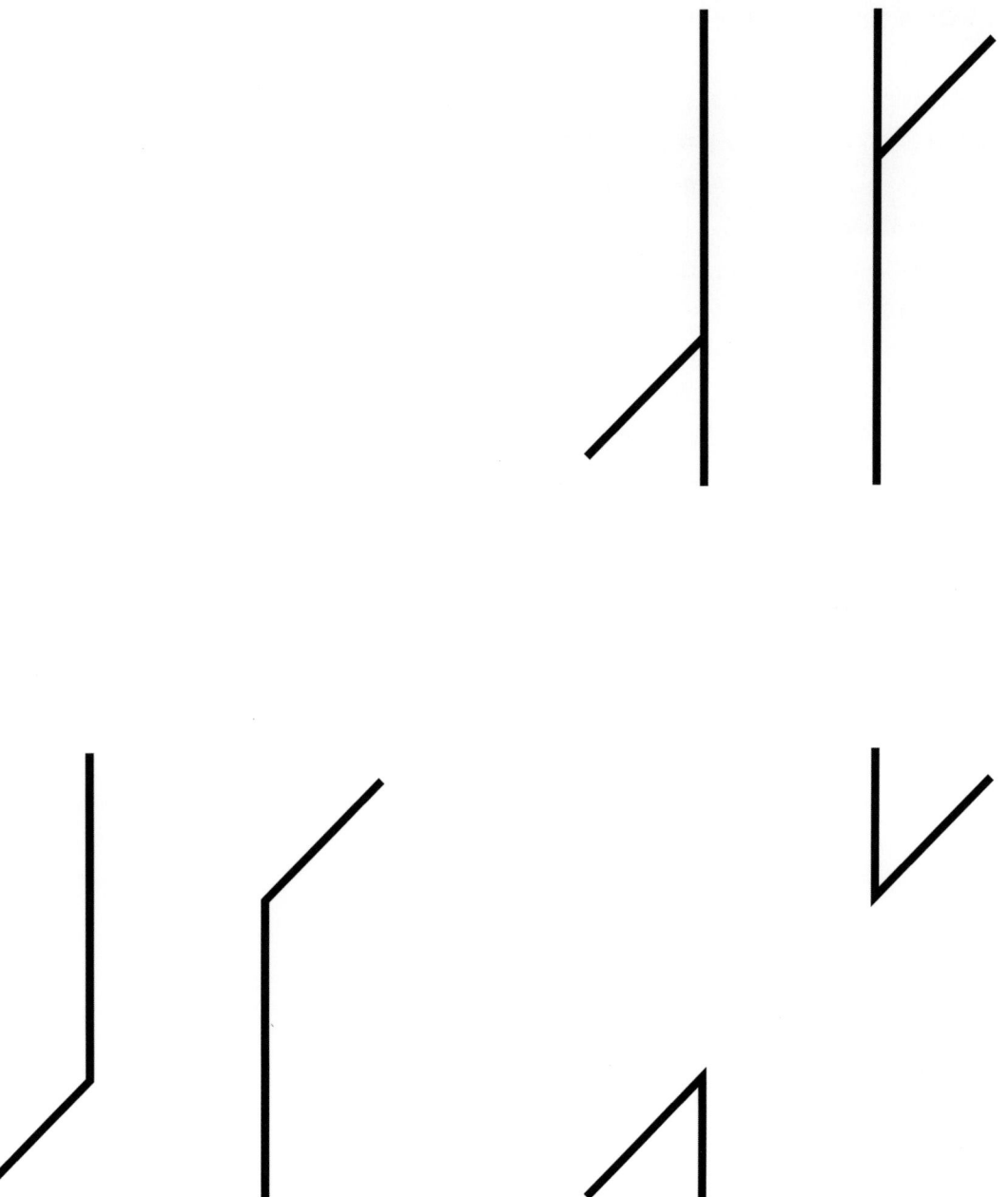

第1章 ものの大きさや傾きが変わって見える錯覚（幾何学的錯視）

1.7 ◎ ジョヴァネッリ錯視と重力レンズ錯視

円に囲まれたドットの位置が円の中心から離れる方向にずれて見える現象がある（図1.17）。これを**ジョヴァネッリ錯視**（Giovanelli illusion）（Giovanelli, 1966）という。一見類似した錯視に，**重力レンズ錯視**（gravity-lens illusion）（Naito and Cole, 1994）がある（図1.18）。図では，4つのドットは平行四辺形の頂点に位置するのだが，近接する円に引っ張られて位置を変えたように見える。いずれも円周に引き寄せられる錯視と考えるのであれば同じ方向の錯視と言えるが，中心に向かうか離れるかという点では対立する錯視である。すなわち，ジョヴァネッリ錯視はドットが中心から離れて見え，重力レンズ錯視はドットが中心に近寄って見える。

筆者が試したところでは，どちらの錯視も円周に引き寄せられる錯視というわけではなく，ドットの位置を円周の内外で入れ替えても，ジョヴァネッリ錯視はドットが円の中心から遠ざかって見える錯視であり，重力レンズ錯視はドットが中心に近づくように見える錯視であった。そのほか，ジョヴァネッリ錯視を塗りつぶしの絵で示しても，あるいは重力レンズ錯視を線画で示しても効果はあまり変わらない。

図1.17 ◎ ジョヴァネッリ錯視. 小さいドットは水平に並んでいるが，左のドットは右よりも上にあるように見える.

図1.18 ◎ 重力レンズ錯視. 小さいドットを結ぶと物理的には平行四辺形となるが，右上の辺は左下の辺より長く見え，左上の辺は右下の辺より短く見える.

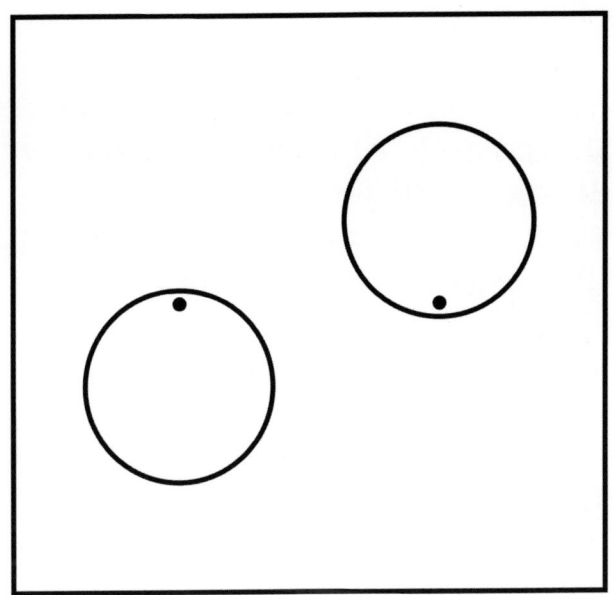

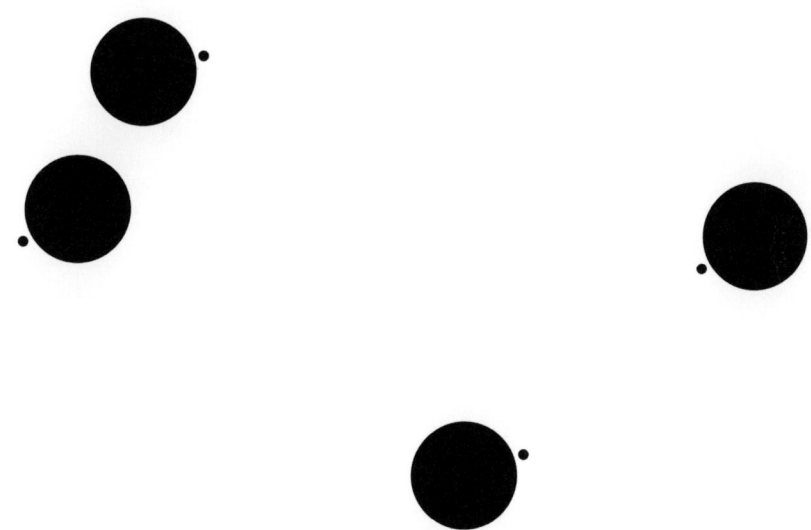

ものの大きさや傾きが変わって見える錯覚（幾何学的錯視）　　第1章

1.8 ◎ツェルナー錯視とフレーザー錯視

ツェルナー錯視とは，ある線（被誘導線あるいは主線と呼ぶ）に別の線（誘導線あるいは斜線と呼ぶ）が交差するとき，それらの交差角のうち鋭角側を過大視する方向に線が傾いて見える錯視である（Zöllner, 1860）（図 1.19）．過大視される角度（錯視量）は 1〜3 度程度であるが，最大で 5 度にまで達する．交差角の大きさと錯視量の関係としては，ツェルナー錯視の最大の錯視量を与える交差角は 10〜30 度である．主線が視野に対して 45 度傾いた時に，ツェルナー錯視の錯視量は最大になる．これらの研究報告を詳細にレビューしたものとして，北岡（2005c）がある．

ツェルナー錯視と似ているが，傾きの方向が反対である錯視がある．図 1.20 では，短い斜線の集合は全体としてそれらの傾きの方向に傾いて見える（Fraser, 1908）．この鋭角過少視錯視は，**フレーザー錯視**（Fraser illusion）と呼ばれる．**ねじれひもの錯視**（illusion of twisted cords）と呼ばれることもある．斜線の傾きは主線（図では水平の並び）に対して 10 度以下の時に起こるとされているが，図形によっては 15 度程度でもフレーザー錯視を観察することができる（北岡, 2005c）．斜線の端についているダイヤモンド状の飾りは重要で，それがないとツェルナー錯視に転じてしまうことも少なくない．

フレーザー錯視に似た傾き錯視として，**ポップル錯視**（Popple illusion）（Popple and Levi, 2000; Popple and Sagi, 2000）がある．**フェーズシフト錯視**（phase-shift illusion）ともいう．図 1.21 のように，窓（ガウス窓と呼ばれる）から見える縞模様の位相を少しずつずらしたパターン（ガボールパッチと呼ばれる）を並べると，全体として傾き錯視が観察できる．ポップル錯視では斜線がないのでフレーザー錯視とは描画法が異なるわけだが，隣の部分では位相がずれるという点ではフレーザー錯視もポップル錯視の性質を持っている．

フレーザー錯視の図は線画であるが，エッジでも同様の傾き錯視が得られる．これを，**斜めエッジの錯視**（illusion of oblique edges）（Kitaoka, 2007a）（図 1.22）と呼ぶ．この錯視にもポップル錯視に対応した錯視があり，**ずれ**

図 1.19（左）◎ツェルナー錯視．互いに平行な黒の水平線が，上から右・左・右・左に傾いて見える．

図 1.20（右）◎フレーザー錯視．水平に並んだ「ねじれひも」が，上から左・右・左・右に傾いて見える．

図 1.21（左）◎ポップル錯視．水平に並んだパターンが，上から左・右・左・右に傾いて見える．

図 1.22（右）◎斜めエッジの錯視．全体としては水平に描いた縞模様の棒が，上から左・右・左・右に傾いて見える．

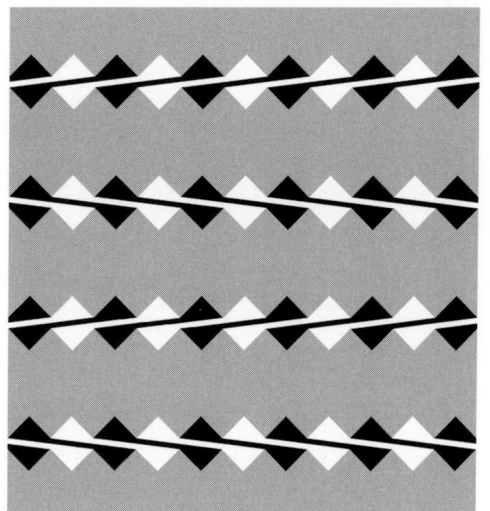

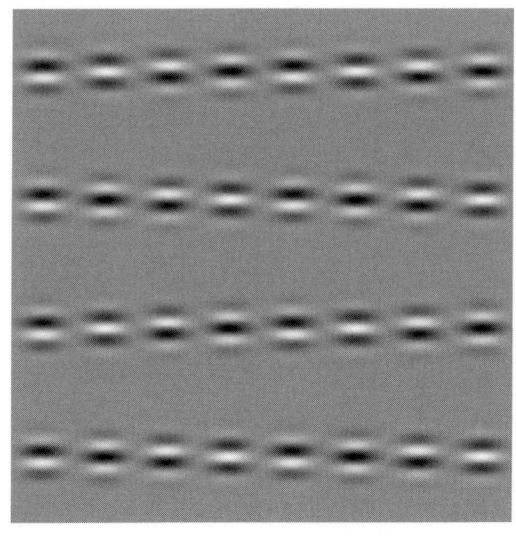

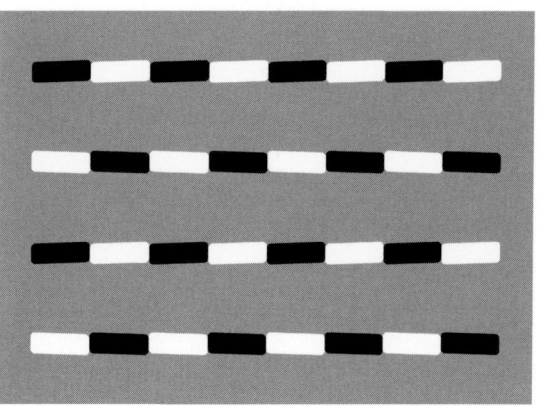

ものの大きさや傾きが変わって見える錯覚（幾何学的錯視）　　第1章　　017

たエッジの錯視 (illusion of shifted edges)（Kitaoka, Pinna and Brelstaff, 2001, 2004）（図 1.23）と呼ぶ．ずれたエッジの線画バージョンは，**ずれた線の錯視** (illusion of shifted lines)（Kitaoka, 2007a）（図 1.24）という．これらの錯視と「**文字列が傾いて見える錯視**」（図 1.25）の関係が示唆される（新井・新井, 2005; 小原, 2006）．

　以上のようにツェルナー錯視とフレーザー錯視の仲間を解説していくと，フレーザー錯視の仲間の方が多いことがわかる．次節（1.9）で述べるカフェウォール錯視やミュンスターベルク錯視もフレーザー錯視の仲間であることが 100 年以上も前に指摘されている（Fraser, 1908）．しかし，研究の蓄積はツェルナー錯視系統の錯視の方が多く，フレーザー錯視系統の錯視はまだ解明されていないことが多く残されていると思われる．

　なお，渦巻き錯視（1.11 節）のことをフレーザー錯視と呼ぶ研究者もいるが，それは渦巻き錯視が発表された時に用いられた傾き錯視がフレーザー錯視であったからである（Fraser, 1908）．現在では，ツェルナー錯視や他の傾き錯視でも渦巻き錯視が作れることがわかっている（Kitaoka et al., 2001）．

図 1.23 ◎ずれたエッジの錯視．ずれた長方形を水平に配列したものが，上から左・右・左・右に傾いて見える．

図 1.24 ◎ずれた線の錯視．ずれた水平線分を水平に配列したものが，上から左・右・左・右に傾いて見える．

図 1.25 ◎文字列が傾いて見える錯視の例．「安全工学」と繰り返し書くと右上がりに見える．上から 2 列ずつ，左・右・左・右・左に傾いて見える．いろいろな文字列で可能である．

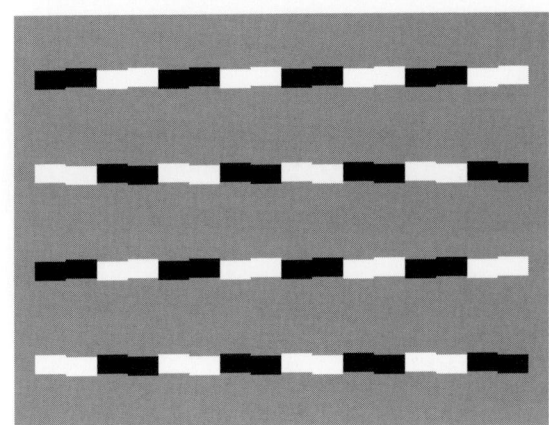

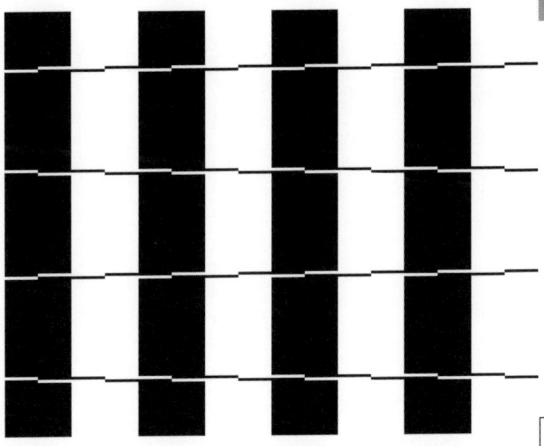

```
安全工学・安全工学・安全工学・安全工学・安全工学・安全工学
安全工学・安全工学・安全工学・安全工学・安全工学・安全工学

学工全安・学工全安・学工全安・学工全安・学工全安・学工全安
学工全安・学工全安・学工全安・学工全安・学工全安・学工全安

安全工学・安全工学・安全工学・安全工学・安全工学・安全工学
安全工学・安全工学・安全工学・安全工学・安全工学・安全工学

学工全安・学工全安・学工全安・学工全安・学工全安・学工全安
学工全安・学工全安・学工全安・学工全安・学工全安・学工全安

安全工学・安全工学・安全工学・安全工学・安全工学・安全工学
安全工学・安全工学・安全工学・安全工学・安全工学・安全工学
```

1.9 ◎カフェウォール錯視

　上下2列の白黒の正方形あるいは長方形を4分の1周期分ずらし，その間に黒の線を引くと，その線が傾いて見える．これを**ミュンスターベルク錯視**（Münsterberg, 1897）（図1.26）という．この黒線を灰色にすると錯視量が増すことをFraser（1908）が発見した．これが今日で言う**カフェウォール錯視**（Café Wall illusion）（図1.27）である．カフェウォール錯視という名称は，イギリスのブリストルの街のカフェの壁にGregory and Heard（1979）が再発見したことに由来する．傾いて見える線を**モルタル線**（mortar line）と呼ぶことがある．ミュンスターベルク錯視はカフェウォール錯視の特別な場合と考えられる（Gregory and Heard, 1979）．

　カフェウォール錯視のメカニズムには諸説ある（Gregory and Heard, 1979; McCourt, 1983; Moulden and Renshaw, 1979）が，筆者らの現象的モデルは4つの基本錯視から成っていると考える（Kitaoka, Pinna and Brelstaff, 2004）（図1.28）．この錯視は，エッジ（塗りつぶされた正方形の角）とその延長線上にある線分との相互作用で決まり，それらのコントラスト極性に依存してみかけの傾きが決まるというものである．

　この現象的モデルからは，カフェウォール錯視は基本錯視AとBから成っていることになる．一方，基本錯視CとDから成る傾き錯視を創造することができ，それは**逆カフェウォール錯視**（reverse Café Wall illusion）（Kitaoka et al., 2004）（図1.29）と呼ばれる．そのほか，カフェウォール錯視の仲間には，**ずれたグラデーションの錯視**（illusion of shifted gradations）（図1.30）や**市松模様錯視**（checkered illusion）（Kitaoka, 1998）（図1.31），**ラヴァトリーウォール錯視**（Lavatory Wall illusion）（Woodhouse and Taylor, 1987）（図1.32）などがある．

図1.26（左）◎ミュンスターベルク錯視．互いに平行な黒の水平線が，上から左・右・左・右に傾いて見える．

図1.27（右）◎カフェウォール錯視．互いに平行な灰色の水平線が，上から左・右・左・右に傾いて見える．

図1.28（左）◎カフェウォール錯視の現象的原理．エッジと線分のコントラスト極性（エッジなら明暗なのか暗明なのか，線なら明暗明なのか暗明暗なのかということ）に依存してみかけの傾き（破線）が決まると考える．

図1.29（右）◎逆カフェウォール錯視．水平に描かれた4本の縞模様の平行線が左に傾いて見える．

図1.30（左）◎ずれたグラデーションの錯視．互いに平行な灰色の水平線が，上から左・右・左・右に傾いて見える．

図1.31（右）◎市松模様錯視．すべて垂直・水平に並べた正方形でできているが，垂直成分は右に，水平成分は左に傾いて見える．この図には，ずれた線の錯視（図1.24）も入っている．

図1.32(a)(b)◎ラヴァトリーウォール錯視．モンタルヴォ錯視ともいう．(a) 互いに平行な黒の水平線が，上から左・右・左・右に傾いて見える．(b) グラデーションはそのままで，平行線を白にすると，みかけの傾きが逆転する．すなわち，上から右・左・右・左に傾いて見える．

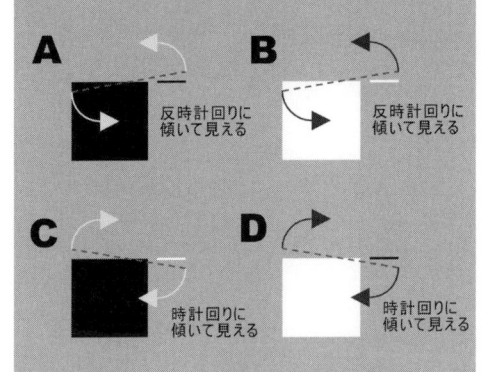
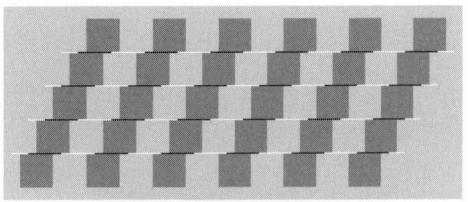

(a) (b)

ものの大きさや傾きが変わって見える錯覚（幾何学的錯視）

1.10 ◎彎曲錯視

　右に傾いて見える傾き錯視と左に傾いて見える傾き錯視をくっつけると，折れ曲がった線が見えるのではなく，滑らかに曲がった線が知覚される．これを**彎曲錯視**という．ヘリング錯視 (Hering illusion) (Hering, 1861) (図 1.33) が有名である．ヘリング錯視では水平線が外側に曲がって見えるが，内側に曲がって見えるように斜線が反対向きに描かれた図形は，**ヴント錯視**と呼ばれる．そのほか，この種の彎曲錯視には，**オービソン錯視**や**ギブソン錯視**がある（北岡, 2005b）．ヘリング錯視は，ツェルナー錯視の彎曲錯視と考えられる（今井, 1963; Maheux, Townsend and Gresock, 1960）ことに対応して，あらゆる傾き錯視で彎曲錯視を作ることができる．図 1.34 はカフェウォール錯視による彎曲錯視である．

　彎曲する線あるいはエッジを 2 次元にすると，奥行き方向にも曲がった印象の「**膨らみの錯視**」(Kitaoka, 1998) (図 1.35) が得られる．錯視的曲線の向きを逆にすれば，「**窪みの錯視**」(図 1.36) もできる．この種の 2 次元の彎曲錯視を最初に示したのは Kitaoka (1998) であるが, 実際の曲線を用いてこのような奥行き的効果を幾何学的な絵画として示したのは，エッシャー (M. C. Escher, 1898-1972) とヴザルリ (Victor Vasarely, 1908-97) である．

図 1.33 ◎ヘリング錯視．2 本の水平線が中ほどで外向きに曲がっているように見える．

図 1.34 ◎カフェウォール錯視の彎曲錯視．2 本の水平線が中ほどで外向きに曲がっているように見える．

図 1.35（左）◎膨らみの錯視．すべて正方形を垂直・水平に並べたものであるが，カーブが感じられるとともに，こちら向きに膨らんでいるように見える．基本の傾き錯視は市松模様錯視とずれた線の錯視で，その 2 次元の彎曲錯視である．

図 1.36（右）◎窪みの錯視．すべて正方形を垂直・水平に並べたものであるが，カーブが感じられるとともに，向こう向きに窪んでいるように見える．基本の傾き錯視は市松模様錯視で，その 2 次元の彎曲錯視である．

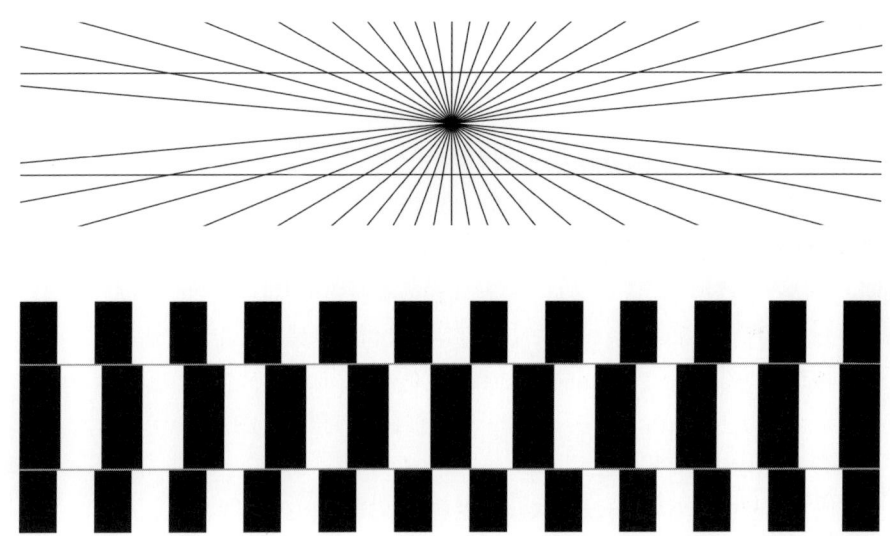

ものの大きさや傾きが変わって見える錯覚（幾何学的錯視）　　第1章

1.11 ◎渦巻き錯視

　傾き錯視は直線状に示すことが標準的であるが，同心円状に（中心が同じ複数の円の上に）傾き錯視を仕掛けると，同心円が渦巻き状に見える**渦巻き錯視**（spiral illusion）が得られる．1908年にフレーザーがフレーザー錯視を用いた渦巻き錯視を報告（Fraser, 1908）（図1.37）して以来，100年間近く渦巻き錯視と言えばフレーザー錯視の渦巻き錯視のことであった．しかし，2001年に筆者らがすべての傾き錯視で渦巻き錯視を作り出せることを示した（Kitaoka, Pinna and Brelstaff, 2001）．図1.38はカフェウォール錯視による渦巻き錯視の例で，図1.39はY接合部の錯視（4.5節参照）による渦巻き錯視の例である．

　渦巻き錯視のメカニズムとしては，渦巻きパターンを検出するニューロンの誤動作が想定されている（Kitaoka et al., 2001）．同心円パターンを検出するには，中心から見て各点の相対的方位（傾き）が垂直であればよい．放射状パターンなら，中心から見て各点の相対的方位が平行であればよい．このようなパターン検出のやり方が脳に作り込まれているなら，中心から見て各点の相対的方位が垂直でも平行でもない場合（ただし，すべての角度が一定の場合），渦巻きパターンが検出されたことになる．ここで，傾き錯視によって各点の局所的方位が一定方向に傾いて見えると，渦巻きパターン検出ニューロンが誤動作し，錯覚的な渦巻きが知覚されると考えられる．

図1.37 ◎フレーザー錯視による渦巻き錯視．「ねじれひも」は同心円状に配置されているが，それらが右に回転して中心に進む渦巻きに見える．

図1.38 ◎カフェウォール錯視による渦巻き錯視．灰色の線は同心円状に配置されているが，それらが右に回転して中心に進む渦巻きに見える．

図1.39 ◎Y接合部の錯視による渦巻き錯視．縞模様のリングは同心円状に配置されているが，それらが右に回転して中心に進む渦巻きに見える．

ものの大きさや傾きが変わって見える錯覚（幾何学的錯視）　　第1章

1.12 ◎樽　錯　視

　普段は気がつかないが，周辺視では網膜に投射された幾何学的形態は大いに歪んでいる．このことがわかりやすい現象の1つに，**樽錯視**がある．樽錯視 (barrel illusion) とは，図1.40のような垂直・水平の市松模様に肉薄して観察すると，市松模様が膨らんでいるように見える現象である (Ames and Proctor, 1921; Coren and Girgus, 1978; Helmholtz, 1867).

　これは，眼球が半球状であるため，視線に平行な直線以外の直線は，視野上では曲がって投射されるためである．その曲線は双曲線であるとするヘルムホルツの説が有力であるが，サインカーブ（正弦曲線）であるとする説 (Ernst, 1976) と，どちらとも異なる数式を算出した筆者の説（北岡, 2007b）（図1.41）がある．いずれにしても，樽錯視は一種の生理・物理現象と考えられるため，幾何学的錯視の仲間に入れてもらえないことが多い．

　樽錯視は2次元の彎曲錯視の膨らみの錯視（図1.35）にも似ているが，全く異なるものである．なぜなら，樽錯視は幾何学的錯視ではなく，光学的現象あるいは生理学的現象であるためである．すなわち，樽錯視は錯視と呼ばれるが，たとえば暗いところでは色がわからない現象（暗所視，杆体視）の仲間である．

　なお，図に目を近づける時に，一時的に市松模様が膨らんで見える錯視もある (Foster and Altschuler, 2001). これは，静止画が動いて見える錯視による形の変形である．

図1.40 ◎樽錯視を観察するための**市松模様**．極めて近くで見ると，市松模様が膨らんで見える．

図1.41 ◎理論的な網膜視野座標系で見た前額平行面．任意の単位で 10×10 の大きさの正方形を 20×20 個敷き詰めてできた格子の平面を50の距離から眺めた時の格子の網膜像．外円は，視角90度の視野位置を表す．ある平面上の点 (x, y) を網膜座標上の点 (ρ, θ)（極座標系表示）に射影する．この時，

$$\rho = \arccos\left(\frac{y\sin\alpha + d\cos\alpha}{\sqrt{x^2 + y^2 + d^2}}\right)$$

$$\theta = \arctan\left(\frac{y\cos\alpha - d\sin\alpha}{x}\right)$$

と表される．ただし，その平面の原点は，眼を通るその平面の法線がその平面と交わる点とし，その法線からの y 軸方向（網膜座標上でも子午線の上方向）の「仰角」を α とした．また，眼から平面までの距離を d とした．本図では，$\alpha = 0°$ である．

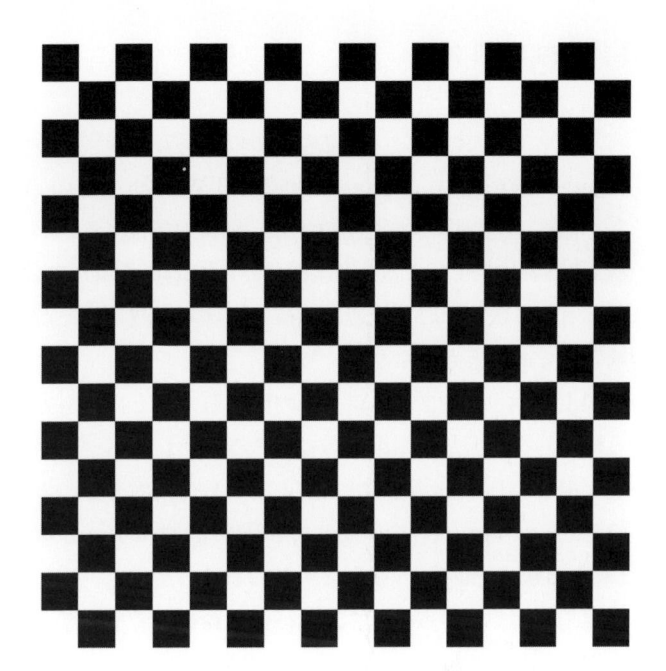

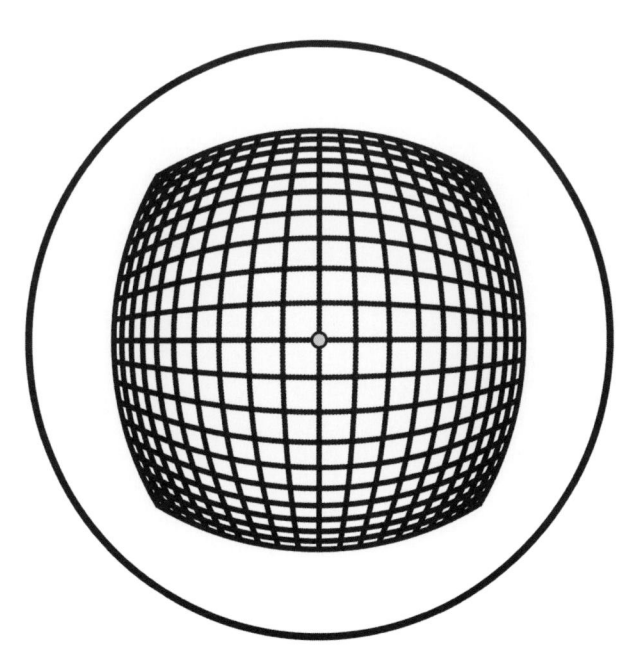

ものの大きさや傾きが変わって見える錯覚（幾何学的錯視）　　　第 1 章　　　027

1.13 ◎図形残効

　先に見ていた図形が，後続の図形の見え方に影響する現象を，**図形残効** (figural aftereffect) という (Köhler and Wallach, 1944)．後続の刺激の大きさ，位置，角度（傾き）が変位する．錯視（誘導図形と被誘導図形が同時に提示される）に似ているが，刺激提示が時間的にずれただけの「継時的錯視」であるとは限らないし，逆に錯視とは反対方向に見えが変位する「錯視の残効」であるとも限らない．

　図1.42は，デルブーフ錯視の内円の過大視とは反対方向に変位して見える標準的な図形残効刺激である．一方，図1.43はデルブーフ錯視の外円の過大視も加わった図形残効刺激と言えるが，大きさの異なる2つの図形への空間的な構え(set)の残効という意味で，**ウズナッゼ効果** (Uznadze effect) (米谷, 2005; Uznadze, 1931) とも呼ばれる．

　運動残効や色の残像なら，先行する運動刺激や色刺激の属性とは反対の方向（あるいは同方向）に後続の刺激が変位して見える．しかし，図形残効は対比や同化といった概念だけでは記述できない現象を含む．それは，後続刺激として先行刺激と同じ大きさの対象を提示すると小さく見えるという現象である (Köhler and Wallach, 1944)．これは大きさの次元の変位であるが，大きさの対比とも大きさの同化とも呼ぶことができない．

図1.42 ◎図形残効．左の十字をしばらく固視して，右の十字に目を移すと，右の下の円が同じ大きさの上の円よりも小さく見える．

図1.43 ◎ウズナッゼ効果．左の十字をしばらく固視して，右の十字に目を移すと，右の2つの円は同じ大きさであるが，上の円はより大きく，下の円はより小さく見える．「右手に重いもの，左手に軽いものをしばらく持っていて，その後両手に等しい重さのものを持つと，右手のものが軽く感じられる」という現象の視覚版として研究される現象である．

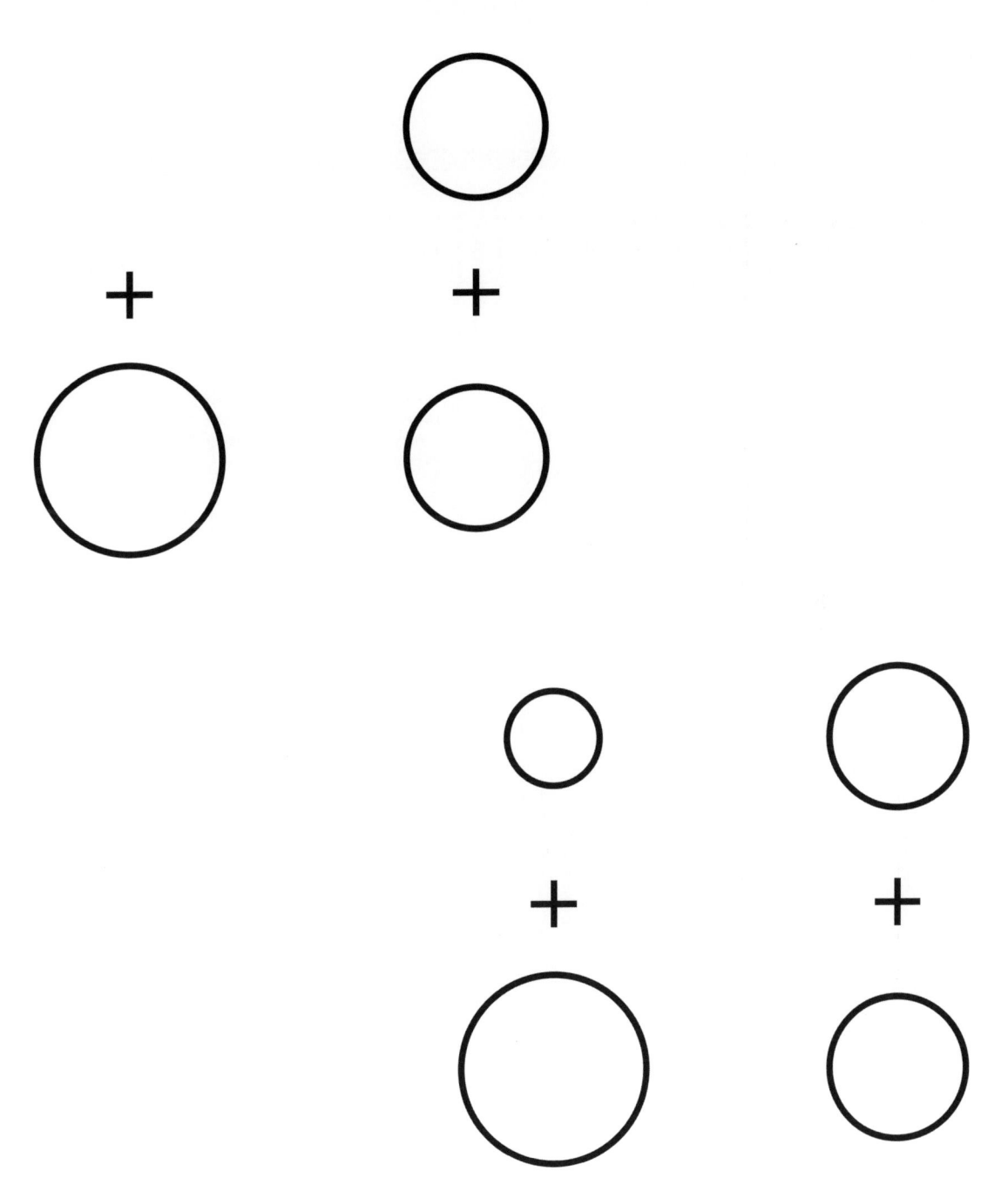

ものの大きさや傾きが変わって見える錯覚（幾何学的錯視） 第1章 029

北岡明佳作品集①
〈島田さん〉（2010 年）

【解説】円形領域の内側と外側でひし形の形が違って見える．内側は縦長に，外側は横長に見える．しかし，これらは物理的には同じ形である．あるいは，物理的には±45度の斜線の傾きが，円形領域の内側と外側で異なって見えると記述することもできる．これらの現象は，市松模様錯視（図1.31）とずれた線の錯視（図1.24）による．そのほか，円内が動いて見える錯視もある．なお，タイトルであるが，全国の島田さんとは関係ない．

◎ 2 ◎
もの の明るさが変わって見える錯覚
―明るさの錯視―

　光は強ければ明るく，弱ければ暗い．基本的にはその通りであるが，ものの明るさは物理的な光の強さに一対一に対応しているわけではない．また，「明るい」「暗い」ということと，「白い」「黒い」ということは，心理学的には別の次元である．日本語では「明るさ」としか表現しないが，英語では前者は brightness（知覚された輝度，ものあるいは環境の明るさ暗さ），後者は lightness（知覚された表面反射率，ものの白さ黒さ）と呼ばれ区別される．

　輝度（luminance）とは，とりあえず物理的な明るさのことと考えてよい．なぜ「とりあえず」なのかというと，光のエネルギーと輝度は波長が異なれば対応しないからである．たとえば，青い色（波長の短い光の知覚表象）は赤い色（波長の長い光の知覚表象）に比べて暗く見えることが多いが，逆にエネルギーは高いことが多い．また，いくらエネルギーが高くても，紫外線や赤外線は見ることはできない．つまり，輝度は純粋な物理量ではなく，いわば心理学的物理量である．ここで「物理量」という言葉にこだわるのは，輝度は測定器（輝度計）で「客観的」に測定できるからである．

　ある対象の像を知覚する時は，まずは網膜に当たった光の強さすなわち輝度として，視覚系に情報が伝達される．しかし，その対象の輝度は，その対象に当てられた照明の反射光の強さであるから，その対象が光をどの程度反射するかという性質（反射率）が関係してくる．光を多く反射する物体は白く見え，光を多く吸収する物体は黒く見える．すなわち，

$$輝度　=　照明光の強さ　\times　反射率$$

である．

　しかしながら，2×4 から 8 を計算するのは簡単であるが，8 だけ与えられて何×何であるかを1つに定めて答えるのは難しい．このような解が定まらない無理難題を**不良設定問題**（ill-posed problem）(Marr, 1982) という．人間の視覚系は常にそのような問題に直面している．

　明るさの錯視には，不良設定問題を解決する過程で発生するものもあれば，そうでないものもある．以下，明るさの対比から順を追って説明する．

2.1 ◎明るさの対比

　明るさの対比（simultaneous brightness contrast）（図2.1）とは，ある領域がそれよりも暗い領域に囲まれたらより明るく見え，明るい領域に囲まれたらより暗く見える現象のことである．Kingdom and Moulden (1992) によれば，少なくとも Brücke (1865) まで遡れる歴史の長い明るさの錯視である．英語表記に従うと，「同時的明るさ対比」である．これは，元々は，明るさの残像による錯視（継時的明るさ対比）と区別するための用語のようである．明るさの対比の説明としては，明るさの異なる領域の境界に応答するニューロン群の側抑制の結果として境界部に明るさの錯視が発生し，それが領域全体に拡散するという**側抑制説**が好まれる（Kuffler, 1953; Hartline, Wagner and Ratliff, 1956; Jameson and Hurvich, 1964）．

　誘導領域を分節化させる（細かい領域に分割する）と，錯視量が増す（Gilchrist, Kossyfidis, Bonato, Agostini, Cataliotti, Li, Spehar, Annan and Economou 1999）（図2.2）．Gilchrist et al. (1999) は，これをゲシュタルト心理学流の**投錨理論**（anchoring theory）で説明する．投錨理論とは，網膜像に与えられた刺激の輝度の高低から，白・灰・黒といった物体表面の明るさ (lightness) 情報をどう対応づけるのかということを説明する（複数の）理論である．そこでは，最も輝度の高い部分を白とする**最高輝度法則**（highest luminance rule）などが考察される．誘導領域が分節化していると，どの輝度を白・灰・黒とするのかという手がかりが豊富であるため，同じ輝度のものでも明るさ（白さ）が違って見えると説明される．

　明るさの対比の効果の増強には他にもいろいろな方法が知られている．誘導領域を輝度勾配でつなぐもの（Morikawa and Papathomas, 2002; Shapley, 1986）（図2.3）と，筆者の考案した図形をいくつか紹介しておく（図2.4）．アルバートの**ネオン明るさ錯視**（neon lightness illusion）（Albert, 1998, 2006）（図2.5）もこの仲間と考えられる．

　そのほか，誘導領域とターゲット双方に輝度勾配のある明るさ対比図形は，さらに効果が強い（北岡, 2007a）（図2.6）．もっとも，これは明るさの対比というよりは，**明るさの恒常性**（lightness constancy．たとえば，灰色の

図2.1（左）◎明るさの対比．左の内側の正方形は右のものよりも明るく見えるが，同じ輝度(物理的な明るさ) である．

図2.2（右）◎ギルクリストの明るさ対比．分節化による明るさの対比の増強．左の内側の正方形は右のものよりも明るく見えるが，同じ輝度である．

図2.3◎誘導領域の輝度を滑らかにつなぐことによる明るさの対比の増強．左の正方形は右のものよりも明るく見えるが，同じ輝度である．

図2.4◎明るさの対比の増強．6種類それぞれ，左半分の中央の正方形は右のものよりも明るく見えるが，同じ輝度である．周囲の模様を削除すると，図2.1となる．

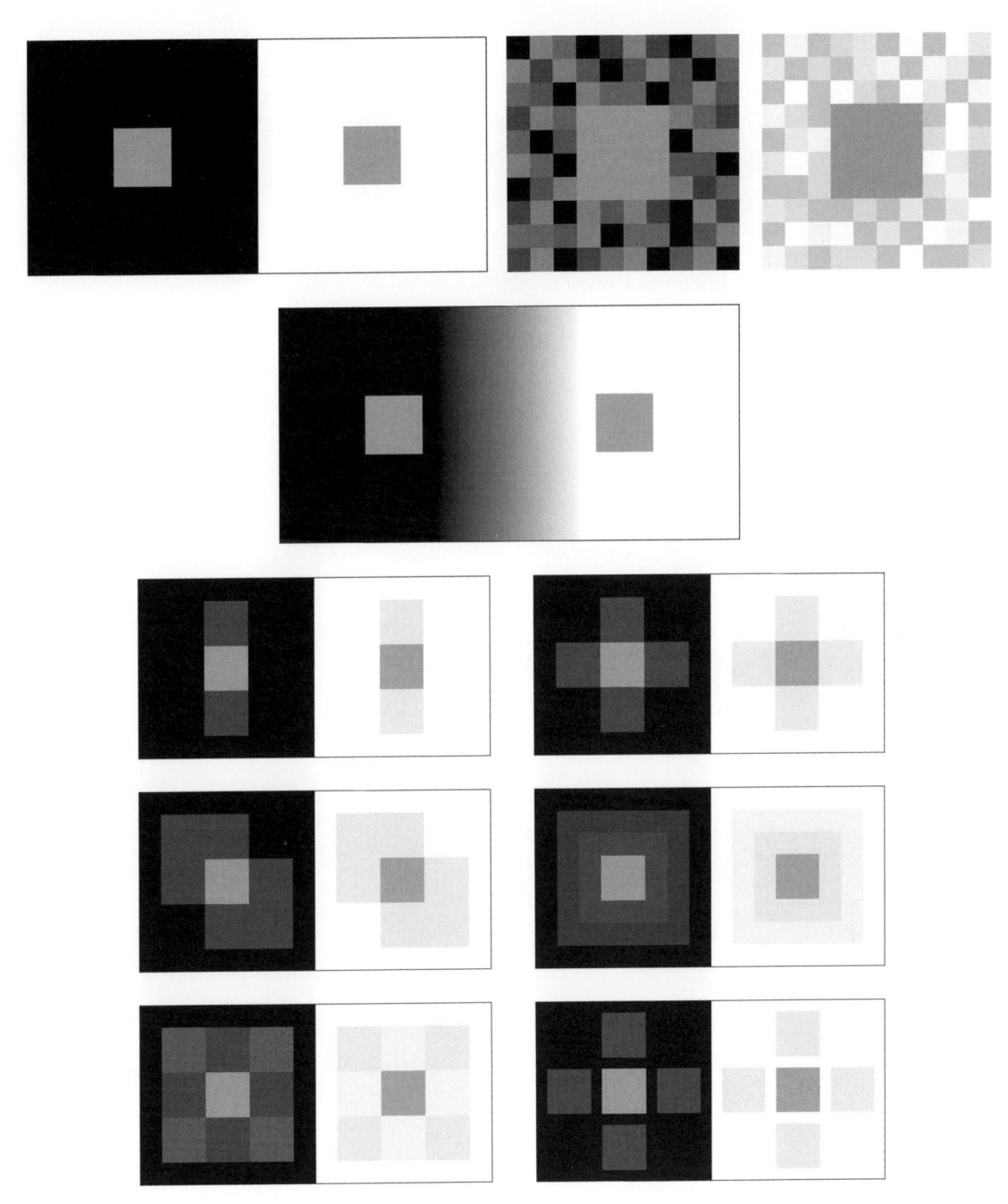

ものの明るさが変わって見える錯覚（明るさの錯視）　　　第2章　　　033

ものは照明の強さにかかわらず同じ灰色に見えること）のメカニズムで説明するべきものかもしれない．すなわち，図の右の方は「照明が明るい」状況下にあるので，同じ輝度なら正方形は濃い灰色と知覚される傾向にあり，図の左の方は「照明が暗い」状況下にあるので正方形は明るい灰色と知覚されやすいということかもしれない．なぜなら，照明が明るいところにある物体の輝度は相対的に高く，照明が明るいところにある物体の輝度は相対的に低いことを手がかりとして，対象の真の反射率（表面の白さ）を推定する仕組みが脳にあるからである．2.6節のエーデルソンの錯視群も参照されたい．

最近発表された**アンダーソンの錯視**（Anderson and Winawer, 2005）（図2.7）は図地分離の文脈（北岡，2007a）（図2.8）で説明できるが，強力な明るさの対比とみなすこともできる．

図地分離（figure-ground segregation）とは，与えられた二次元的網膜画像を知覚メカニズムが**図**（地の手前に見えるもの）と**地**（図より奥に見えるもので，図に一部を隠されていると知覚されるもの）に三次元的に切り分けることである（図7.10「ルビンの盃」参照）．アンダーソンの錯視が図地分離現象であるならば従来は錯視とは呼ばれないものであるが，ターゲットがより暗いあるいはより明るい領域に囲まれているという刺激の構造からは，古典的な意味での明るさの対比の効果も否定できない．

図2.5 ◎ネオン明るさ錯視．左右の円の内側は同じ輝度であるが，左の方が右よりも明るく見える．

図2.6 ◎グラデーションによる明るさの対比の増強．6つの正方形は同じ輝度勾配を持つが，左のものほど明るく見える．正方形の内部に輝度勾配がない場合は，Shapley (1986) の Fig. 2 と同じである．

図2.7 ◎アンダーソンの錯視．左右の円の内側は物理的には同じであるが，左の方が右よりも明るく見える．

図2.8 ◎図地分離による明るさの錯視．左右の円の内側は物理的には同じ輝度変調縞であるが，左の方が右よりも明るく見える．

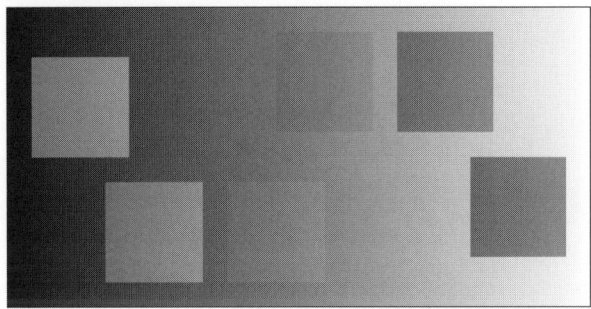

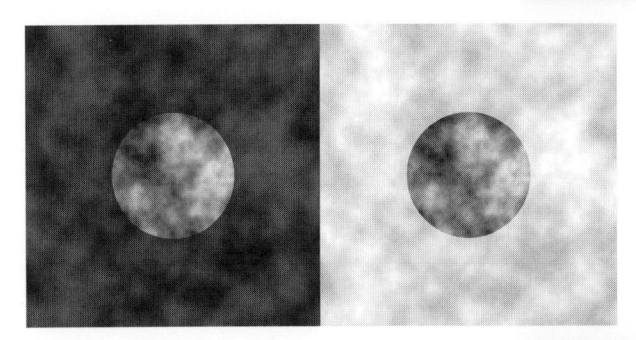

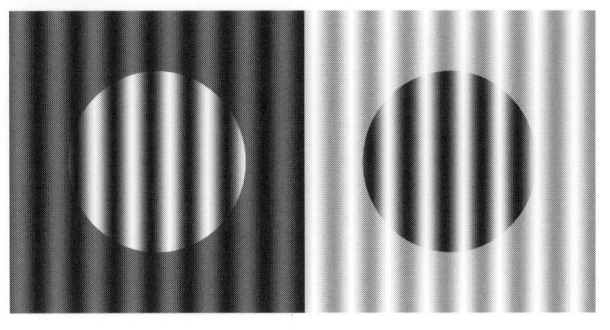

ものの明るさが変わって見える錯覚（明るさの錯視）　　　第2章　　　035

2.2 ◎コントラスト・コントラスト，明るさの同化

　明るさの対比と混同しやすい用語であるが，ある領域内での最高輝度と最低輝度の差が大きいか小さいかということもコントラスト（contrast）と呼ばれる．ある領域のコントラストは，それよりも高いコントラストの領域に囲まれると小さく見え，それよりも低いコントラストの領域に囲まれると大きく見えるが，これを**コントラスト・コントラスト**（contrast-contrast）(Chubb, Sperling and Solomon, 1989)（図2.9）という．

　なお，領域間の位相がずれていてもコントラスト・コントラストは観察できる（図2.9b）が，位相が合っている時に見られる半透明感（図2.9a）が知覚されないので，一見すると相対的に効果が弱いように見える．

　灰色の背景の上に暗い細線を引くとその周辺は暗く見え，明るい細線を引くと明るく見える（図2.10）．この現象を，**明るさの同化**（brightness assimilation）と呼ぶ．明るさの対比（simultaneous brightness contrast）とは違って，英語名称に"simultaneous"は付かない．von Bezold (1874) が最初に報告し，多くの研究がある（Day and Jory, 1978）．明るさの誘導領域と被誘導領域の幅が同じ縞模様でも，幅が狭ければ明るさの同化が見られる (Helson, 1963)（図2.11）．そのほか，後述の標的図形，ホワイト効果やその近縁の錯視も，明るさの同化として語られることが多い．

図2.9(a)(b)◎コントラスト・コントラスト．円内のパターンは物理的には左右同じであるが，左の円内は右の円内よりもコントラストが低く見える．

図2.10◎明るさの同化・その1．背景の灰色の輝度は左半分・右半分で同じであるが，左半分の方が暗く見える．

図2.11◎明るさの同化・その2．縞模様の灰色の輝度は左半分・右半分で同じであるが，縞模様の幅が十分細い場合，左半分の方が暗く見える．

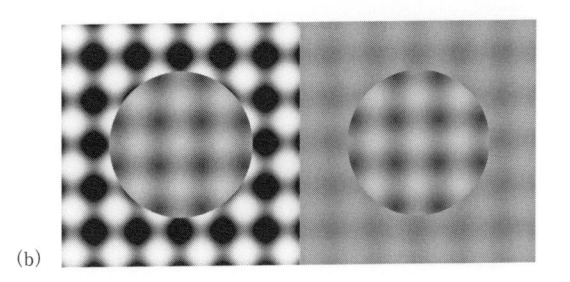

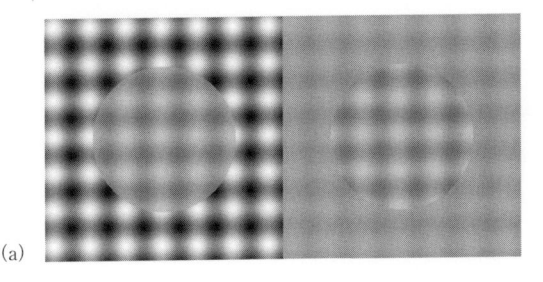

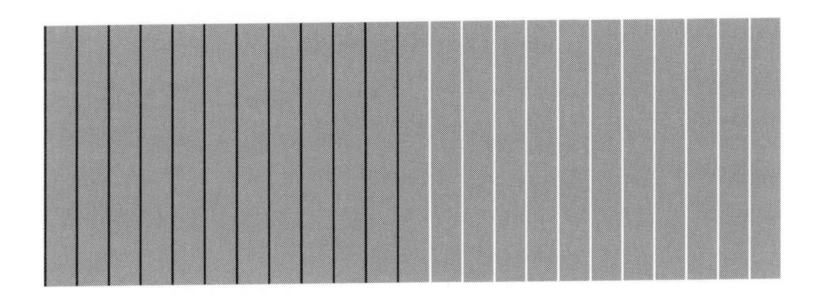

ものの明るさが変わって見える錯覚（明るさの錯視） 第2章

2.3 ◎シュブルール錯視，マッハの帯，クレイク-オブライエン-コーンスイート効果

　輝度の異なる2つの領域が接している境界部分では，明るさが違って見える．具体的には，より暗い領域と接している境界付近はより明るく，より明るい領域と接している境界付近はより暗く見える．メカニズムとしては，一般的には明るさの側抑制（lateral inhibition）の効果が想定されている．

　この現象が観察しやすい図形は，輝度を階段状に変えた複数の領域を並べたものである．こうすると，境界における明るさの対比効果のため，ホタテ貝のように立体的な印象の図ができる（図2.12）．これを**シュブルール錯視**（Chevreul illusion）（Cornsweet, 1970; Kingdom and Moulden, 1992; Morrone, Burr and Ross, 1994）という．

　一方，シュブルール錯視のそれぞれの長方形を分割すると，帆立貝のような印象は失われるとともに，分割線の両側で明るさが違って見える（**モローネ-バー-ロス錯視**）（図2.13）．Morrone et al. (1994) は，この現象をシュブルール錯視とともに「特徴検出の局所エネルギーモデル」（local-energy model of feature detection）（Morrone and Burr, 1988）で説明した．

　シュブルール錯視はしばしば**マッハの帯**（マッハバンド）（Mach band）と混同される．しかし，マッハの帯とは，直線的な輝度勾配と一様な輝度面が接したところに生じる対比的錯視のことである（Mach, 1865; Morrone, Ross, Burr and Owens, 1986; Ratliff, 1965）（図2.14）．マッハの帯は，網膜の神経の興奮と抑制のネットワークから生じ，対象の境界をはっきり知覚できるようにするという機能があると考えられている．自然界において見られる物体の光沢（ハイライト）や陰影（ローライト）を視覚体験することによってマッハの帯が見えるようになる，という経験説も提案されている（Lotto, Williams and Purves, 1999）（図2.15）．

　そのほか，マッハの帯に類似したものに**ヴァザルリ錯視**（Vasarely illusion）（Jameson and Hurvich, 1975; Troncoso, Macknik and Martinez-Conde, 2005）（図2.16）がある．ヴァザルリ錯視は**ピラミッド錯視**とも呼ばれる．

図2.12（左）◎シュブルール錯視．それぞれ一様な明るさの長方形を並べているだけであるが，境界部分に明るさの錯視が生じ，帆立貝のように境界部分がめくれあがったように見える．

図2.13（右）◎モローネ-バー-ロス錯視．シュブルール図形のそれぞれの長方形を図のように分割すると，その両側で明るさが違って見える．図では分割された右側が左側よりも暗く見える．

図2.14（左）◎マッハの帯．輝度が均一な領域が，その輝度から輝度が一定割合で変化する輝度勾配領域と接している時に，それらの境界部分に発生する錯視的な線のことである．輝度勾配領域が暗い均一領域と接しているところでは暗い線が知覚され（図ではD），明るい均一領域と接しているところでは明るい線が知覚される（図ではL）．

図2.15（右）◎ロット-ウィリアムス-パーヴスのマッハの帯．上の矢印の先にハイライト，下の矢印の先にローライトのマッハの帯が見える．このような物体のそれらの部分は，自然界では実際にハイライトとローライトとなっているという．

図2.16（右）◎ヴァザルリ錯視．図は同心正方形のグラデーションなのであるが，左の正方形の対角線上に明るい筋が見え，右の正方形の対角線上に暗い筋が見える．

D L D L

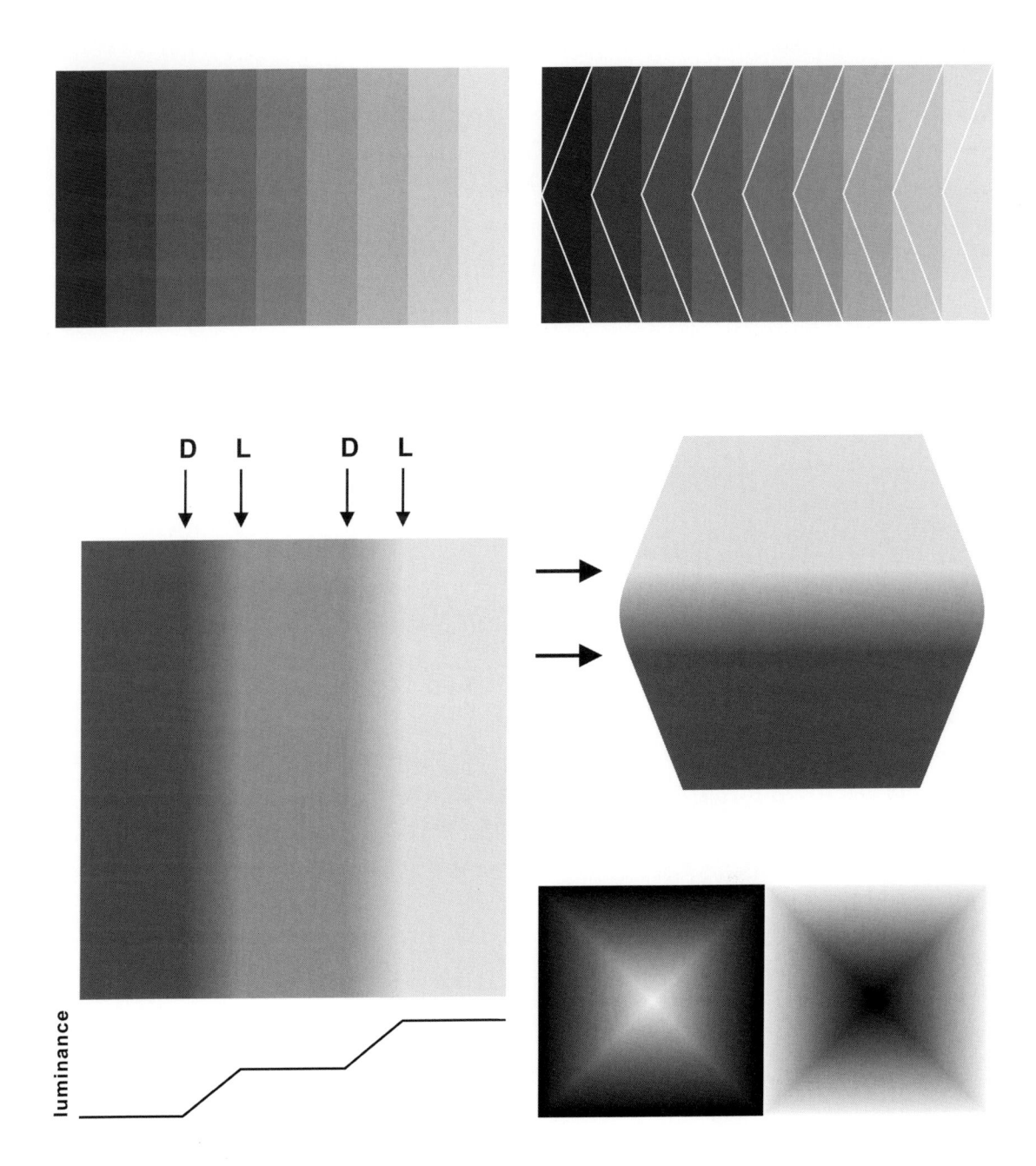

luminance

ものの明るさが変わって見える錯覚（明るさの錯視）　　第2章　　039

シュブルール錯視やマッハの帯とは逆に，実際に領域の境界に輝度変化をつけることで発生する明るさ錯視が，**クレイク–オブライエン–コーンスイート効果**（Craik-O'Brien-Cornsweet effect）（Burr, 1987; Cornsweet, 1970; Craik, 1966; O'Brien, 1958）（図 2.17）である．最近発表されたものでは，**墨絵効果**（sumi painting effect）（高島, 2008）（図 2.18）がある．これらは，「明るさの対比」と「明るさの同化」の 2 分法で言えば，後者の一種ということになる．また，境界領域の輝度情報が内部にフィリング・イン（充填）した現象（5.1 節参照）であるとも言える．

クレイク–オブライエン–コーンスイート効果と墨絵効果の図を比較すると，前者は領域中央から境界部分への明るさの変化がなめらかであるのに対し，後者は段差的である．また，前者は境界が直線的で，後者は波打っている．クレイク–オブライエン–コーンスイート効果の境界を段差的にすると錯視が弱くなり，墨絵効果の境界を直線的にすると錯視が弱くなる．このトレード・オフ関係についてはこれまで検討されていない．

ところで，墨絵効果は色の錯視として注目を集める水彩錯視（5.7 節参照）の明るさの錯視版にすぎないという見方がある．しかし，筆者らの考えではそれらは共通性は高いが異なる錯視である（Noguchi, Kitaoka and Takashima, 2008）．墨絵効果は現象としては明るさの同化であるが，明るさの水彩錯視はそうではない．第 42 回知覚コロキウム（国内の知覚研究の合宿研究会）での筆者の発表（2009 年 3 月）に論点の整理がある（http://www.psy.ritsumei.ac.jp/~akitaoka/chicollo2009.html）．

図 2.17 ◉ **クレイク–オブライエン–コーンスイート効果**．A の部分は B の部分よりも明るく見えるが，境界部分を除けば，両者は同じ輝度である．図の下のグラフは，この図の輝度プロファイル（上方は輝度が高く，下方は低い）である．

図 2.18 ◉ **墨絵効果**．「回廊部分」の灰色は外側と中央部分の灰色よりも暗く見えるが，同じ輝度である．

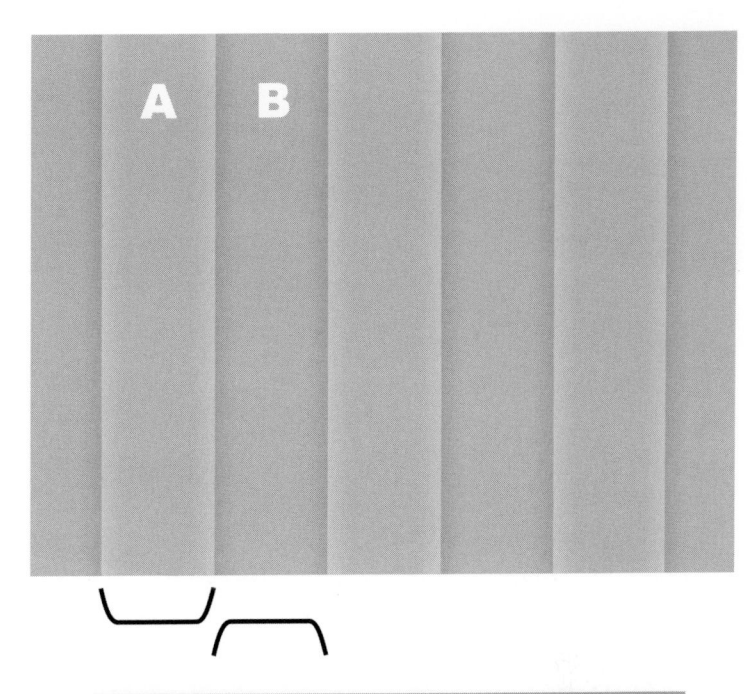

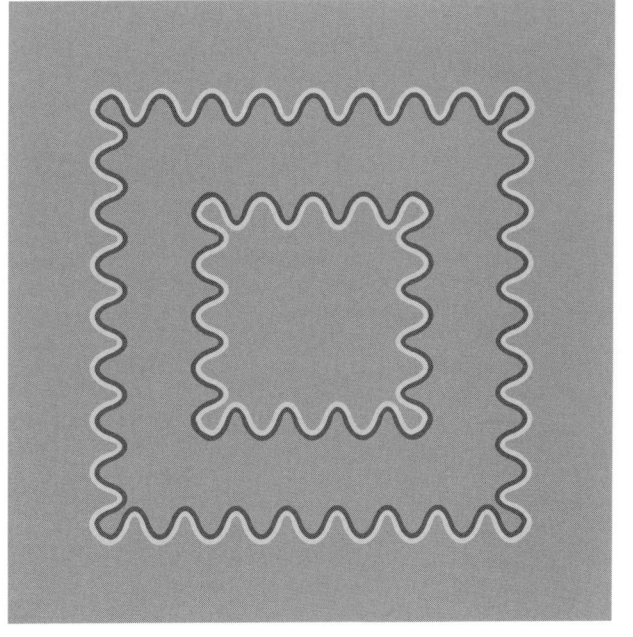

ものの明るさが変わって見える錯覚（明るさの錯視）　　第2章　　041

2.4 ◎標的図形

弓矢の的のような同心円的パターンで示される明るさの錯視の一群がある．これらは，明るさの対比が起きそうな刺激配置でありながら，接している近接領域の輝度の方向にターゲットの明るさが変位して見えるので，明るさの同化に数えられる．**ピンクッション図形**（pincushion display）（De Weert and Spillmann, 1995）（図 2.19），**市松模様図形**（checkerboard display）（De Valois and De Valois, 1988）（図 2.20），**標的図形**（bullseye display）（Bindman and Chubb, 2004）（図 2.21）が知られている．

いずれも，白黒の繰り返しパターンのどの位相にターゲットがあるかで，明るさの変位の方向が決まる．たとえば，白・黒・白・黒・白・黒と規則正しく並んだ縞や正方形に続いて，本来白の位相にターゲットの灰色が置かれていると，それはより暗く見える．黒の位相に置かれたら，ターゲットはより明るく見える．明・暗・明・暗・明・暗…の逆相の暗・明・暗・明・暗・明…がその縞の各位相に誘導されていると考えると直感的にはわかりやすいが，メカニズムがそのようになっているのかどうかは議論の分かれるところである．これら標的図形群の明るさ誘導が逆相性であるという点は縞誘導（2.6 節参照）と似ている．次節（2.5 節）のホン-シェベル錯視やホワイト効果との類似性も大きい．

図 2.19 ◎ピンクッション図形．中の星形は左右同じ輝度であるが，左の方が右よりも明るく見える．

図 2.20 ◎デ・ヴァロア-デ・ヴァロアの市松模様図形．左の灰色の正方形は右のものよりも明るく見えるが，両者は同じ輝度である．

図 2.21 ◎標的図形．白いリングに囲まれた左の灰色の円は暗いリングに囲まれた右の灰色の円よりも明るく見えるが，両者は同じ輝度である．

ものの明るさが変わって見える錯覚（明るさの錯視）　　第2章　　043

2.5 ◎ホワイト効果

白と黒の縞模様の黒の部分に灰色の縞模様を乗せるとより明るく見え，白の部分に灰色の縞模様を乗せるとより暗く見える．この錯視は，**ホワイト効果**（White's effect）（White, 1979）（図2.22）と呼ばれ，研究の蓄積が多い．ホワイト効果の図において，白・黒・灰色の3つの領域の接するところは **T接合部**（T-junctions）と呼ばれるが，これの有無がこの明るさ錯視に必要かどうかという点が，論争点になることが多い．たとえば，Todorović（1997）や Zaidi, Spehar and Shy（1997）はT接合部が重要と考え，Howe（2001, 2005）は必ずしも重要ではないと論じた．T接合部不要説を支持する現象には，**ホン−シェベル錯視**（Hong and Shevell, 2004）（図2.23）がある．ホワイト効果は単純に明るさの対比でも同化でもなく，どちらかというと同化の性質が強いが，対比の性質も十分認められる（White, 1981）．

後続の論文においてはなぜかあまり引用されないが，ホワイト効果の論文発表の3年後，ホワイトは**ドット明るさ錯視**（White's dotted lightness illusion）（図2.24）を発表した（White, 1982）．この錯視から想像されることは，T接合部はこの種の錯視には必須ではないということである．もちろん，ホワイト効果とドット明るさ錯視は異なるメカニズムによる可能性もある．この錯視のドットをランダムドットにしたものに相当するものとして，**スチュワートの環**（Stuart's Rings）（Anstis, 2005）（図2.25）がある．ブレッサンの**土牢錯視**（dungeon illusion）（Bressan, 2001）（図2.26）も，ホワイト効果と同系統の錯視と思われる．

T接合部が重要とされるという点でホワイト効果に似た古典的錯視に，**ウェルトハイマー−ベナリ効果**（Werheimer-Benary effect）（Blakeslee and McCourt, 2001）がある（図2.28）．

逆ホワイト効果（inverted White's effect）（Ripamonti and Gerbino, 2001）（図2.27）という現象もある．ホワイト効果の明るさ被誘導領域は，2つの縞模様の中間の輝度であるが，それが2つの縞模様よりも輝度が低い場合（あるいは高い場合）に起こる弱い明るさ錯視のことである．

図2.22（左）◎ホワイト効果．左半分の灰色の格子は右半分のそれよりも明るく見えるが，同じ明るさである．

図2.23（右）◎ホン−シェベル錯視．左の灰色のリングは右の灰色のリングよりも明るく見えるが，同じ明るさである．なお，この錯視は現象を先に報告した Howe（2001, 2005）にちなんで，「ハウの錯視」と呼ぶべきかもしれない．

図2.24（左）◎ホワイトのドット明るさ錯視．左の灰色の正方形は右のそれよりも明るく見えるが，同じ明るさである．

図2.25（右）◎スチュワートの環．左のリングは右のリングよりも明るく見えるが，同じ明るさである．

図2.26（左）◎土牢錯視．ダイヤモンド状に配置された灰色の正方形の輝度は左右で同じであるが，左の方が右よりも明るく見える．

図2.27（右上・右下）◎逆ホワイト効果．上半分では，左の明るい灰色よりも右の明るい灰色の方が明るく見える．下半分では，左の暗い灰色の方が右の暗い灰色よりも暗く見える．

図2.28（左）◎ウェルトハイマー−ベナリ効果．2つの三角形は同じ輝度で，各辺もそれぞれ同じ輝度の領域（二等辺部分は黒，底辺は白）と接しているが，左上の三角形は右下の三角形よりも暗く見える．ゲシュタルト心理学的説明としては，左上の三角形は白背景に属し，右下の三角形は黒の十字の内部に属するので，左上は白，右下は黒による明るさの対比が起こるため，と考える．

ものの明るさが変わって見える錯覚（明るさの錯視）

2.6 ◎エーデルソンの錯視群と縞誘導

マサチューセッツ工科大学のエドワード・H・エーデルソン（Edward H. Adelson）は，強烈な明るさの錯視図形を数多く世に出している．

波型モンドリアン図形（corrugated Mondrian）（Adelson, 1993）（図 2.29）は，ウェルトハイマー–ベナリ効果のように，同じ輝度の領域で隣接領域の輝度配置が同じでも，輪郭の延長線上の形状が異なると，知覚される明るさも異なることを示している．彼の説明は，照明の当たり具合が知覚されることが，領域の見えの明るさに影響するというものである．

この説明がよく合う錯視図形として，インターネットによって広く知られるようになった**チェッカーシャドー錯視**（checker-shadow illusion）（http://web.mit.edu/persci/people/adelson/checkershadow_illusion.html）がある．その作品の基本図形を考案してみたところ，図 2.30 が得られた．

Adelson (1993) は明るさの錯視と透明視との関係を指摘した．その代表例が**エーデルソンのタイル錯視**（Adelson tile illusion）である（図 2.31）．エーデルソンの錯視では誘導縞は矩形波であるが，これをサイン波にして錯視量をさらに増大させた図形が**ログヴィネンコの錯視**（Logvinenko illusion）である（Logvinenko, 1999）（図 2.32）．Logvinenko は透明視よりも影の知覚が原因という立場を取った（Logvinenko, 2003）．

そのほか，類似した錯視図形として，**スネーク錯視**（snake illusion）（Adelson, 2000）（図 2.33）と**エーデルソンのコフカの環**（Adelson's Koffka ring）（Adelson, 2000）（図 2.34）がある．透明視が成立している図形とは言えないが，**アーガイル錯視**（argyle illusion）（Adelson, 1993）（図 2.35）もある．これら，エーデルソンの錯視群は，「透明面」あるいは「影」の縁が直線的であることが重要で，曲がっていると効果が減少する（Logvinenko, Adelson, Ross and Somers, 2005）．

これらの強力な錯視の説明として，「照明」あるいは「影」のいずれを用いたとしても，仮説の根底にあるのは表面色（物体表面の推定された反射率）の知覚こそが錯視として見える，という高次の処理を想定している．一方，これらの錯視は，明るさを誘導する周囲の領域が分節化していることが明

図 2.29（左）◎**波型モンドリアン図形**．中央の縦列の上から 2 番目と 4 番目の灰色の輝度は同じであるが，左図では 2 つの正方形がだいたい同じ明るさに見える一方，右図では上の平行四辺形が下の平行四辺形よりも暗く見える．

図 2.30（右）◎**チェッカーシャドー錯視の基本図形**．領域 A は領域 B よりも暗く見えるが，輝度は同じである．

図 2.31（左）◎**エーデルソンのタイル錯視**．その名称は，Logvinenko and Ross (2005) より採用した．横長の菱形には明るいもの (A) と暗いもの (B) があるように見えるが，同じ輝度である．Adelson (1993) 自身は，この図を「ブロックの壁」パターン（"wall-of-blocks" pattern）と呼んでいるから，この錯視は「ブロックの壁錯視」（wall-of-blocks illusion）と呼ぶべきかもしれない．

図 2.32（左）◎**ログヴィネンコ錯視**．横長の菱形には明るいもの（A）と暗いもの（B）があるように見えるが，同じ輝度である．

図 2.33（右上・右下）◎**スネーク錯視**．上図では，暗い透明フィルムがかかったように見えるところにある 2 つの菱形は明るく見え，明るく見えるところにある 2 つの菱形は暗く見えるが，同じ明るさである．下図や右の切れ端の図のように透明視が成立していないところでは，単に明るさの対比が起きているが，相対的に錯視量は少なく感じられる．

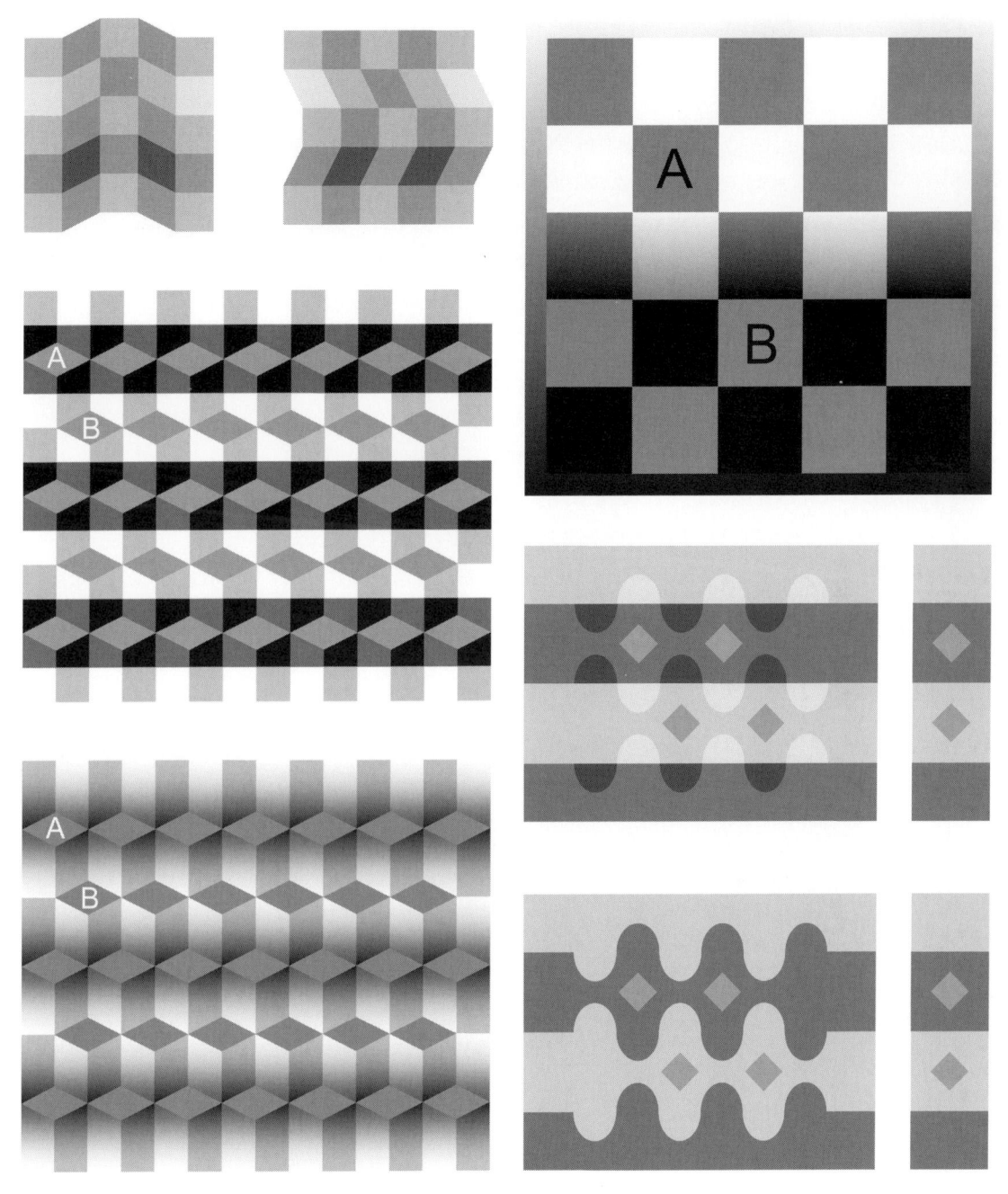

ものの明るさが変わって見える錯覚（明るさの錯視） 第2章 047

るさの対比を増強するという効果（図2.2, 2.3, 2.4を参照）の一種とみなすこともできる。そう考える場合は、どちらかというと低次の処理を前提としていることになる。

　縞誘導（grating induction）とは、明暗の縞模様に垂直に中間の輝度のオクルーダー（遮蔽物）を載せると、オクルーダーの見えの明るさが逆位相の縞模様に見える現象である（McCourt, 1982）（図2.36）．図では、黒の縞の上のオクルーダーは明るく、白の縞の上のオクルーダーは暗く見える。縞誘導と明るさの対比のメカニズムは同じではないかということが示唆されている（Blakeslee and McCourt, 1997）．一方、縞誘導とスネーク錯視（図2.33参照）は別の現象であるという主張もある（Logvinenko and Kane, 2004）．

　ちなみに、オクルーダーが縞模様の最低輝度か最高輝度の場合には、視覚的ファントム（5.5節参照）が観察される．その場合も、逆位相の明るさ誘導であることは変わらない．

　そのほか、縞誘導と次節（2.7節）のヘルマン格子錯視はいずれも明るさの**逆相性誘導**（counterphase induction）であることが共通しているが、同じ現象であると主張されることは少ない．その理由として、ヘルマン格子錯視は中心視で観察する（錯視部分に視線を合わせて観察する）と錯視が弱く見えるが、縞誘導ではそのような減弱は見られないからである．

図 2.34 ◎ エーデルソンのコフカの環．暗と明の背景の上に描かれた灰色の環は、つながっている限りは明るさの錯視は少ない（左図）が、背景に乗せて切り離すと暗の背景の上の半リングは明るく見え、明の背景の上の半リングは暗く見える（中央図）．ここまでは、「コフカの環」（Koffka ring）と呼ばれる．それらを透明視が成立するように接合すると、錯視量がさらに増す（右図）．

図 2.35 ◎ アーガイル錯視．Aの周辺はBの周辺よりも暗く見えるが、同じ輝度である．この図はエーデルソンの原画をかなり改変しているので、引用の際には原典も必ず参照されたい．

図 2.36 ◎ 縞誘導．横長の細い帯は均一な灰色で描かれているが、左から明・暗・明・暗・明に見える．

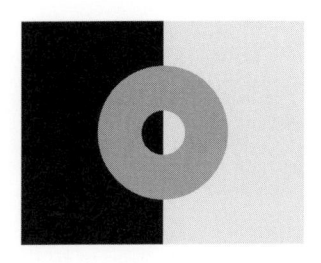

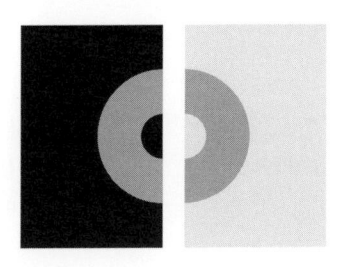

ものの明るさが変わって見える錯覚（明るさの錯視）　　　第2章　　　049

2.7 ◎ヘルマン格子錯視

黒背景上の白い格子の交点には，暗くてぼんやりしたパッチ状のものが誘導されて見える（Hermann, 1870）（図 2.37）．これを，**ヘルマン格子錯視**（Hermann grid illusion）という．英語読みの場合は，ハーマン格子錯視である．見つめているところ（中心視）では錯視が弱い．

ヘルマン格子錯視の図を白黒反転させれば，白背景上の黒い格子の交点には，明るくてぼんやりしたパッチ状のものが誘導されて見える（図 2.38）．こちらは，**ヘリング格子錯視**（Hering grid illusion）と呼ばれる（Hering, 1907）．ヘルマン格子錯視と同様，ヘリング格子錯視も中心視では錯視が弱い．

Wade (2005) によれば，この錯視の歴史はヘルマンやヘリングよりも古いが，メカニズムは必ずしも明らかではない．同心円受容野を持つニューロン（網膜や外側膝状体のニューロン）の相互作用で説明される（Baumgartner, 1960）ことが好まれるのだが，斜め 45 度では錯視量が減少すること（Spillmann and Levine, 1971）や，格子の数が少なかったり分断されていると錯視が弱くなること（Wolfe, 1984）から，最近では脳由来という考え方も支持を集めている（Spillmann, 1994）．

ヘルマン格子錯視の正方形の角を丸くすると錯視の強さが増加する（**ドンブロフスキー格子錯視**）（図 2.39）．これは，Spillmann (1994) によると Dombrowsky (1942) が報告した．また，正方形は枠だけでもよい（**ホレミス格子錯視**）（図 2.40）．Spillmann (1994) によると，Horemis (1970) のデザインに見られる．

図 2.37（左）◎ヘルマン格子錯視．白の格子の交点に暗いパッチ状のものが見える．

図 2.38（右）◎ヘリング格子錯視．黒の格子の交点に明るいパッチ状のものが見える．

図 2.39（左）◎ドンブロフスキー格子錯視．角が丸い図では，ヘルマン格子錯視が強く見える．

図 2.40（右）◎ホレミス格子錯視．正方形の枠だけでも，ヘルマン格子錯視が見える．

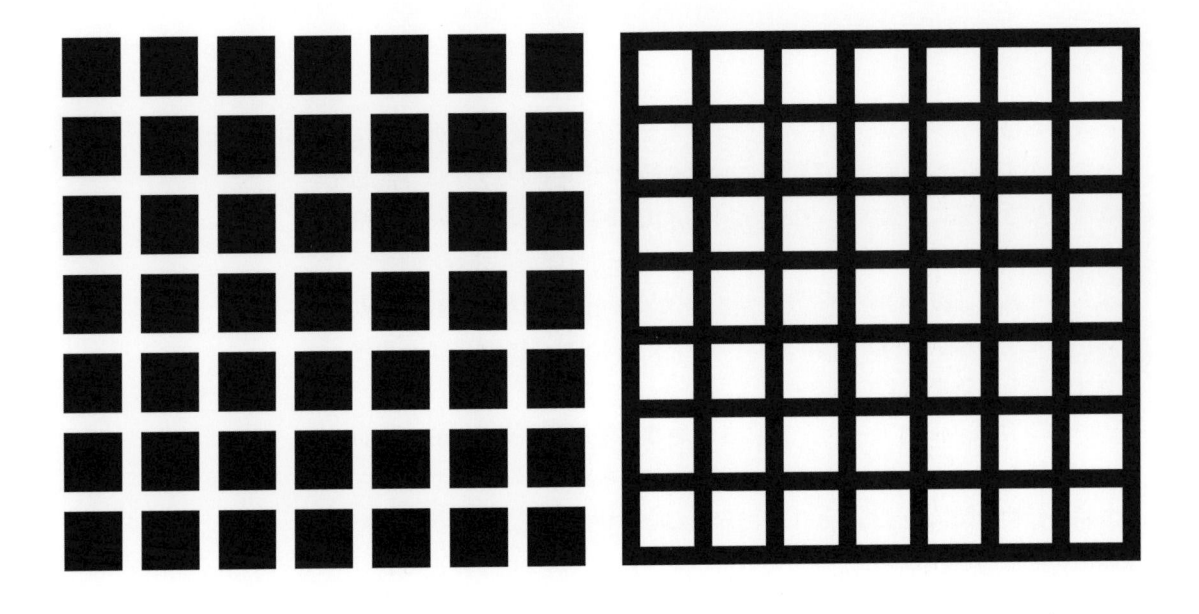

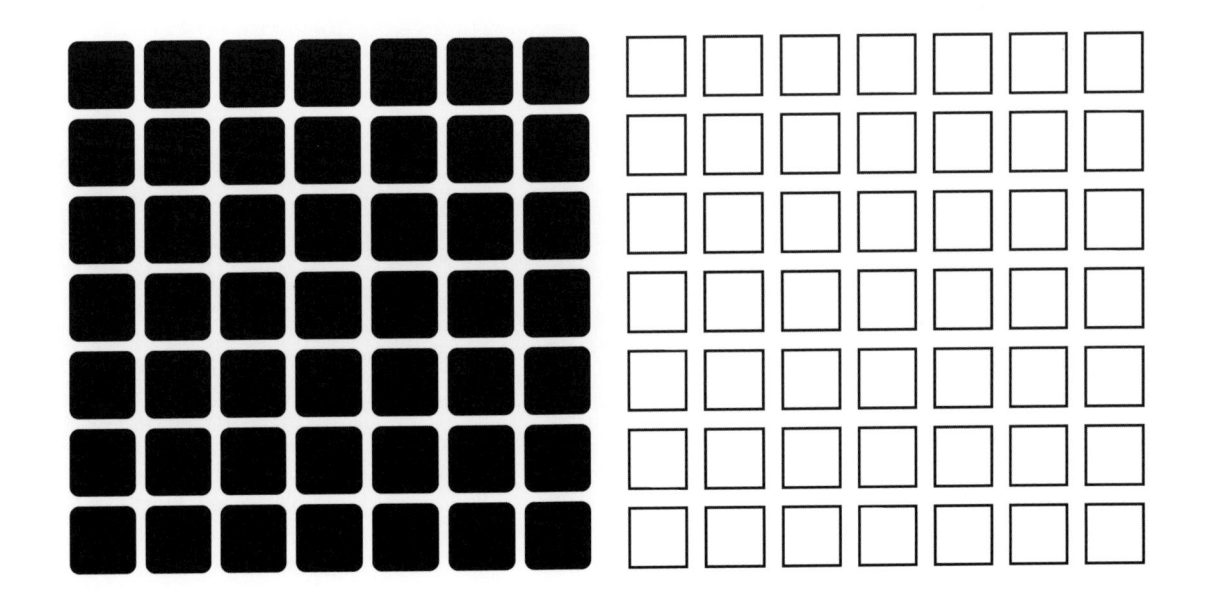

ものの明るさが変わって見える錯覚（明るさの錯視） 第2章 051

2.8 ◎バーゲン錯視

　ヘルマン格子錯視あるいはドンブロフスキー格子錯視の図を画像処理によってぼかすと，ヘルマン格子錯視における静的な錯視的パッチは，活動的なきらめき効果に変貌する（Bergen, 1985）（図2.41）．これを**バーゲン錯視**（Bergen illusion）と呼ぶ．ヘリング格子錯視の図をぼかしても，同様の効果が得られる（図2.42）．バーゲン錯視の効果は，眼球運動が多い方が大きい．ヘルマン格子錯視と同様に，バーゲン錯視も中心視ではあまり観察できず，少し周辺視でよく見える．

　バーゲン錯視の変種として，後に**きらめき格子錯視**（scintillating grid illusion）（Schrauf, Lingelbach and Wist, 1997）が考案された（図2.43）．きらめき格子錯視の図は画像処理が不要で作成しやすいからか，バーゲン錯視よりもよく引用されている．きらめき格子錯視はヘルマン格子錯視の刺激配置を必要とするが，その生起に眼球運動を必要とするという点で，ヘルマン格子錯視とは異なると考えられている（Schrauf et al., 1997）．さらに，きらめき格子錯視は単眼よりも両眼立体視の条件で観察した方が強かったことから，大脳皮質の関与が示唆された（Schrauf and Spillmann, 2000）．注意を向けているところに近い交点ほど錯視が見えやすいという知見（VanRullen and Dong, 2003）も，大脳皮質の関与を裏付ける．

図2.41 ◎バーゲン錯視．白い格子の交点に暗いものが忙しく光って見える．

図2.42 ◎明るいバーゲン錯視．黒い格子の交点に明るいものが忙しく光って見える．

図2.43 ◎きらめき格子錯視．黒背景上の灰色の格子の交点上に描かれた白い丸の中に，暗いものが光ったり消えたりするように見える．極性を反転させると，白背景上の灰色の格子の交点上に描かれた黒い丸の中に，明るいものが光ったり消えたりするように見える．なお，「きらめき格子錯視」は筆者の訳語で，「きらめく格子の錯視」あるいは「ピカピカしている格子の錯視」なら直訳調の訳語である．

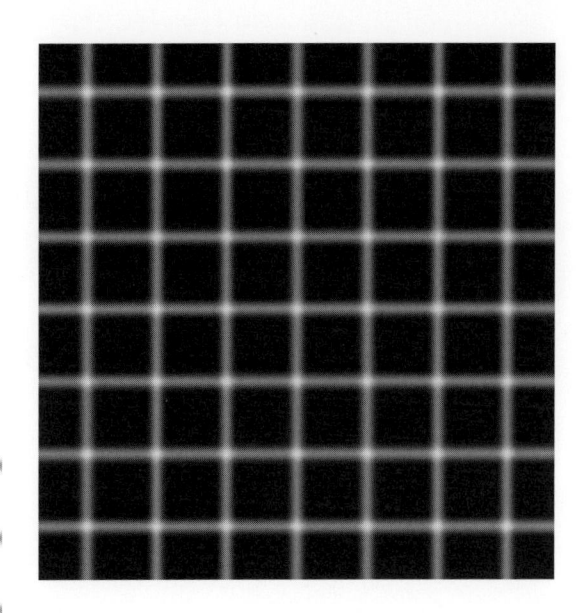

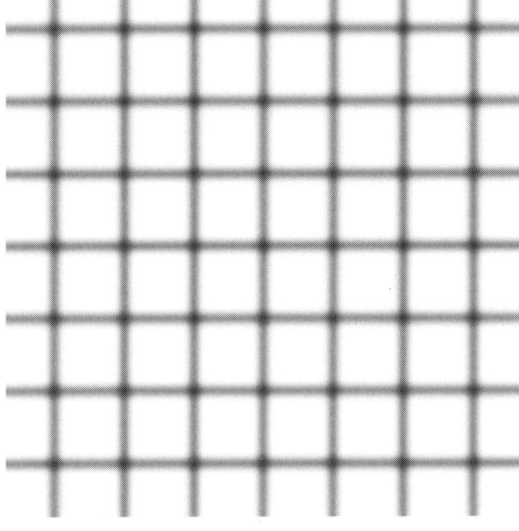

ものの明るさが変わって見える錯覚（明るさの錯視）　　　第 2 章　　　053

2.9 ◎ピンナの明るさの錯視

ピンナの明るさ誘導（Pinna's anomalous brightness induction）とは，エーレンシュタイン図形（5.2節参照）の空白部分に，青い輪郭の白い円を入れると，白い円部分が明るく見えるという錯視である（Pinna, Spillmann and Werner, 2003）（図2.44）．実は青という色に意味があって，灰色ではこの効果は弱いので，色の錯視であるともいえる．

一方，類似した現象に，**ピンナのきらめき光沢現象**（scintillating lustre）(Pinna, Spillmann and Ehrenstein, 2002)（図2.45）がある．これはきらめき格子錯視（図2.43参照）に似ているが，エニグマ錯視（図4.36参照）などのオプ現象にも近いと思われる．

バインジョ・ピンナ（Baingio Pinna, 1962–）は，イタリアのサルデーニャ（サルディニア）島にあるサッサリ大学（Università degli Studi di Sassari）教授で，これまでに新しい錯視を数多く発見・報告している．彼の代表的な錯視としては，**ピンナ錯視**（静止画が動いて見える錯視．4.3節参照）や**水彩錯視**（色の錯視，視覚的補完．5.7節参照）がある．また，「渦巻き錯視はフレーザー錯視以外のすべての傾き錯視で作ることができる」（1.11節参照）ことを示した筆者が第一著者の共著論文（Kitaoka, Pinna and Brelstaff, 2001）についても，ピンナは筆者とは独立に発見していた．筆者が錯視研究を始めたのは1994年頃で，ピンナはそれより以前から錯視の研究をしていたから，おそらくは渦巻き錯視の上記の発見についてはピンナが先であったと考えられる．第一著者を筆者に譲ってくれたのであろう．

図2.44 ◎ピンナの明るさ誘導．青の輪郭の円内の白が発光しているかのように明るく見える．

図2.45 ◎ピンナのきらめき光沢現象．灰色の部分がきらめいて見える．

ものの明るさが変わって見える錯覚（明るさの錯視）　　第2章

北岡明佳作品集②
〈光る菊〉（2005 年）

【解説】「菊の花」の中心が光って見える．ピンナの明るさ誘導（図 2.44）やピンナのきらめき光沢現象（図 2.45）に形は似ているが，筆者は第 5 章の逆相性明所視ファントム（図 5.24）の応用図形のつもりで作成した．

3
ものの色が変わって見える錯覚
―色の錯視―

　ものの色が変わって見えれば**色の錯視**（color illusion）である．従来の幾何学的錯視中心の錯視研究においては，錯視のカテゴリーとしてはあまり扱われてこなかった分野である．しかしながら，言うまでもなく，色彩研究，色覚研究，色彩論などにおいて，アート，サイエンスを問わず，古今東西を問わず，多大な注目と熱狂を浴び続けてきた栄光の研究テーマである．

　「光線に色はついていない」"The rays are not coloured." とニュートンは言ったそうである．色は物理的特性ではなく，こころが生んだ非実在的観念と看破したわけである．当時錯視という概念があったのかどうかわからないが，ニュートンは「色そのものは錯視である」とコメントしたことになる．「ニュートンも心理学のことがわかっていた」という賛辞として，しばしば引用される．

　このあたりの議論はもっと深めることができる．色は実在でないと言うが，その位置はこころの中には置かれず，対象物に付着して知覚される．つまり，主体の外側にあるように知覚される．しかも，色は物理的特性（スペクトル成分）に大いに依存して変化する．それらの哲学的議論はともかくとして，定義上，錯覚という概念は「客体の実在（の認識）」と「主体の知覚」のズレに依存するものなのだから，色そのものが錯視であってはおかしいのである．何が「実在」なのかということですらそれを決めるのは「主体」なのであって，個々の主体を俯瞰できる超越的認識（神の認識）が可能でない限り，色が外界の事物の一部として知覚・認識される以上，「光線には色がついている」ということでなければならないのである．

　本章では，色は実在することを前提に（前提にしなくても問題ないのであるが），色の錯視をレビューする．

3.1 ◎色の対比

色の対比（color contrast あるいは chromatic contrast）（図 3.1）とは，あるターゲット領域を取り囲む周囲の領域に色がついている場合，その色の反対の色（青なら黄，黄なら青，ディスプレーの赤ならシアン，ディスプレーの緑ならマゼンタ）がそのターゲット領域に誘導されて見える現象である．色には色相，明度，彩度の3属性があるので，正確に言えば「色相の対比」である．

色の対比には，**キルシュマンの法則**（Kirschmann's formulation）(Kirschmann, 1891) が知られている．最もよく引用される Graham and Brown (1965, p. 460) によれば，キルシュマンの法則は5つあり，以下の通りである．(1) 誘導領域（取り囲む領域）と比較してテスト領域（ターゲット領域）が小さければ小さいほど，色の対比は大きい．(2) 色の対比は2つの領域が離れていても起こる．しかし，離れれば離れるほど対比の効果は減少する．(3) 色の対比の量は誘導領域の面積によって異なる．(4) 色の対比は，明るさの対比がないか少ないところで最大となる．(5) 明るさが同じならば，色の対比は誘導する色の飽和度（彩度）に影響される．

大山（2000）もキルシュマンの法則を同様の順番で記述した上，(4) については否定的見解を示し，「むしろ，明るさの対比が大きくなるときに，色の対比も大きくなる傾向が認められている」(Kinney, 1962; Oyama and Hsia, 1966) とした．しかし，この否定される法則は「キルシュマンの第三法則」(Kirschmann's (1891) third law) (Pinna, Spillmann and Werner, 2003) と呼ばれることが多い．この不一致が起きた理由は何であろうか．以下は，筆者がドイツ語の原文の要約部分 (Kirschmann, 1891, p. 491) から直訳したものである．

① 純粋な同時的明るさ対比の強度と，おそらくは純粋な色の対比の強度も，静止した目における明確で大きい知覚の境界の内側において，誘導する網膜部位の範囲に線型に比例するか，あるいは同じ面積の平方根に比例して増大する．

② コントラスト効果の強さとは関係なく，コントラストが引き起こす

図 3.1 ◎色の対比．灰色の正方形が青に囲まれると黄味がかって見え，黄に囲まれると青味がかって見える（上半分）．同様に，灰色の正方形が赤に囲まれると青緑がかって見え，緑に囲まれると赤紫がかって見える（下半分）．

ものの色が変わって見える錯覚（色の錯視）　　　第 3 章　　　059

強度を，対応する範囲を大きくすることによって，より弱い強度に変えることができる．つまり，コントラストにおいては，範囲と強度の間には相互関係もある．

③ 同時色対比は，明るさの対比がないか最小限の場合に，最大の効果を発揮する．

④ 色の印象と同じ明るさの灰色との同時コントラストは，誘導する色の飽和度が大きくなるほど，この後者に比例するというよりはむしろより小さい規模で，おそらくは対数比例的に増大する．

⑤ 2つの色の間の同時コントラストは，2つの成分から成る．それらの定量的な関係は，2つの色の飽和度が同じように増加する場合や減少する場合に，同じようにではなく変わり，また矛盾したように変わる．

⑥ 2つの色の間の相反するコントラストは，2つの色が中間の飽和度の場合に，最大に達する．

キルシュマンの法則とキルシュマンの原文の要約部分を比較すると，内容が一致していないことがわかる．キルシュマンの法則は5つであるが，原文では項目は6つである．キルシュマンの法則の (1) 番は原文の①番と一致している．注目のキルシュマンの法則の (4) 番は原文では③番である．ということは，「キルシュマンの第三法則」とは，原文の順番で言っていることになる．キルシュマンの法則の (2) 番は原文の要約には登場しない．(3) 番には原文の①番と②番が対応する．(5) 番に対応するのは，原文の④番，⑤番，⑥番である．

つまり，今日，「キルシュマンの法則」として知られているものは Kirschmann (1891) による分類ではなく，Graham and Brown (1965) がキルシュマンの論文全体を読んで行った分類であろう．しかし，「色の対比は明るさの対比がないか少ないところで最大となる」という知見を「キルシュマンの第三法則」と呼ぶ場合は，キルシュマンの論文の要約部分 (Kirschmann, 1891, p. 491) を見て引用されたものと推測される．

色の対比に似た現象に**色の恒常性**（3.9節参照）がある．色の恒常性は色相の変位は色の対比と同じ方向であるが，はるかに効果が大きい．

図 3.2 ◎ 色の恒常性との比較．最上段の3つの図において，左の図の人物の右目は水色に見えるが，物理的には左目の灰色と同じである．中央の図の人物の右目は黄色に見えるが，物理的には左目の灰色と同じである．右の図の人物の右目は赤色に見えるが，物理的には左目の暗い黄色と同じである．それぞれの図において，右目の色が髪飾りの色と同じ色に見えれば，色の恒常性は完全ということになる．この色の恒常性の図の作り方は，最下段に示した通りで，目を含む顔全体に色フィルターをかける（色の恒常性が現れる）か，目だけに色フィルターをかけるか（色の恒常性が現れない）という違いである．中の段のそれぞれの図は，最上段のそれぞれの図の目の色を小さい正方形の色として，色フィルターのかかった肌の色を大きい正方形の色として，色の対比図形としたものである．それぞれ，最上段の図のような強さの色の誘導効果は得られないことがわかる．

Filter color = red
Eye color = cyan
Synthesized color = gray

Filter color = blue
Eye color = yellow
Synthesized color = gray

Filter color = green
Eye color = red
Synthesized color = dark yellow

上図の色を用いた色の対比（color contrast）

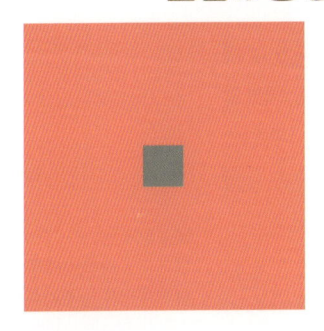

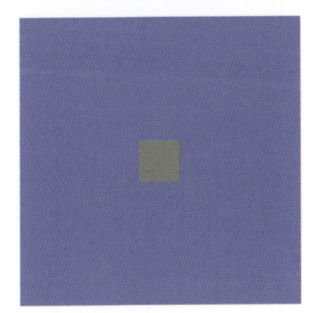

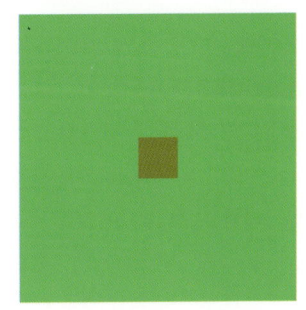

作り方

50% red filter

＋　　＝

ものの色が変わって見える錯覚（色の錯視）　　　　第3章　　　　061

3.2 ◎色の同化と彩度対比

　ある領域の色と同じ色相が他の領域に誘導された場合，**色の同化** (color assimilation あるいは chromatic assimilation) と呼ぶ．「色の同化」と呼ばれる刺激形態はおもに2種類で，1つは色のついた細線が背景を同色相で染める場合（図3.3）と，誘導する色領域とターゲットの領域が等間隔で並ぶように描かれた場合 (Helson, 1963)（図3.4）である．後者の場合は，縞の一本一本の幅が小さいときに色の同化となり，幅が大きくなると色の対比となると説明されることが多い．

　デ・ヴァロア–デ・ヴァロアの市松模様の色錯視 (De Valois and De Valois, 1988)（図3.5）も色の同化の代表例に入れられることもある．しかし，この錯視は，どちらかというと3.4節のムンカー錯視の仲間のように思える．

　「色の同化」と「色の対比」は，メカニズムの説明の用語というよりは現象の記述の用語であるため，研究者によってはターゲットに同じ色が誘導されたら「色の同化」で，反対の色が誘導されたら「色の対比」と呼んでいるのにすぎない場合もあるので，注意が必要である．特に，ムンカー錯視（図3.9参照）は色の同化の代表例として引用される例が散見される．

　ところで，ある色領域が，それよりも彩度の高いものに囲まれるとその彩度が低く見え，それよりも彩度の低いものに囲まれるとその彩度が高く見える（図3.6）．**彩度対比**はアートやデザインの教科書にはよく出てくるが，色覚研究では見かけない．色の対比や色の恒常性の例とみなされているのかもしれない．

図3.3(左)◎色の同化・その1．灰色の背景上に青い細線が引かれると，灰色が青味がかって見える．黄，赤，緑でも同様である．

図3.4(右)◎色の同化・その2．同じ赤の縞模様がオレンジと赤紫に見え（上半分），同じ緑の縞模様が黄緑と青緑に見える（下半分）．

図3.5(左)◎デ・ヴァロア–デ・ヴァロアの色の同化．同じ赤の縞模様がオレンジと赤紫に見え（上半分），同じ緑の縞模様が黄緑と青緑に見える（下半分）．

図3.6(右)◎彩度対比．左右の小さい正方形は同じ色であるが，右の方が左よりも鮮やかな色に見える．

ものの色が変わって見える錯覚（色の錯視）　　第 3 章　　063

3.3 ◉遠隔色対比と遠隔色同化

　色の対比は，誘導領域と被誘導領域が隣接していなくても起こる（図3.7）．このことはキルシュマンの第二法則にも書かれているのであるが，あまり注目されてこなかった．おそらく，色の対比は，明るさの対比と同様ニューロンの側抑制の考え方で説明しようとする傾向が強かったためであろう．なぜなら，色の対比と**遠隔色対比**が同じメカニズムに基づいていると仮定すると，領域の隣接を前提条件とした側抑制の考え方でこれらの現象を説明することは困難となるからである．代わりに，たとえば「遠隔抑制説」が必要ということになる．近年では，Shevell and Wei (1998) の遠隔色対比（remote chromatic contrast）研究がある．

　同様に，色の同化も，誘導領域と被誘導領域が隣接していなくても起こる（図3.8）．この現象を**並置混色**と呼ぶ場合もあるが，本来の並置混色は，ディスプレーの加法混色などのような原色の要素が解像度以下で弁別できない場合の混色を指す．色の同化の説明としては，「色が領域内を拡散していくことによる現象である」あるいは「フィリング・イン（5.1節参照）である」という考え方があるのだが，色を誘導する領域と色が誘導される領域が離れているため，**遠隔色同化**はこの考え方には合わない．むしろ，光学系の限界のため，網膜上では実は物理的に混色しているのだが，知覚的には別の領域に見えるので色の同化という錯視となる，という考え方（中川，2009）に合っている．

図3.7 ◉遠隔色対比あるいはキルシュマンの第二法則．左右の赤い線は同じ色であるが，左はオレンジ色，右は赤紫色に近く見える．この図は，北岡（2005d）による．この図の大きさだと1メートル程度離れて見た方が効果が大きい．

図3.8 ◉遠隔色同化．左右の赤い線は同じ色であるが，左は赤紫色，右はオレンジ色に近く見える．この図は，北岡（2005d）による．

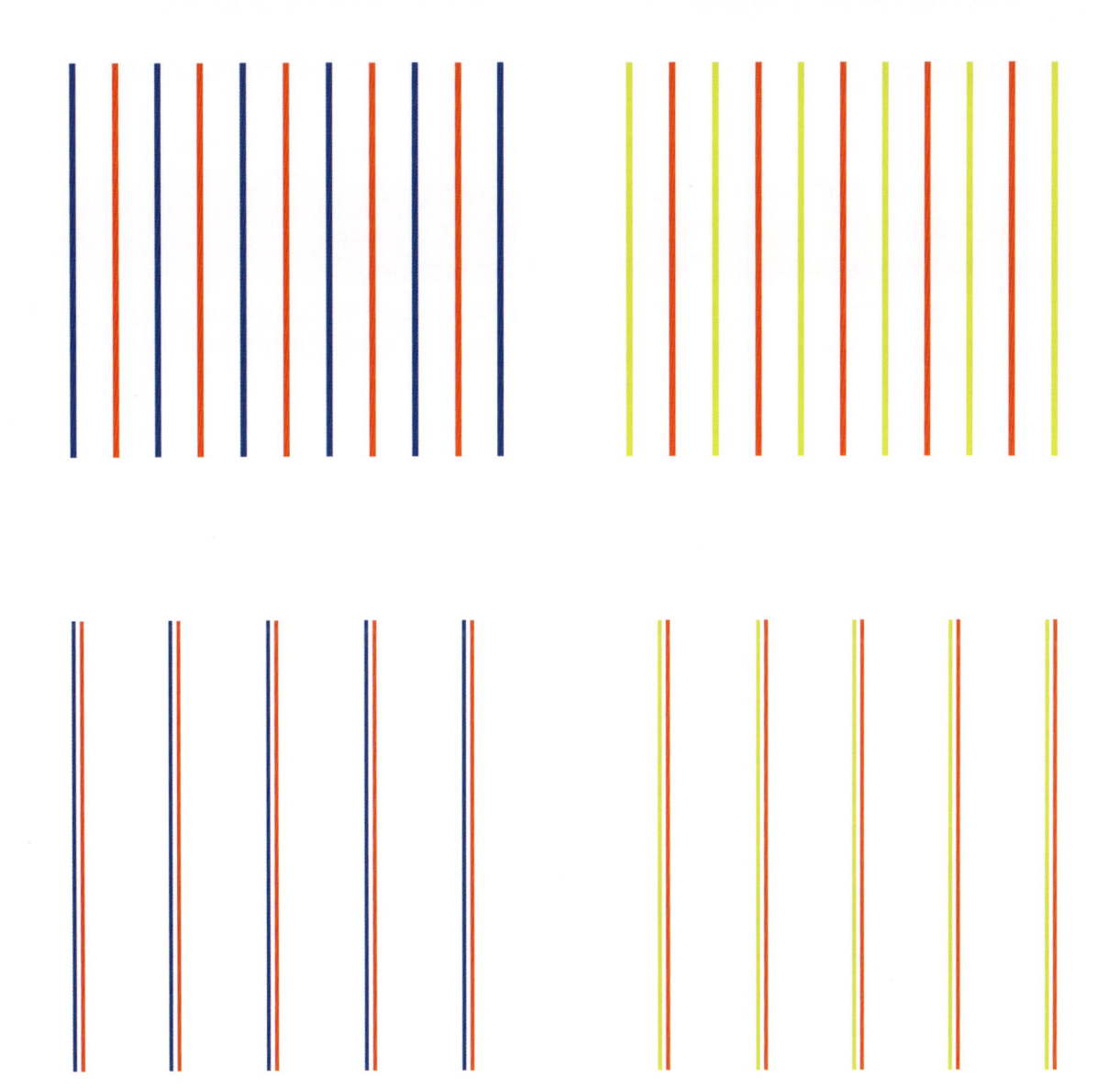

ものの色が変わって見える錯覚（色の錯視） 第3章 065

3.4 ◎ムンカー錯視

　図3.9を見ると，オレンジ色，赤紫色，黄緑色，青緑色の4色が，黄色と青色の縞模様の中に埋め込まれているように見えるが，物理的にはオレンジ色と赤紫色は同じ赤色で，黄緑色と青緑色は同じ緑色である（Munker, 1970）．筆者は「**ムンカー錯視**(Munker illusion)」と呼んでいる（北岡, 2005d）．

　ムンカー錯視はホワイト効果（2.5節参照）のカラー版とも言えるが，ムンカー錯視の発表の方が10年ほど早い．ただし，ムンカーはドイツ語で発表して英語で発表しなかったので，彼の業績の知名度は高くない．ムンカー錯視は，ホワイト効果と同様，左右からの色の同化と上下からの色の対比の加算で説明できそうである．

　ムンカー錯視に似た錯視に，「**色の土牢錯視**」がある（図3.10）．こちらは，土牢錯視（Bressan, 2001）（図2.26参照）のカラー版として筆者が考えたものであるが，先行研究の有無は確認していない．ムンカー錯視との違いは，ターゲット領域（ここでは赤や緑の正方形）が対比を誘導する領域（黄や青の正方形）と接していないことである．

　ホワイトのドット明るさ錯視（図2.24参照）のカラー版「**ドット色錯視**」にも，同様の効果がある（図3.11）．単純に，色の対比と色の同化の図柄の組み合わせでも，同等の効果がある（図3.12）．ドット色錯視のドットをランダムドットに変えても同様である（図3.13）．これは，スチュワートの環（図2.25参照）のカラー版に相当する．

　このように比較してみると，デ・ヴァロア−デ・ヴァロアの色の同化（図3.5参照）もムンカー錯視の仲間のようである．

図3.9（左）◎ムンカー錯視．同じ赤の縞模様がオレンジと赤紫に見え（上半分），同じ緑の縞模様が黄緑と青緑に見える（下半分）．

図3.10（右）◎色の土牢錯視．同じ赤のダイヤモンド形がオレンジと赤紫に見え（上半分），同じ緑のダイヤモンド形が黄緑と青緑に見える（下半分）．

図3.11◎ドット色錯視．同じ赤の正方形がオレンジと赤紫に見え（上半分），同じ緑の正方形が黄緑と青緑に見える（下半分）．

図3.12（左）◎色の対比と色の同化の刺激配置の組み合わせ．同じ赤の正方形がオレンジと赤紫に見え（上半分），同じ緑の正方形が黄緑と青緑に見える（下半分）．

図3.13（右）◎ランダムドット色錯視．同じ赤の円がオレンジと赤紫に見え（上半分），同じ緑の円が黄緑と水色に見える（下半分）．

ものの色が変わって見える錯覚（色の錯視）　　　第3章　　　067

3.5 ◎ モニエ-シェベル錯視

　ムンカー錯視に似ているが，少し異なる色の錯視がある．図 3.14 の左の 2 つのように，紫・黄緑・紫・黄緑と繰り返された縞模様の黄緑部分を他の色に置き換えるとその色は青味を帯びて見え，紫部分を他の色に置き換えるとその色は黄味を帯びて見える (Monnier and Shevell, 2003, 2004)．図の右の 2 つのように，繰り返しパターンでなければ錯視は弱い．**モニエ-シェベル錯視**は，ホン-シェベル錯視（図 2.23 参照）のカラー版とも考えられる．

　彼らによれば，この錯視は S 錐体（青の波長にピーク応答する網膜視細胞）の性質に依存した錯視である（本書の紫と黄緑は，L-M 軸上は等エネルギーでの S＋と S－の近似色である）．高空間周波数の繰り返しパターンが重要である点は，ムンカー錯視と共通している．ちなみに，この色でムンカー錯視を作ると図 3.15 のようになる．

　このように比較してみると，モニエ-シェベル錯視とムンカー錯視の間には本質的な違いはないように思える．少なくとも現象的には同等の錯視と思われるが，2003 年に筆者がモニエ博士に電子メールで尋ねたところでは，モニエ-シェベル錯視とムンカー錯視は同じではないかという筆者の主張には賛同しないようであった．

図 3.14 ◎ モニエ-シェベル錯視．同じ橙色の細線が 4 本立っているのだが，左端のブロックと左から 2 番目のブロックを比較すると，左端はピンクに，左から 2 番目は山吹色に見える．

図 3.15 ◎ 図 3.14 の色で作ったムンカー錯視．4 つとも同じ橙色の格子が入っているのだが，左端のブロックと左から 2 番目のブロックを比較すると，左端はピンクに，左から 2 番目は山吹色に見える．

ものの色が変わって見える錯覚（色の錯視） 第3章 069

3.6 ◎色の残像

　同じ色の領域を見続けていて，他のところに目を移すと，それまで見ていた色と同じ色が見える場合を**陽性残像**（positive afterimage）と言い，反対の色が見える場合を**陰性残像**（negative afterimage）という．カメラのフラッシュのような強い光を見た直後には陽性残像が見えるが，多くの場合は陰性残像が観察される（図3.16）．どちらの残像が見えるかは，網膜の明暗順応のレベルと光刺激の強さの関係で決まる．観察時の明暗順応のレベルで受容する適正範囲（ラチチュード）を超える強い光刺激に対しては陽性残像が生じるが，その場合でも時間経過とともに陰性残像を観察できる．

　陰性残像には，視覚的に補完された色領域の残像，つまり順応時に刺激されていない視野部分の残像もあることが報告されている（Shimojo, Kamitani and Nishida, 2001）（図3.17）．視覚的補完（第5章参照）は脳の機能と考えられるから，網膜レベルで起こる現象のように思われる色の残像にも脳が関与している証拠となる．図3.17のデモの場合，(1)まず物理刺激の色の残像が起きて次にその視覚的補完が起きる，(2)まず色の視覚的補完が起きて次に補完されたものの反対色が残像となって見える，という2つの可能性が考えられる．

　色の残像はあまり錯視の仲間扱いにはされないが，これは色の残像は網膜生理現象のような印象があることと，錯視は同時的現象を指すことが多いからであろう（色の残像は継時的現象）．

図3.16 ◎陰性残像を見るための図．どちらかの十字をしばらく（数秒から十数秒）見続けた後，もう1つの十字に目を移すと，それまで色円が刺激し続けていた網膜部位に，反対の色が見える．

図3.17 ◎ Shimojoらの知覚的にフィリング・インした面の残像（perceptually filled-in surface）．左の十字をしばらく（数秒から十数秒）見続けた後，もう1つの十字に目を移してしばらく観察していると，残像として黄色の正方形が見える時が短時間ある（原著論文では順応刺激の色は赤）．

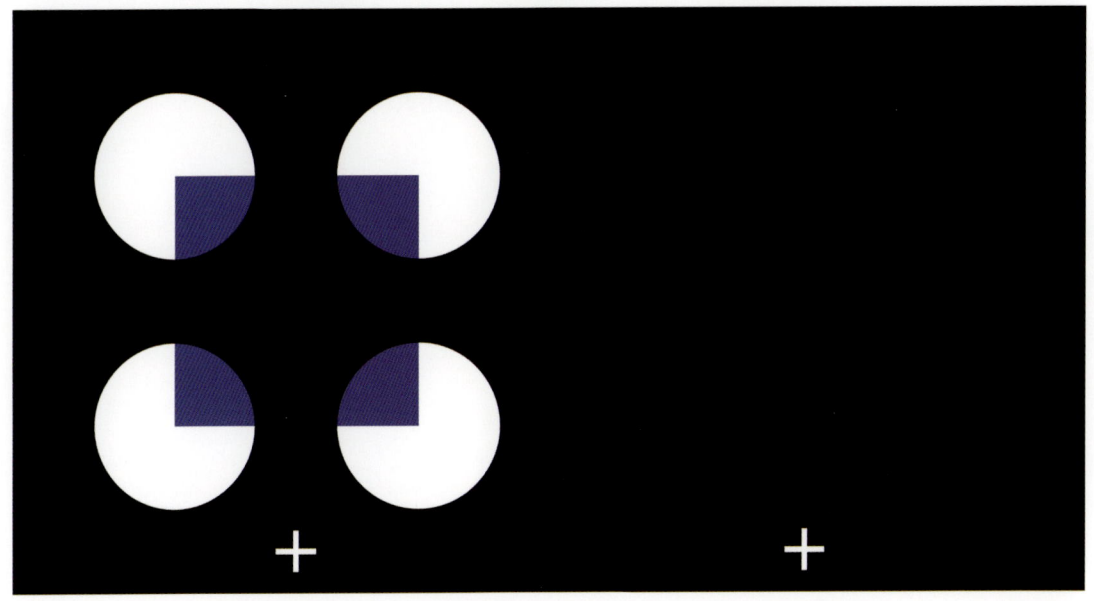

ものの色が変わって見える錯覚（色の錯視） 第 3 章

3.7 ◎マッカロー効果

図3.18において，左上の円（黒とマゼンタの縦縞）と右上の円（黒と緑の横縞）を交替にしばらく注視し続けると，色のない縞模様（下2つの図）を見たときに，縦縞の白部分は緑に，横縞の白部分はマゼンタにうっすらと着色して見える (McCollough, 1965; Emerson, Humphrey and Dodwell, 1985)．これを**マッカロー効果**（McCollough effect）という．多くの残像や残効の持続時間は長くても数十秒であるが，マッカロー効果は数日続くこともある．

この残像が普通の色の残像と異なる点は，特定の視野の場所で順応した色と反対の色がその場所で見えるという単純な対応関係にはないということである．対応しているのは縞模様の向き，すなわち「方位」（orientaiton）である．

この色残像には方位選択性があるわけだから，脳で起こる現象と考えられている．なぜなら，方位選択性ニューロンは第1次視覚野以上の脳領域に存在するからである．

ちなみに，**方位選択性**（orientation selectivity）は視覚の基本モジュール（明るさ，色，方位，運動，奥行きなど）の1つであり，特定の線分やエッジの傾きを「好んで」応答するニューロン（神経細胞）の性質のことである．マッカロー効果には，方位選択性ニューロンでありながら色選択性も備えたニューロンが関与していることになる．

図3.18 ◎マッカロー効果．上2つが順応刺激で，交替に数十秒見つめた後，下の図形を見る．緑色に見える色残像が縦縞の部分に，マゼンタ色に見える色残像は横縞の部分に現れる．

ものの色が変わって見える錯覚（色の錯視）　　第3章　　073

3.8 ◎ 主観色

主観色 (subjective color) という用語はいろいろな現象に用いられる．ここでは，フェヒナー色，「パステルカラー現象」，色が変わって見える錯視の3つを概説する．

フェヒナー色 (Fechner color) あるいは**プレヴォスト-フェヒナー-ベンハム主観色** (Prevost-Fechner-Benham subjective color) (Cohen and Gordon, 1949) というのは，白黒のパターンを描いた円盤を適切な速い角速度で回転すると色がついて見えるという現象 (Fechner, 1838) である．中でも，**ベンハムのコマ** (Benham's top) (Benham, 1894) (図3.19) の錯視量が断然多く，これが一般によく知られている．フェヒナー色の観察には高速回転が必要であることから，フリッカーが重要であることがわかる．そのため，**パターン誘導性フリッカー色** (pattern-induced flicker color) とも呼ばれる (Adamczak, 1981)．この現象のメカニズムについてであるが，現在もなおこれで決まりという定説はない．von Campenhausen and Schramme (1995) のレビューがある．

高周波の白黒の縞模様を斜めにして眺めると，縞の方位とは垂直にパステルカラーの縞模様が観察できる (Luckiesh and Moss, 1933) (図3.20)．エスカレーターの踏面を斜めに見てもよい．この現象はフェヒナー色と同じである，という考察がしばしばなされる (Erb and Dallenbach, 1939; Luckiesh and Moss, 1933) が，この現象の観察にフリッカーは必要ではないということと，色の見える位置が不定である点が異なる．「**パステルカラー現象**」というのは筆者の造語で，**線パターンによる主観色** (subjective colors from line patterns) (Erb and Dallenbach, 1939) と言えば過不足ない表現である．

「**色が変わって見える錯視**」というのは，筆者が見つけた現象で，図3.21の中心を見ながら目を近づけたり遠ざけたりする（図を近づけたり遠ざけたりしても同じ）と，リングの赤味が増したり減少したりする現象である．フェヒナー色との違いは，必要とされる動きが遅いことと，フリッカーは必要ないということである．「長波長は短波長よりも早く知覚されるから」(図3.22) という考え方で，筆者はとりあえず説明した (北岡, 2006)．

図3.19 (左) ◎ ベンハムのコマ．左のような白黒パターンの円盤を時計回りに回転させると，中央のような色の環（外側が短波長の色，内側が長波長の色）が見え，反時計回りに回転させると右のような色の環（外側が長波長の色，内側が短波長の色）が見える．

図3.20 (右) ◎ 「パステルカラー現象」．左上から右下の方位にパステル色の帯が見える．帯は必ずしもまっすぐではない．

図3.21 (左) ◎ 「色が変わって見える錯視」．図の中心を見ながらゆっくりした速度で目を近づけると内側のリングの赤味が増して見え，目を遠ざけると外側のリングの赤味が増して見える．この図は作品「2つの環」で，何もしなくても内側のリングが縮小して見える錯視（外側のリングが拡大して見える観察者もいる）と，図の中心を見ながら目を近づけたり遠ざけたりするとリングが互いに反対方向に回転して見える錯視もある．

図3.22 (右) ◎ 「色が変わって見える錯視」の筆者の説明．黒赤白黄の繰り返しパターンが視野上を黒の方向に動いた場合，短波長の光（青）は長波長の光（赤）よりも知覚が遅れると仮定すると，白の中から赤と青が分離され，その青は後方の黄と色味を打ち消しあう（上向きの点線の矢印）から，白から分離された赤の分だけ赤味が増す（上向きの実線の矢印）と説明する．

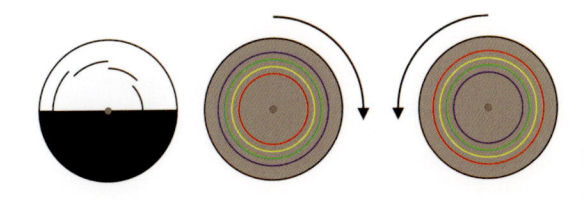

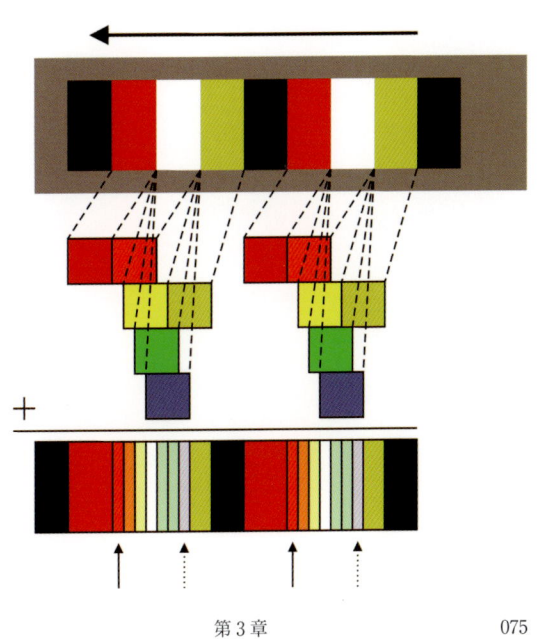

ものの色が変わって見える錯覚（色の錯視）　　第3章　　075

3.9 ◎色の恒常性

蛍光灯は青白く，白熱灯は黄色味がかっている．このように照明の色味が違っても，ものの色は一定に見えることを，**色の恒常性**（color constancy）という．色の恒常性は「ものの本当の色」を見る機能的なメカニズムであるが，錯視の一種と言えないこともない（図3.23）．

色の恒常性は，ターゲットの色相が周囲の色と反対の色相の方向にシフトして見えるという意味で，色の対比と現象的には同等である．もし，色の恒常性を色の対比の一種であると考えるのならば，色の恒常性は色の錯視の一種として扱われてきても不思議ではなかったのだが，実際はそうではなかった．色の恒常性は色の恒常性という独立したカテゴリーとして考えられてきた．その理由としては，色の恒常性は全視野に及ぶ色照明に順応した時に現れる機能的現象と考えられてきたからかもしれない．

しかし，色の恒常性は全視野に色のバイアスをかけなくても，部分的に色のフィルターをかけるだけでも起こる（図3.23，また図3.2参照）．このように，紙やディスプレーで再現できるという意味では，色の恒常性は色の錯視と呼ぶのにふさわしい．

図3.23 ◎**青い金閣**．上の写真は下の写真に50%の青のフィルターをかけたものである．このため，上の写真の金閣の金箔部分は物理的には青みがかった灰色となっているのであるが，「本来の」金色に見える．これは色の恒常性によるものである．

ものの色が変わって見える錯覚（色の錯視）　　第3章　　077

北岡明佳作品集③
〈四色の犬〉（2007 年）

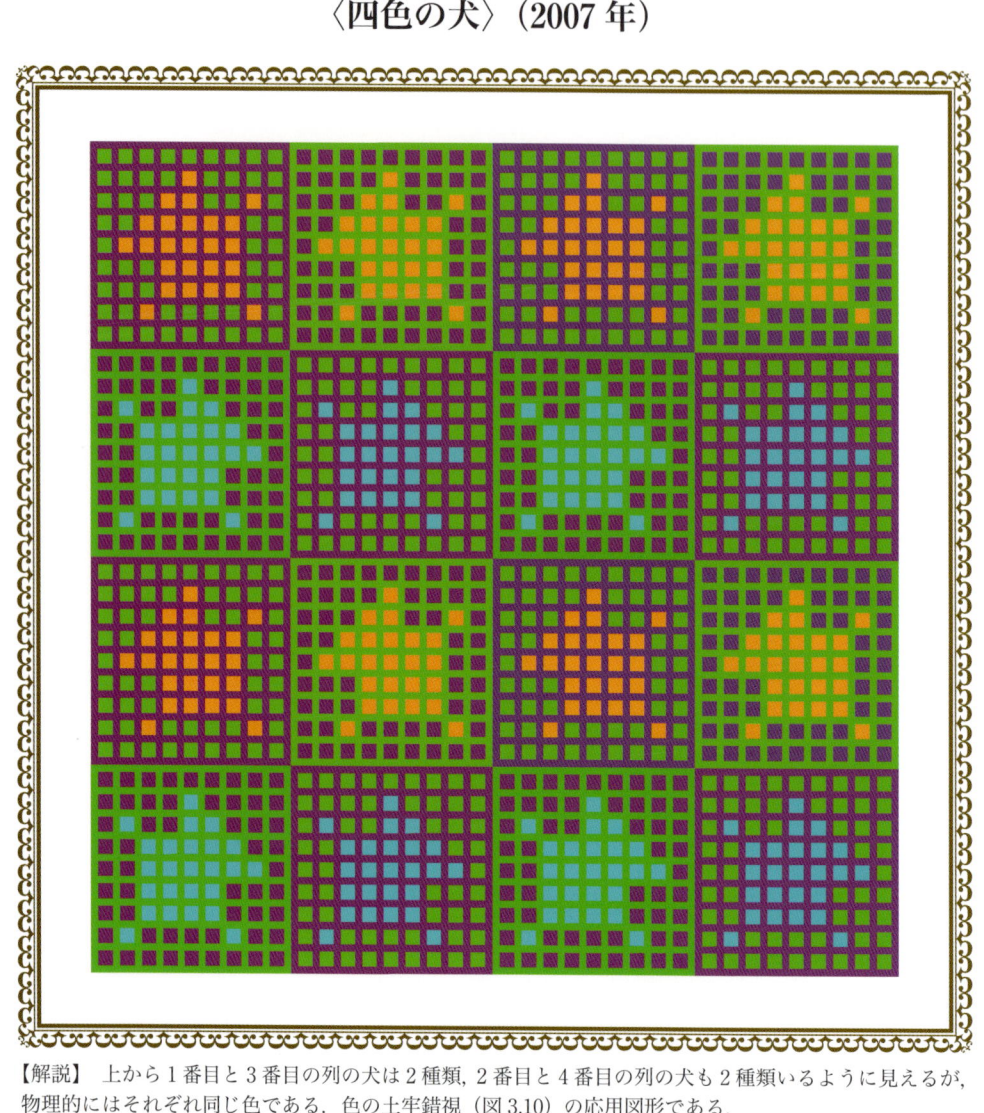

【解説】 上から1番目と3番目の列の犬は2種類, 2番目と4番目の列の犬も2種類いるように見えるが, 物理的にはそれぞれ同じ色である. 色の土牢錯視（図 3.10）の応用図形である.

4
静止画が動いて見える錯覚
―動く錯視―

　静止画の一部あるいは全部が動いて見えるという錯視がある．それらの錯視は比較的新しいものであるため，「色の錯視」のような包括的な用語そのものが定まっていない．筆者は**動く錯視**という名称を提案しているが，それが受け入れられるかどうかは後世にならないとわからない．英語訳としては，筆者は"anomalous motion illusion"を採用しているが，直訳すると「変則的な運動錯視」という意味であり，「止まって見えるはずの静止画が動いて見える不思議な現象」というこの錯視特有の性格を読み取ることはできない．

　静止画が動いて見える錯視は，運動視における錯視の一種である．本章では，本当に動く刺激による錯視については割愛するが，そちらの方が研究の歴史は長いし，種類も多い．代表的な例としては，**運動残効**（motion aftereffect）（Addams, 1834; Mather, Anstis and Verstraten, 1998），**床屋のポールの錯視**（barber-pole illusion）（Wallach, 1935），**リバースファイ現象**（reverse phi phenomenon）（Anstis, 1970），**フラッシュラグ効果**（flash lag effect）（Nijhawan, 1994），**ジター錯視**（visual jitter）（Murakami and Cavanagh, 1998），**フットステップ錯視**（footstep illusion）（Anstis, 2001），**運動誘導性消失錯視**（motion induced blindness）（Bonneh, Cooperman and Sagi, 2001）などがある．しかし，静止画が動いて見える錯視は，印刷物やパソコンの静止画面が動いて見えることから不思議感は高く，錯視らしい印象が強い．

　本章では「何かをすると動いて見える錯視」と「何もしなくても動いて見える錯視」の2つに大別して，解説していく．「何かをすると動いて見える錯視」とは，対象の網膜像が動いた時，その網膜像の動きに依存して静止画が動いて見える錯視である．つまり，網膜像としては実際に画像は動いて見えているのであるが，その動きそのものではない動きの知覚のことである．代表例として，**オオウチ錯視**がある．

　一方，「何もしなくても動いて見える錯視」とは，ただ眺めているだけで静止画が動いて見える錯視のことである．実は，対象をただ眺めているだけでも眼球は不随意に動いているので，この場合も網膜像としては実際に画像は動いて見えているのであるが，その動きの方向からは説明できない動きの知覚のことを指す．代表例として，**フレーザー–ウィルコックス錯視群**がある．

4.1 ◎オオウチ錯視

　静止画が動いて見える錯視の起源は，1960年代のオプアート（op art）という芸術運動にあると考えられる．しかし，静止画が動いて見える錯視に対する近年の急速な研究の関心の高まりは，シュピルマンによるオオウチ錯視の発見（Spillmann, Heitger and Schuller, 1986）以降である．彼らは日本人デザイナーのデザイン集（Ouchi, 1977, p. 75）の1つにこの錯視を発見した．オオウチ錯視は「何かをすると動いて見える錯視」の代表例と考えられるが，「何もしなくても動いて見える錯視」の側面もある．

　オオウチ錯視（Ouchi illusion）とは，白と黒の長方形の市松模様を，縦長に描いたものと横長に描いたものを図4.1のように組み合わせた図形に現れる錯視である．市松模様の長方形の辺の比は，4：1〜5：1がこの錯視には最適である．Khang and Essock（1997b）によれば，錯視量が最大になる市松模様の大きさは，長辺が視角にして20〜30分（1分は60分の1度），短辺が4〜6分であった．これに関連して，円形領域の大きさを変える場合は，錯視量を最大に保つには，空間周波数（きめの細かさ）を逆比例させる必要がある（Ashida, 2002）．つまり，円形領域を大きくすると内側の市松模様も大きく描く必要があるというわけで，絶対的な網膜像の大きさよりは，市松模様全体と要素の大きさの関係が重要である．そのほか，パターンが市松模様でなく線画の場合でも，オオウチ錯視は見られる（Ashida, Sakurai and Kitaoka, 2005）（図4.2）．

　オオウチ錯視は「何かをすると動いて見える錯視」なのであるが，一見何もしないのに動いているように見える．しかし，それは不随意の眼球運動に伴う網膜像の動きによって引き起こされていると考えられている．どの方向に網膜像を動かせばこの錯視が起こりやすいかということはわかっていて，図4.1の場合は斜め方向（右上方向，右下方向，左下方向，左上方向の4つ）である（Mather, 2000）．これらの方向に網膜像が動くようにすると，この錯視をはっきりと確認できる．そのためには，図を目で追えない程度の速度で斜め方向に動かすか，ペンの先などを図の上に置いて斜めに動かし目で追うとよい．そうすると，内側の円形領域は，網膜像の動きの

図4.1 ◎オオウチ錯視（シュピルマン錯視）．眺めているだけで，内側の円形領域が動いて見える．本図は Ashida (2002) の結果を基に最適化したオオウチ錯視図である．

図4.2 ◎線オオウチ錯視．眺めているだけで，内側の円形領域が動いて見える．

静止画が動いて見える錯覚（動く錯視）　　　第4章　　　081

方向とは垂直の方向に動いて見える．具体的には，網膜像が右上に動くと，円形領域は右下に動いて見える．右下なら右上，左下なら左上，左上なら左下である．

　図4.1でオオウチ錯視の方向を観察するのはあまり楽ではないが，これを回転錯視の形にした図4.3 (Kitaoka and Murakami, 2007) であれば，目を動かす必要はないので，より観察しやすい．図で動いて見えやすいのは，リングの部分である．なぜなら，静止画が動いて見える錯視では，一番外側の領域は止まって見える傾向にあるからである（動画による運動錯視でも同様である）．この現象は，「参照枠 (frame of reference) は止まって見える傾向にある」と記述される．参照枠になりやすいものは，注目している対象の一番外側の領域，輝度コントラストの高い領域（明暗のはっきりした領域），空間周波数の高い領域（きめの細かい領域）などである (Kitaoka, 2003).

　オオウチ錯視がなぜ起こるかということについては諸説あるが，この錯視の運動情報処理には局所的な運動検出と大域的な運動統合処理の2段階の処理過程における相互作用を想定することが多い (Hine, Cook and Rogers, 1995, 1997; Fermüller, Pless and Aloimonos, 2000; Mather, 2000; Ashida, 2002). オオウチ錯視の学術誌上の論文としては Hine et al. (1995, 1997) が最初なのであるが，彼らは市松模様のオオウチ錯視図形を傾きの異なる縞模様の組み合わせに還元できると考え，それら基本的な縞模様における錯視として検討した．刺激図形を空間の輝度情報のフーリエ成分に還元するという視覚研究の常套手段である．この研究については，次節「ハイン錯視」を参照されたい．一方，オオウチ錯視における種々の図形要素の効果を調べた Khang and Essock (1997a, 1997b) は，フーリエ解析で得られる基本周波数成分だけではオオウチ錯視の強さを説明することができず，高周波成分との協調が必要であることを示唆した．

　運動信号は市松模様の長辺と短辺のいずれからも得られるが，前者により重みをかけて処理されると考えれば，オオウチ錯視をうまく説明できる (Fermüller et al., 2000; Mather, 2000). このことを，**直交バイアス**(orthogonal bias) という (Gurnsey and Pagé, 2006; Mather, 2000). しかし，長軸が運動信号を出さない図形，たとえば図4.4でも，オオウチ錯視のような錯視が

図4.3 ◎ **オオウチ錯視の回転錯視版**．中心を見ながら図に目を近づけたり遠ざけたりすると，リングが回転して見える．具体的には，リングは接近する時は反時計回りに，後退する時は時計回りに回転して見える．そのほか，中心を見ながら図を反時計回りに回転させるとリングは拡大して見え，時計回りに回転させるとリングは縮小して見える．この図では，中心と各辺を結ぶ仮想線と各辺の角度 (ϕ) が常に±45度で一定となるように，ベルヌーイの螺旋 ($r=a\exp(k\theta)$，ただし $k=1/\tan(\phi)$) に沿って描かれている．このため，図4.1を斜め方向に動かす場合と同じ効果が得られる設計となっている．

図4.4 ◎ **現在説明の困難なオオウチ錯視のような回転錯視**．中心を見ながら図に目を近づけたり遠ざけたりすると，リングが回転して見える．具体的には，リングは接近する時は反時計回りに，後退する時は時計回りに回転して見える．この錯視的動きは，短辺の傾きの窓枠問題の解決法からは説明できない．なお，このような場合には，逆の傾きのフーリエ成分を抽出し，それの窓枠問題で説明しようとするのが視覚研究の常套手段である．

静止画が動いて見える錯覚（動く錯視） 第4章 083

起こることが報告されている（Kitaoka and Murakami, 2007）．また，この図の短辺から得られる運動信号から錯視の方向を，直交バイアス的な説明，すなわち窓枠問題の解決法で説明しようとすると，逆の動きが見えるはずであるということになって，事実に合わない．

　なお，**窓枠問題**（aperture problem）（Marr and Ullman, 1981）とは，小窓（第1次視覚野の方位選択性ニューロンの受容野の比喩的表現）を通して縞模様の動きを見ると，縞に垂直の方向から±90度の範囲内でどの方向にでも動いて見える可能性がある（特別な条件がなければ，縞に垂直の方向に動いて見える確率が最も高い）という視覚的曖昧性を指す．たとえば，**床屋のポールの錯視**（図4.5）において，実際の動きとは異なる方向に縞模様が動いて見えることは，視覚系が窓枠問題を「誤って」解決した例と考えられている．

　そのほか，オオウチ錯視には何もしなくても動いて見える錯視成分もあるのだが，それが最もよく観察できる図形であると筆者が考える図形が，「**ダイヤモンドオオウチ錯視**」である（北岡，2007c, p. 23）（図4.6）．この錯視図形では円形領域がふらふらと動いて見えるが，これを回転錯視の形式にしても錯視はあまり強くない．

図4.5 ◎ 床屋のポールの錯視．ポールは回転しているだけなのに，縞模様は長軸の方向に動いて見える．本図は静止画が動いて見える錯視にもなっていて，本図をある程度速く上下に動かす（あるいはメガネを上下させる）と，ポールが左右に動いて見える．

図4.6 ◎「ダイヤモンドオオウチ錯視」．何もしなくても円形領域が動いて見える．

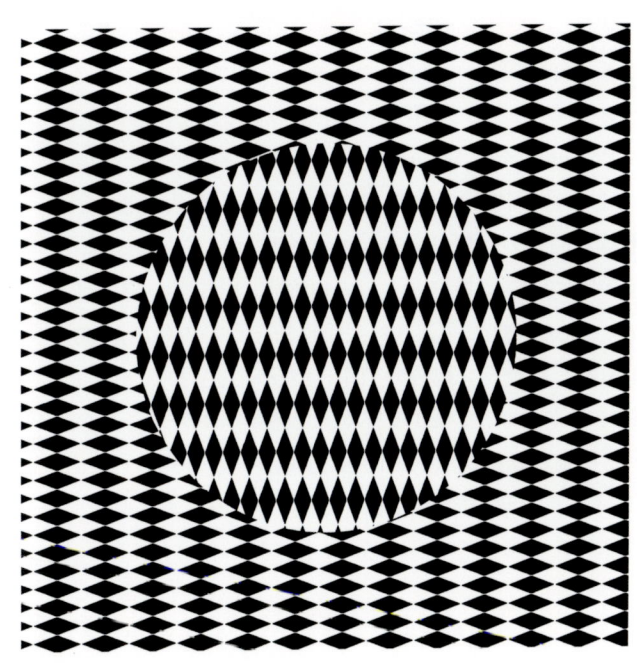

静止画が動いて見える錯覚（動く錯視） 第4章 085

4.2 ◎ ハイン錯視

傾きの異なる縞模様を図4.7のように並べると，内側の領域が動いて見える．これを，**ハイン錯視**（Hine illusion）と呼ぶ．Hine et al.（1995, 1997）によれば，この錯視が最も強いのは，縞模様どうしの角度が60度以下であることと，縞模様の空間周波数が6〜11cpd（視角1度あたり6〜11本の縞）の場合であった．彼らは，この錯視の原因として，V1（大脳の第1次視覚野）やV2（第2次視覚野）で発見された縞模様に応答するニューロンである格子細胞（grating cell）（von der Heydt, Peterhans and Dursteler, 1992）の関与を推定した．

ハイン錯視の回転錯視表現は，**回転斜線錯視**（Rotating-Tilted-Lines illusion）と呼ばれる（Gori and Hamburger, 2006）．図4.8には，筆者の描画によるハイン錯視の回転錯視図を示した．この図を用いて筆者らが行った研究（Kitaoka and Murakami, 未発表）では，縞模様どうしの角度は120度程度まで，十分な錯視量があることがわかった．

ハイン錯視の回転錯視版の縞模様をガボールパッチ（Gabor patch）（輝度変調の縞模様がコントラスト変調の窓の中に見えるパターン）にしたもの（図4.9）を，ここでは**ガーンセイ-モルガン錯視**（Gurnsey-Morgan illusion）と呼ぶ．Gurnsey, Sally, Potechin and Mancini（2002）が後述のピンナ錯視の最適化版として導入した錯視図形であるが，その論文の発表以前に，Morgan（2002）が一般誌に同様の図形を発表していたという．

ガーンセイ-モルガン錯視では，縞模様どうしの角度は112.5度の時に最大錯視量を得た（Gurnsey et al., 2002）．これは，縞模様どうしの角度が90度を超えると錯視量が激減したハイン錯視の結果（Hine et al., 1995, 1997）とは異なる．ハイン錯視の回転版でも120度程度まで錯視が十分起こるので，この食い違いは平行移動運動錯視形式と回転運動錯視形式の違いである可能性はある．一方，オオウチ錯視でAshida（2002）が指摘したように，パターン要素の大きさと領域の大きさのアスペクト比の違いが作用している可能性も考えられる．

ガーンセイ-モルガン錯視を平行移動錯視形式で示すと，図4.10のよう

図4.7（左）◎ ハイン錯視．図を上下に動かすと，円形領域が左右に動いて見える．

図4.8（右）◎ ハイン錯視の回転錯視版．中心を見ながら図に目を近づけたり遠ざけたりすると，リングが回転して見える．具体的には，リングは接近する時は反時計回りに，後退する時は時計回りに回転して見える．この図では，中心と各辺を結ぶ仮想線と各辺の角度（ϕ）が常に±30度で一定となるように，ベルヌーイの螺旋（$r=a\exp(k\theta)$，ただし$k=1/\tan(\phi)$）に沿って描かれている．このため，図4.7を上下方向に動かす場合と同じ効果が得られる設計となっている．

図4.9 ◎ ガーンセイ-モルガン錯視．中心を見ながら図に目を近づけたり遠ざけたりすると，リングが回転して見える．具体的には，内側のリングは接近する時は反時計回りに，後退する時は時計回りに回転して見える．外側も回転して見える場合はその逆である．

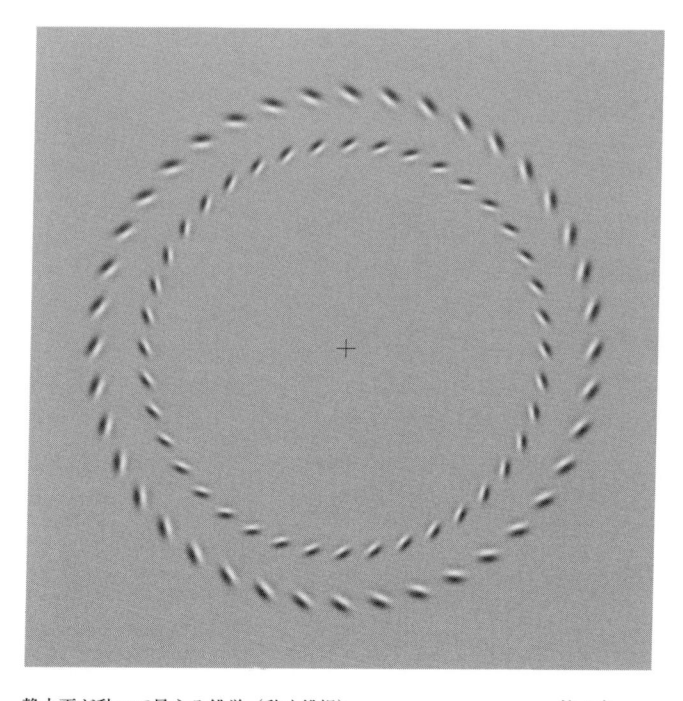

静止画が動いて見える錯覚（動く錯視） 第4章

になる．ここからガボールパッチのコントラスト変調を取り除いて，縞模様が連続して見えるように描くと錯視量は激減するので（ハイン錯視では縞模様どうしの角度が90度の場合に相当する），縞模様がガウス窓によって断片化していることはガーンセイ-モルガン錯視にとって重要である．

　線が長いと錯視が弱くなる，という知見からは，以下のことが想像される．第1次視覚野の方位選択性ニューロン（線やエッジの特定の傾きによく応答する神経細胞）には，単純型細胞，複雑型細胞，超複雑型細胞という区別があるが，超複雑型細胞は両端に抑制領域があり，受容野に入った適刺激でも，長すぎる線には応答が少なくなる．上記の知見は，超複雑型細胞の関与を示唆するものと考えることもできる．

　図4.10を眺めると，多くの観察者は，何もしなくても内側の正方形領域がふらふらと動いて見える．これは，目を動かすつもりはなくても眼球は自分の意思とは関係なく（不随意に）小刻みにランダムな方向に動き続けているため（微小眼球運動と呼ばれる），網膜像が絶えず動いていることに原因がある．その網膜像の動きの方向が錯視を起こすのに適した方向の動きとなった時，何もしなくても内側の正方形領域が動いて見える．オオウチ錯視の見え方の説明（4.1節参照）と同様ではあるが，オオウチ錯視の図4.1では錯視を起こす網膜像の動きは±45度の斜め方向であるが，図4.10ではそれは垂直・水平方向である．

図4.10 ◎ガーンセイ-モルガン錯視の平行運動錯視表現．内側の正方形領域が動いて見える．網膜像が上下に動いた時，内側の領域は左右に動いて見え（上なら左，下なら右），網膜像が左右に動いた時，内側の領域は上下に動いて見える（左なら上，右なら下）．

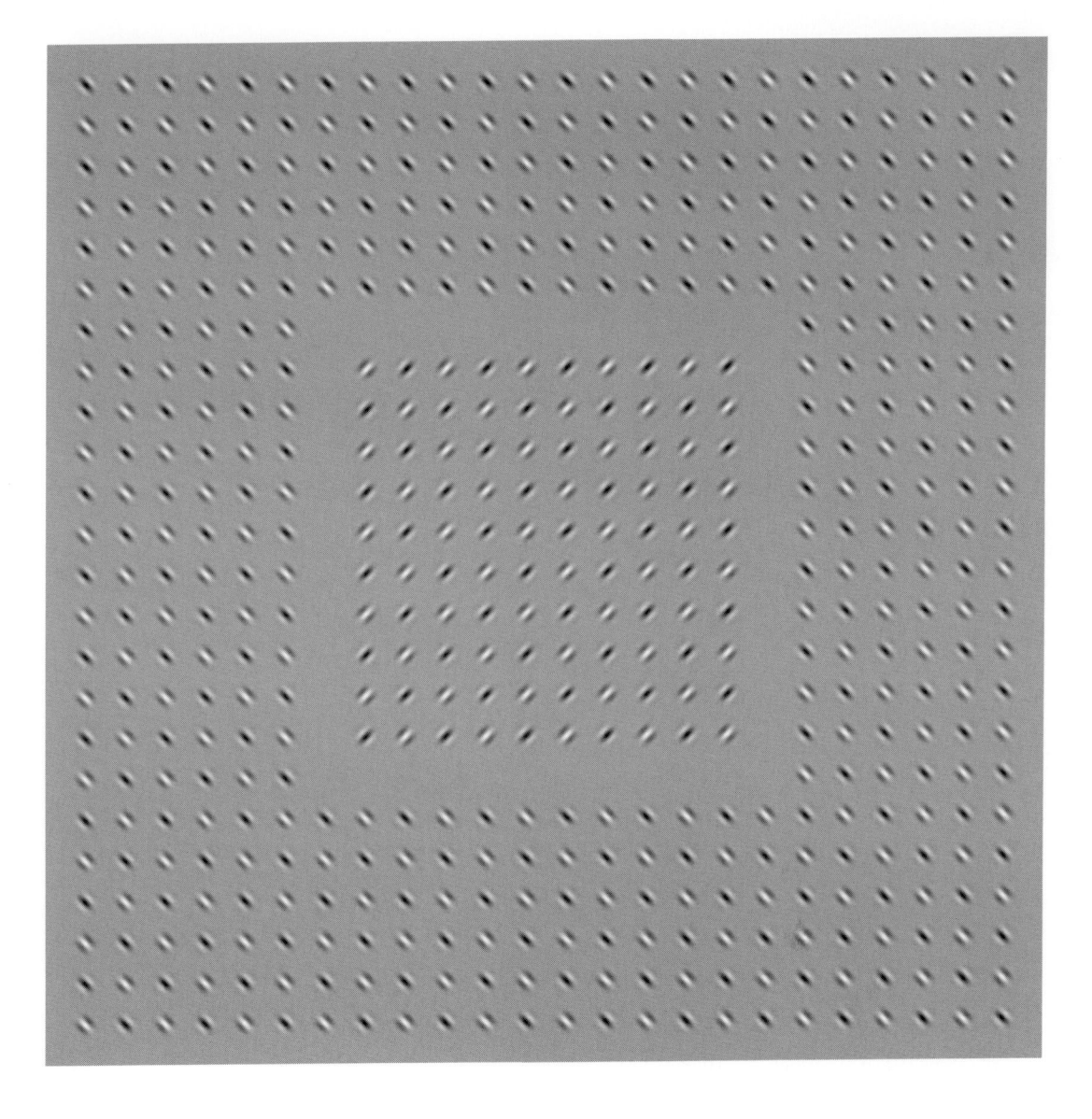

静止画が動いて見える錯覚（動く錯視）　　第4章　　089

4.3 ◎ピンナ錯視

　Pinna and Brelstaff (2000) は，中心を見つめたまま目を近づけたり遠ざけたりするとリングが回転して見える動く錯視を発表した（図4.11）．この錯視を**ピンナ錯視**（Pinna illusion）と呼ぶ（Gurnsey and Pagé, 2006）．論文によっては，**ピンナ-ブレルスタッフ錯視**（Pinna-Brelstaff illusion）と呼ばれている．この錯視は，オオウチ錯視やハイン錯視と同様，静止画の一部が網膜像の動きと異なった方向（標準的図形では垂直の方向）に動いて見える錯視である．

　彼らの研究は，この新型の動く錯視を発見したことと，リングが回転して見えるという新しいデモンストレーションの手法（**ルーミング法**：looming method）を開発したことの2つに，創造的価値がある．要するに，これまでに示した静止画が動いて見える錯視の回転運動錯視表現（図4.3, 4.4, 4.8, 4.9参照）は，Pinna and Brelstaff (2000) のルーミング法というわけである．

　この動く錯視が新しいと考えられる点の1つとして，描画上の特徴がある．白と黒の線画でできていることと，それらがL字型に接合して正方形状（長方形でもよい）になっている点である．単純な線分だけでも動く錯視を作ることはできる（Bressan and Vezzani, 1995）が，これほど滑らかに動いて見える線画の錯視図形はこれが初めてであろう．しかし，彼らはその点は重要ではなかったのか，図をぼかすことによる対角線状の成分（低空間周波成分）に注目した．これは，図のピンナ錯視は図のガーンセイ–モルガン錯視に還元できるという考え方（Gurnsey et al., 2002; Gurnsey and Pagé, 2006）であり，現在広く受け入れられている．

　さらにPinna and Brelstaff (2000) は，図の中心を見ながら図を回転させると，リングは拡大・縮小して見えるという観察手法も披露している．この手法（回転法）は，印刷した図を手に取って回転させるか，あるいはアニメーションを作って回転させる必要があり，印刷物でもパソコンディスプレイ上でも簡単にデモンストレーションできるルーミング法に比べれば，デモンストレーションのやさしくない観察法である．しかし，どちらも**追跡眼球運動**（smooth pursuit eye movement．動いているものを滑らかに追

図4.11 ◎ピンナ錯視・標準型．Pinna and Brelstaff (2000) のFig. 1を描き直したもの（改変あり）．図の中心（十字）を見ながら，図に目を近づけたり，遠ざけたりすると（図を目に近づけたり，遠ざけたりしてもよい），2つのリングは回転して見える．この図では，回転方向は，目と図が接近する時，内側は反時計回りで外側は時計回り，離れていく時はそれぞれその反対方向となる．なお，外側のリングが止まって見える観察者が多い．なお，中心を見ながら図を反時計回りに回転させると，内側のリングは拡大して見え，外側のリングは縮小して見える．時計回りなら逆である．

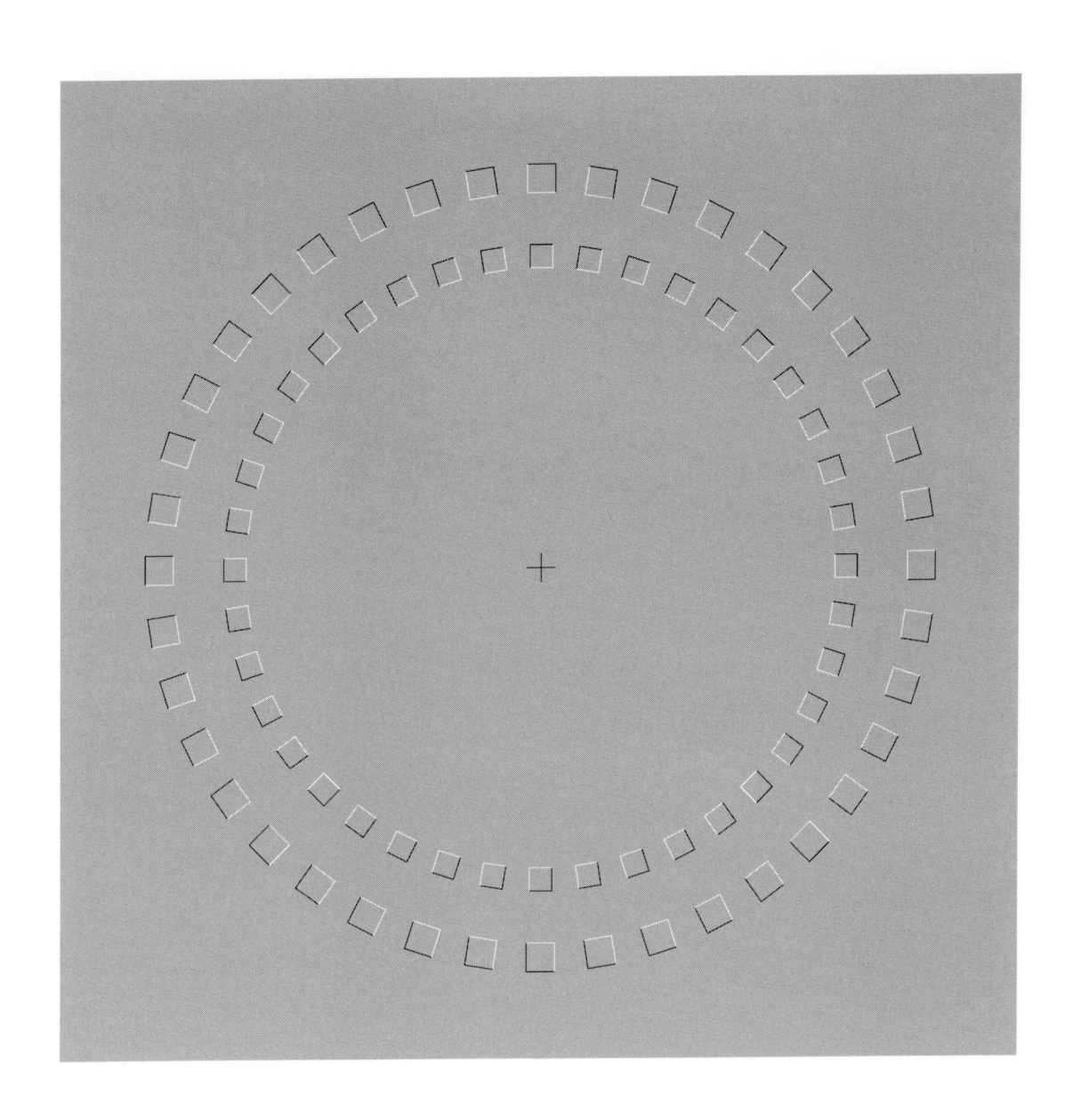

静止画が動いて見える錯覚（動く錯視）　　　第4章　　　091

跡する眼球運動）を封じることで，純粋で滑らかな網膜像運動を作り出せる点が画期的である．なお，回転法の場合は，眼球の回旋運動によって，眼球がある程度回転運動に追従する可能性は残る．

　ちなみに，ルーミング法には，刺激図形は静止していて観察者が動く場合と，観察者は静止していて刺激図形が動く場合の2通りある．前者の方が錯視量が多いのではないかという観察報告があるが，実験データ上はそのような差は認められなかった（Gurnsey and Pagé, 2006）．

　さらに，Pinna and Brelstaff（2000）は，正方形を平行四辺形に変え，網膜上の動きの方向に平行であった線分を少し傾けると（動きの方向に垂直の線分はそのままとする），錯視量が増大することを示した（図4.12）．ただし，傾け方に制約があって，同じコントラスト極性の線分どうし（白の線分どうしあるいは黒の線分どうし）のL接合部は鈍角になるようにする必要がある．これが鋭角の場合は，錯視量は少ない．Gurnsey et al.（2002）の研究では，図4.12をぼかしたようなガーンセイ-モルガン図形（図4.9参照）において錯視量が最大であった．

　さらに，Pinna and Spillmann（2005）は，線画の正方形を網膜像の動きの方向から少し傾けた図形においても，強力な錯視が見られることを示した（図4.13）．なお，傾ける方向を逆にすると錯視量は減少する．彼らはその理由を説明していないが，ガーンセイ-モルガン錯視に還元して説明することが好まれると思われる．

　ピンナ錯視の平行移動錯視表現は，図4.14のようになる．同等の図形は，Pinna and Spillmann（2005）のFig. 3に示されている．

図4.12（左）◎ピンナ錯視・高錯視量版・その1．Pinna and Brelstaff（2000）のFig. 5を描き直したもの（一部改変あり）．図の中心を見ながら，図に目を近づけたり，遠ざけたりすると，2つのリングは回転して見える．回転の方向は図4.11と同じである．要素が正方形の場合に比べて錯視量が多い．なお，中心を見ながら図を反時計回りに回転させると，内側のリングは拡大して見え，外側のリングは縮小して見える．

図4.13（右）◎ピンナ錯視・高錯視量版・その2．Pinna and Spillmann（2005）のFig. 5とFig. 6に示された性質から描き起こしたルーミング法表現の錯視図である．図の中心を見ながら，図に目を近づけたり，遠ざけたりすると，2つのリングは回転して見える．回転の方向は図4.11と同じである．

図4.14◎ピンナ錯視の平行移動錯視表現．Pinna and Spillmann（2005）のFig. 3から描き直したもの（改変あり）．内側の正方形領域が動いて見える．網膜像が上下に動いた時，内側の領域は左右に動いて見え（上なら左，下なら右），網膜像が左右に動いた時，内側の領域は上下に動いて見える（左なら上，右なら下）．

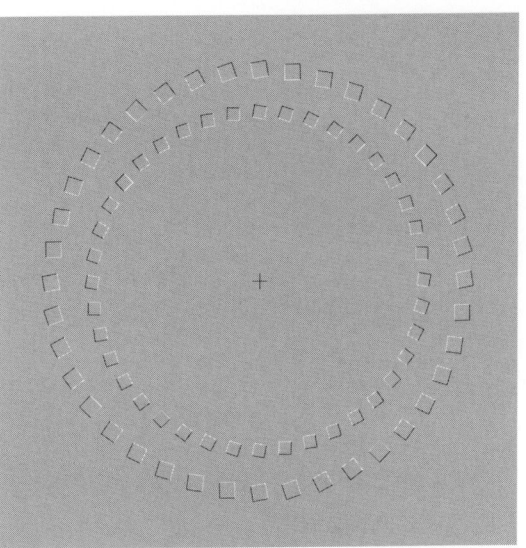

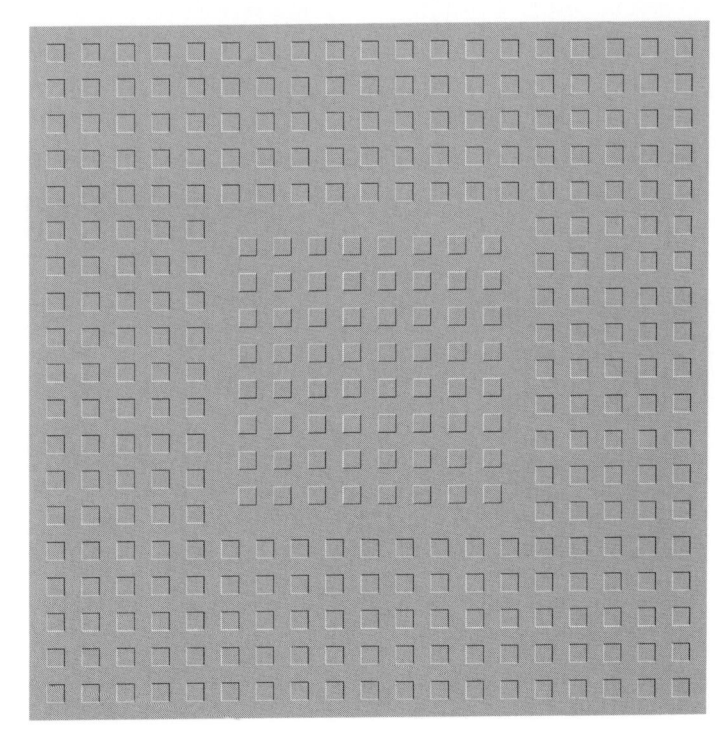

静止画が動いて見える錯覚（動く錯視） 第4章

4.4 ◎線画による回転錯視

　Ichikawa, Masakura and Munechika (2006) は，ピンナ錯視・高錯視量版（図 4.12 参照）の線画の一部を取り除いていくというやり方で，**線画による回転錯視**を研究した．彼らは低空間周波数成分説の支持を打ち出したが，彼らの図形においては斜線と網膜像の動きの方向が成す最適な角度は 30 度程度と比較的小さく（図 4.15），Gurnsey et al. (2002) の示した最適条件（56.25 度）とは大きく異なった．どちらかというと，それはハイン錯視における最適角度に一致している．

　筆者の観察によれば，斜線だけでなく，斜線の端を結ぶリングを実線で描いてある方が錯視量が多い．筆者の 2000 年の作品に「タイヤ」という錯視デザインがあるが（図 4.16），この性質を利用していたことになる．

　さらに，線画による回転錯視に関しては，新たな発見がある（北岡，2003; Kitaoka and Murakami, 2007）．図 4.17 と図 4.18 では，斜線と網膜像の動きの方向が成す角度は大きく，90 度に近い．これまでの研究からは，錯視はほとんど起きない条件である．しかし，両図では強力な錯視が観察される．しかも，図 4.17 と図 4.18 では，線分の傾きは同じなのに，動いて見える方向が反対である．違っているのは，同じコントラスト極性を持つ線分の端が隣どうしで少し離れているか（図 4.17），少し重なっているか（図 4.18）ということだけである．Gurnsey and Pagé (2006, p. 1824) は「ピンナ錯視は（画像のフーリエ成分抽出と窓枠問題解決法という彼らの考え方で）完璧に理解することができよう」と高らかに宣言したが，まだ早過ぎたのではないだろうか．

図 4.15（左）◎線画による回転錯視．Ichikawa et al. (2006) の Fig. 2b を模写したもの．図の中心を見ながら，図に目を近づけたり，遠ざけたりすると，2 つのリングは回転して見える．この図では，回転方向は，目と図が接近する時，内側は反時計回りで外側は時計回り，離れていく時はそれぞれ反対方向となる．

図 4.16（右）◎作品「タイヤ」．図の中心（十字）を見ながら，図に目を近づけたり，遠ざけたりすると，2 つのリングは回転して見える．この図では，回転方向は，目と図が接近する時，内側は反時計回りで外側は時計回り，離れていく時はそれぞれ反対方向となる．

図 4.17（左）◎斜線と網膜像の動きが 90 度近い角度の条件の回転錯視図形・その 1．図の中心を見ながら図に目を近づけると，内側のリングは反時計回りに，外側のリングは時計回りに回転して見える．遠ざかる時はそれぞれ反対方向に回転して見える．

図 4.18（右）◎斜線と網膜像の動きが 90 度近い角度の条件の回転錯視図形・その 2．図の中心を見ながら図に目を近づけると，内側のリングは時計回りに，外側のリングは反時計回りに回転して見える．遠ざかる時はそれぞれ反対方向に回転して見える．これは「その 1」（図 4.17）と反対方向の動きであるが，斜線の傾きは「その 1」と同じである．

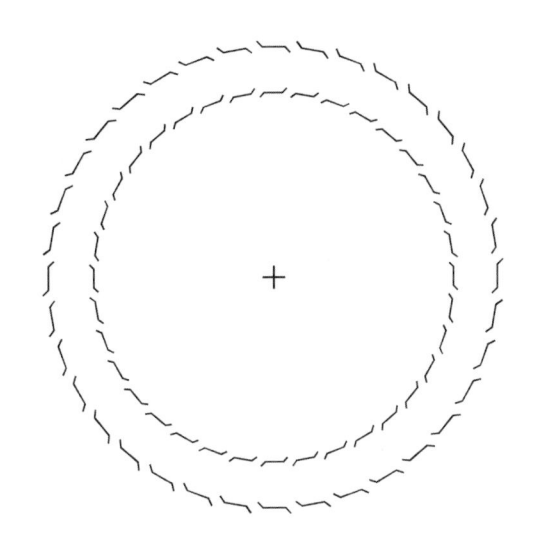

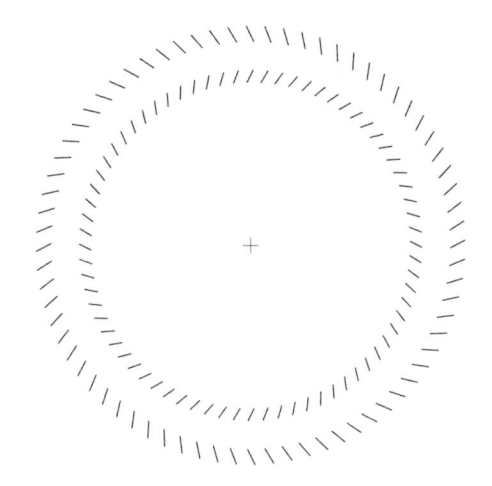

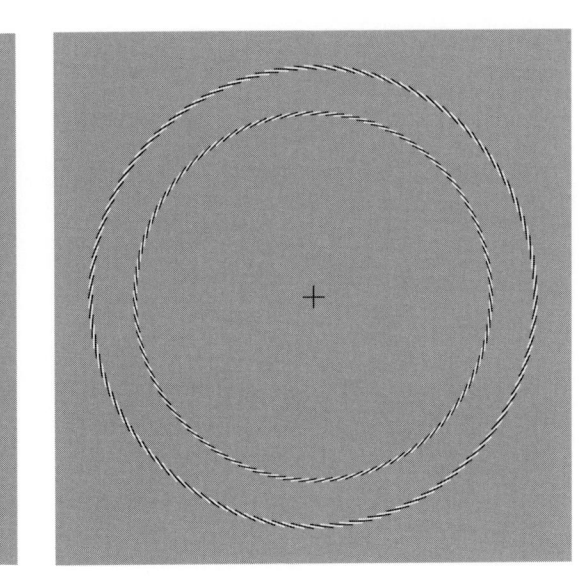

静止画が動いて見える錯覚（動く錯視） 第4章 095

4.5 ◎四色錯視

「Y 接合部の錯視（illusion of Y-junctions）」という名前の錯視がある．これは，2001 年に筆者らが傾き錯視の新しい例として学術誌に論文を出した時に，他の錯視と区別するためそう命名した（Kitaoka, Pinna and Brelstaff, 2001, 2004; Kitaoka, 2007a）．ところが，「どこが Y 接合部なのか意味がよくわからない」としばしば尋ねられる出来の悪い名称なので，できれば訂正したいところである．

その Y 接合部の錯視には，静止画が動いて見える錯視が含まれている（図 4.19）．このことは，傾き錯視の発表後に筆者は気づいたが，学術誌には未発表のままである．そのため，この錯視を引用するには，拙著（北岡，2007a），「Newton 別冊」（北岡，2007c），あるいは本書などを引用してもらうといったご不便をおかけすることになる．すべては筆者の怠慢のせいである．筆者のウェブページ（http://www.psy.ritsumei.ac.jp/~akitaoka/Yjunction.html）を引用することもできるが，ウェブページというものはいつか閉鎖される可能性があるので，脆弱な引用である．

Y 接合部の錯視は，濃い灰色の正方形と薄い灰色の正方形の市松模様の中で，正方形の角のところに黒と白の星型を交互に並べることでできる．その星形を十字や円に置き換えても，同様の錯視が得られる（北岡，2007a）．これらを総称して，北岡（2007a, 2007c, 2008b）では「**四色錯視**」と呼んだのだが，学術的に認められた用語ではない．

四色錯視は，さらに 2 つの基本錯視に還元できる可能性がある．1 つは，図 4.10 のガーンセイ-モルガン錯視の平行移動錯視表現である．なぜなら，図 4.19 から高空間周波数成分を除けば，だいたい図 4.10 のような画像になるであろうからである．

もう 1 つの基本錯視は，図 4.20 のような斜線の線画である．もっとも，斜線の線画といっても，これまでの縞模様の錯視（ハイン錯視やガーンセイ-モルガン錯視など）の性質とよく調和するかというとそうでもない．たとえば，図 4.20 の錯視は，網膜像の動きと斜線の成す角度がかなり小さい条件（15 度以下）で錯視量が多いという特徴がある．そのため，図 4.20 自体が

図 4.19 ◎ Y 接合部の錯視（四色錯視）．内側の正方形領域が動いて見える．網膜像が上下に動いた時，内側の領域は左右に動いて見え（上なら左，下なら右），網膜像が左右に動いた時，内側の領域は上下に動いて見える（左なら上，右なら下）．正方形領域が菱形のように見えるのは，傾き錯視としての Y 接合部の錯視である．

図 4.20(a)(b) ◎「四色錯視」の線画への還元，あるいは傾斜線錯視の平行移動錯視表現．内側の正方形領域が動いて見える．(a) 網膜像が上下に動いた時，内側の領域は左右に動いて見える（上なら左，下なら右）．(b) 網膜像が左右に動いた時，内側の領域は上下に動いて見える（左なら上，右なら下）．これらを 2 つの斜線成分が図 4.19 の図に埋め込まれていると考えても，四色錯視はうまく説明できる．

(a) (b)

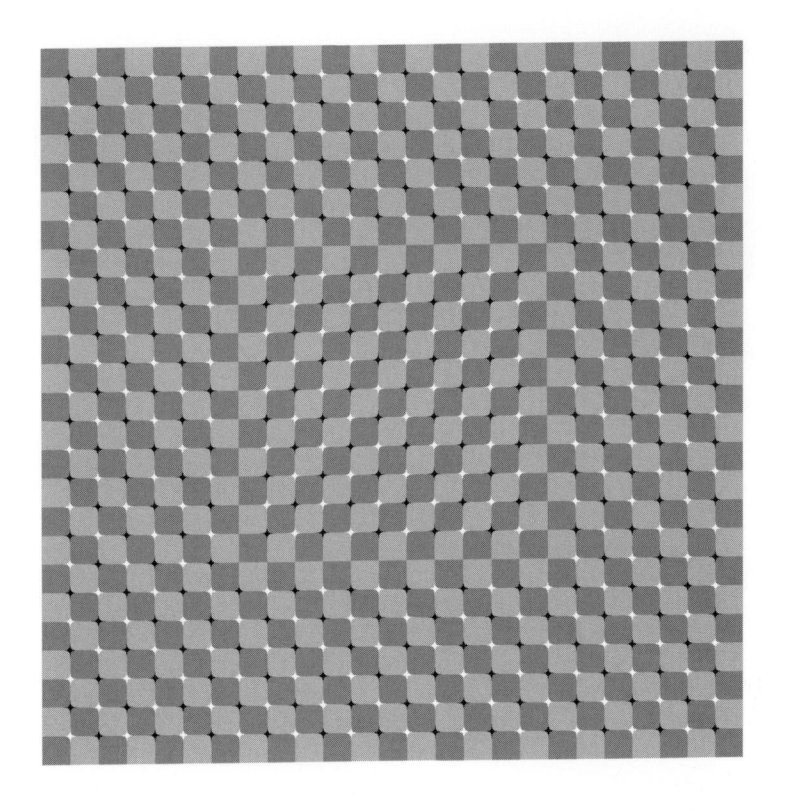

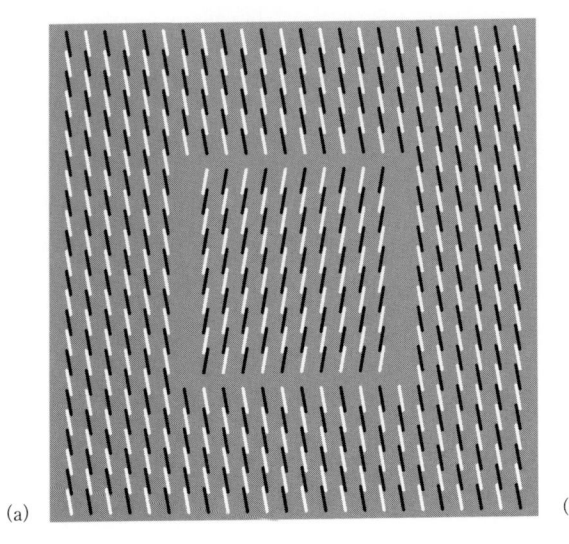

静止画が動いて見える錯覚（動く錯視） 第4章 097

新しい錯視図であるという可能性がある．

　四色錯視の回転錯視表現も可能である．図 4.21 に **Y 接合部の錯視の回転錯視表現** を示した．

　ところで，図 4.21 は回転錯視用の図形として用意したものであるが，Y 接合部の錯視では錯視を起こす適切な動きの方向軸が 2 つある（図 4.19 なら上下方向と左右方向）ので，この図でももう 1 つの軸を観察することができる．それは，中心を見つめながらこの図を回転させることである．時計回りに回転させると，内側のリングは縮小して見え，外側のリングは拡大して見える．反時計回りに回転させると，内側のリングは拡大して見え，外側のリングは縮小して見える．つまり，図 4.21 では，錯視を起こす適切な動きの方向軸は，（図との接近・後退による）拡大・縮小方向と回転方向である．

　本書の出版間際になって，Y 接合部の錯視に傾き錯視と静止画が動いて見える錯視が同居しているということは偶然ではなく，統一した神経生理学的モデルで説明できるという可能性に筆者は気づいた．この点に関しては，稿を改めて説明しようと思う．

図 4.21 ◎ Y 接合部の錯視の回転錯視表現．図の中心を見ながら，図に目を近づけたり遠ざけたりすると，2 つのリングは回転して見える．この図では，回転方向は，目と図が接近する時，内側は反時計回りで外側は時計回り，離れていく時はそれぞれ反対方向となる．なお，リングは同心円であるが歪んで見えるのは，傾き錯視による渦巻き錯視である（Kitaoka et al., 2001）．

静止画が動いて見える錯覚（動く錯視）　　　第4章　　　099

4.6 ◎コントラスト依存の時間遅れ錯視

輝度（物理的明るさ）のコントラストが低いところが動いて見える錯視がある．図 4.22 を揺り動かすと，動かした方向に内側の円領域が動いて見える．この錯視の直接的原因は，内側のコントラストの低い領域が外側のコントラストの高い領域よりも遅れて見えるためである (Kitaoka and Ashida, 2007)．そのメカニズムとして考えられるのは，コントラストが低いと相対的に脳内情報処理に長い時間がかかる，という可能性である．神経生理学では，対象の視覚的動きに応答するニューロンの多い大脳皮質 MT 野 (VS 野ともいう) において，コントラストが低いと神経応答が遅れるニューロンが見つかっている (Conway, Kitaoka, Yazdanbakhsh, Pack and Livingstone, 2005)．

図 4.22(a) と図 4.22(b) を比較するとわかりやすいが，内側の領域のコントラストが低いこと以外に輝度が低い場合も錯視量が多い，すなわち時間遅れが大きい．輝度が低いと時間遅れが生じるということそのものは**プルフリッヒ効果**（Pulfrich effect. 片目にサングラスを付けて左右方向の振り子運動を見ると，奥行き方向に回転する運動に見える現象）の研究 (Julesz and White, 1969; Lit, 1949; Pulfrich, 1922; Rogers and Anstis, 1972) を始めとして，なかば視覚研究の常識とされている (Guth, 1964; Prestrude, 1971; Prestrude and Baker, 1968; Williams and Lit, 1983; Wilson and Anstis, 1969)．輝度が低いことによる時間遅れのことは，**ヘス効果**（Hess effect）とも呼ばれる (Hess, 1904; Howard and Rogers, 1995)．もっとも，ヘス効果を静止画が動いて見える錯視として使うデモンストレーションは，Kitaoka and Ashida (2007) までなかった．しかし，ヘス効果が既に知られていたという点では，図 4.22 で真に新しいのは (b)（平均輝度が高くてコントラストの低い領域が，相対的に平均輝度が低くてコントラストの高い領域よりも遅れて動いて見える図）ということになる．

輝度コントラストが低いとものが見えにくい（黒地に暗い色あるいは白地に明るい色で書かれた文字は読みにくい）ことは日常しばしば経験することで，その原因の 1 つとして視覚処理時間の遅延があるのではと想像するこ

図 4.22(a)(b) ◎コントラストに依存した視覚処理時間差による静止画が動いて見える錯視．コントラストの高い領域（外側のランダムドット）よりもコントラストの低い領域（内側のランダムドット）の視覚処理時間が長いことを利用した錯視図形である．図を動かした方向に内側の領域が動いて見える．図を回転させれば，内側の領域は遅れて回転して見える．外側も網膜像としては動いているのだが動いているという感じがしないのは，外側あるいはコントラストの高い領域は参照枠となって，運動知覚の基準となるためと考えられる．(a) コントラストが低い領域の平均輝度が低い例．(b) コントラストが低い領域の平均輝度が高い例．

(a) (b)

静止画が動いて見える錯覚（動く錯視）　　　第 4 章　　　101

とは自然なことに思えるが，輝度と処理時間の関係は常に指摘されてきたのに対して，コントラストと処理時間の関係はあまり注目されてこなかった．その原因の 1 つとしては，プルフリッヒ効果とヘス効果の研究において，コントラストと処理時間の関係にポジティブな結果が報告されなかった（Dodwell et al., 1968; Prestrude and Baker, 1971）ことが挙げられる．ちなみに，視覚研究において「輝度コントラストが低い」とは，「速度知覚において知覚された速度が遅い」ということを意味するのが一般的である（Anstis, 2001, 2004; Blakemore and Snowden, 1999; Cavanagh, Tyler and Favreau, 1984; Gegenfurtner and Hawken, 1996; Stone and Thompson, 1992; Thompson, 1982）．

ところで，コントラスト依存の時間遅れ錯視に類似した錯視に，**踊るハート錯視**（fluttering-heart illusion）がある．この錯視は，青地に赤のハートを描き，それを暗いところで視野の周辺部で動かすと，ハートが踊るように動いて見える錯視である（図 4.23）．踊るハート錯視は長い間，色の錯視として研究されてきた（Helmholtz, 1867; Nguyen-Tri and Faubert, 2003; von Grünau, 1975a, 1975b, 1976; von Kries, 1896）ので，コントラスト依存の時間遅れ錯視と同じであるとはなかなか考えにくいが，踊るハート錯視ではハートの色コントラストは高くても輝度コントラストは低いという点において，両者は同じ刺激特徴を共有している．

ちなみに，コントラスト依存の時間遅れ錯視を図 4.24 のような刺激図「**踊るハート達**」（筆者の作品）にデザインすれば，明るい照明下で，しかも中心視で，「踊るハート達」が見えるようになる．踊るハート錯視と「踊るハート達」を比較した中山（2008）によれば，両者はおそらく異なる現象であり，踊るハートで重要なのは赤であることを示した（赤をピンクにすると錯視量が減少することと，背景の青は必須ではなく赤だけで十分であることを示唆した）．踊るハート錯視とコントラスト依存の時間遅れ錯視の関係については，さらに検証が必要である．

図 4.23 ◎踊るハート錯視．この図を色がわかる程度の暗いところで，すなわち薄暮視（mesopic vision）の状態で，視野の周辺で動かして眺めると，ハートが動いて見える．

図 4.24 ◎作品「踊るハート達」．図を動かした方向にハートが動いて見える．図を回転させれば，ハートは遅れて回転して見える．この錯視図形では，ハートの錯視的動きは明るいところでも観察できるし，視野の中心でも見える．

静止画が動いて見える錯覚（動く錯視） 第 4 章

4.7 ◎ みかけの速度差による錯視

2つの対象の動きを見たとき，速度の差があれば，2つは相対的に動いていると知覚される．静止画を動かした時に，画像の一部と残りとの間にそのようなことが起きれば，静止画が動いて見える錯視となる．実例としては，**浮動運動錯視**（floating-motion illusion）がある（Pinna and Spillmann, 2002）（図 4.25）．

Pinna and Spillmann（2005）によれば，線画の正方形（高い空間周波数のパターン）と塗りつぶしでぼやけた感じの円（低い空間周波数のパターン）を組み合わせた図を動かすと，後者のみかけの速度が前者より遅いので，両者は相対的にスライドするように見えると説明する．しかし，彼らはそれを測定したデータは示していないし，筆者が観察したところでは，逆に線画の正方形の方の動きが遅いように見える．類似した筆者の作品 "Out of focus"（図 4.26）では，低空間周波数パターンは内側の円形領域であるが，筆者の観察では，図を動かすと円内領域が周囲のランダムドットより速く動いて見える．

前節で述べた通り，輝度コントラストが低いと知覚される速度が遅いという研究報告は多い（Cavanagh, Tyler and Favreau, 1984; Thompson, 1982）．しかし，コントラストの高低の組み合わせによってみかけの速度差を作り出し，それによって静止画が動いて見える錯視図形が作れそうにも思えるが，今のところ筆者はそのデザイン化に成功していない．

図 4.25 ◎ 浮動運動錯視．何もしなくても内側の正方形領域が動いて見える．実際には，動かした方向に正方形領域は揺れて見える．

図 4.26 ◎ 作品 "Out of fucus"．何もしなくても内側の円形領域が動いて見える．なお，図を動かすと，動かした方向に円形領域は動いて見える．

静止画が動いて見える錯覚（動く錯視） 第4章

4.8 ◎フレーザー–ウィルコックス錯視

1979 年に，フレーザーとウィルコックスは，輝度勾配の繰り返しを描いた図形に，眺めているだけで動いて見える錯視を発見した (Fraser and Wilcox, 1979) (図 4.27)．何もしなくても動いて見える錯視研究の始まりである．発表者の名前を取って，**フレーザー–ウィルコックス錯視** (Fraser-Wilcox illusion) と呼ばれる．彼らによれば，グラデーション（輝度勾配）上で黒から白の方向に動いて見える観察者と，白から黒の方向に動いて見える観察者，および図形は動いて見えない観察者がいて，この性質は遺伝的に決まっているという報告であった．そのほか，この錯視は中心視では弱く，周辺視で強かった．

後続の研究では，フレーザー–ウィルコックス錯視を構成する 2 つの見え方のうち，グラデーション上で「白から黒の方向に動いて見える」ことが再現できず，「黒から白の方向に動いて見える」場合のみをフレーザー–ウィルコックス錯視と呼ぶようになった (Faubert and Herbert, 1999; Naor-Raz and Sekuler, 2000)．これに対して，2003 年に北岡と蘆田は，刺激の配列を黒→濃い灰色→白→薄い灰色→黒の繰り返しとすれば，この錯視は強くなることを示した (Kitaoka and Ashida, 2003)．それによれば，この錯視は，**暗から明の方向に動いて見える錯視**（図 4.28）と，**明から暗の方向に動いて見える錯視**（図 4.29）の 2 つの基本錯視から成っている．フレーザー–ウィルコックス錯視ではそれらの効果が相殺する方向に配置されているため錯視量が少ないが，同じ方向になるように配置すれば錯視量は多くなる（図 4.30）．

さらに，この錯視には色による増強効果があり，暗から明の方向に動いて見える錯視には青と赤が有効で，明から暗の方向に動いて見える錯視には黄と緑が有効である (Kitaoka, 2007c)（図 4.31）．しかし，これは筆者の人の経験に基づくものであり，実験的に確かめられたものではない．

2010 年 5 月現在のところ，筆者は最適化型フレーザー–ウィルコックス錯視を 6 種類に下位分類している．それぞれの種類に「暗から明」と「明から暗」への方向の錯視が区別されるから，合計 12 種類の基本錯視（図

図4.27（左）◎フレーザー–ウィルコックス錯視．眺めているだけで，2 つの円盤が互いに反対方向に回転して見える．周辺視で錯視量が多い．左の円盤について言うと，反時計回りに回転して見える人が多いが，時計回りに回転して見える人もいるという．

図4.28（右）◎フレーザー–ウィルコックス錯視のうち，暗から明の方向に動いて見える錯視．眺めているだけで，左の円盤は反時計回りに回転して見え，右の円盤は時計回りに回転して見える．

図4.29（左）◎フレーザー–ウィルコックス錯視のうち，明から暗の方向に動いて見える錯視．眺めているだけで，左の円盤は反時計回りに回転して見え，右の円盤は時計回りに回転して見える．

図4.30（右）◎暗から明の方向に動いて見える錯視と明から暗の方向に動いて見える錯視を合成したフレーザー–ウィルコックス錯視．筆者は最適化型フレーザー–ウィルコックス錯視 (optimized Fraser-Wilcox illusion) と呼んでいる．眺めているだけで，左の円盤は反時計回りに回転して見え，右の円盤は時計回りに回転して見える．

図4.31 ◎最適化したフレーザー–ウィルコックス錯視をさらに色で効果増強を図ったもの．色を付けると若干の輝度コントラストの低下は起こるが，それを上回る錯視量の増加がある場合がある．

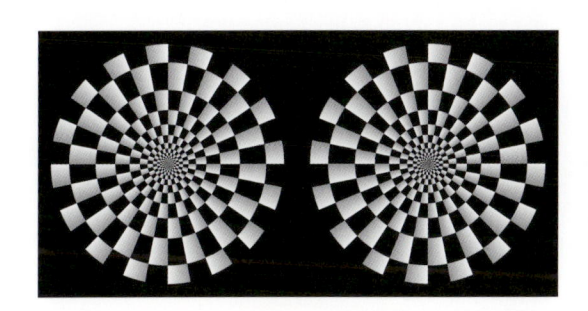

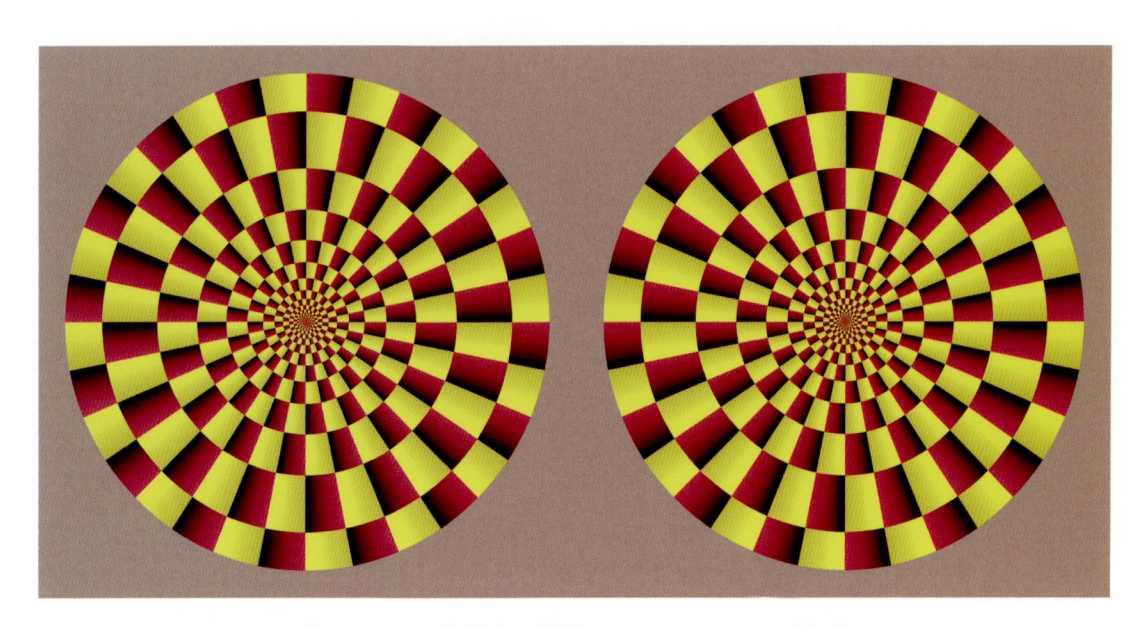

静止画が動いて見える錯覚（動く錯視）　　　　第４章　　　　107

4.32) から成る複合錯視であると筆者は考えている．作品「蛇の回転 (Rotating snakes)」（図 4.33）は，タイプ IIa とタイプ IIb の合成であると筆者は考えている．最適化型フレーザー錯視については不明なことも多く，目下研究が進められているところである（Backus and Oruç, 2005; Beer, Heckel and Greenlee, 2008; Conway et al., 2005; Hisakata and Murakami, 2008; Kuriki, Ashida, Murakami and Kitaoka, 2008; Murakami, Kitaoka and Ashida, 2006）．本書ではこれらの詳細は省略するが，これまでの成果の一部は，筆者の他の著書（北岡，2007a, 2007c, 2008b）に日本語で解説されている．

　元に戻って，フレーザー–ウィルコックス錯視であるが，図 4.27 は筆者が描いたものであり，*Nature* 誌に掲載されたオリジナルの図はグラデーションの扇形を渦巻状に配置した芸術作品であった．第一著者である Fraser 博士は著名な遺伝学者で，芸術家でもあったという．ウィキペディアの記事（http://en.wikipedia.org/wiki/Alex_Fraser_(scientist)）（2010 年 4 月 17 日現在）によれば，Alex Fraser 博士（1923–2002）は集団遺伝学のコンピュータモデリングの発展において重要な技術革新を行った研究者であるとのことである．筆者の作品「蛇の回転」でフレーザー–ウィルコックス錯視が再び注目されるようになったのは 2003 年からなので，2002 年に亡くなったとすれば残念なことである．

図 4.32 ◎ 最適化型フレーザー–ウィルコックス錯視の描画的分類（2010 年 5 月現在）．全部で 10 種類あるが，メカニズムが異なるかどうかはについては詳しい研究が待たれる．

図 4.33 ◎ 作品「蛇の回転」．2003 年制作．英語名称は，"Rotating snakes"．眺めているだけで，円盤が回転して見える．人気の高い作品であるが，20 人に 1 人程度は錯視が起きないことがわかっている．その原因は研究中である．

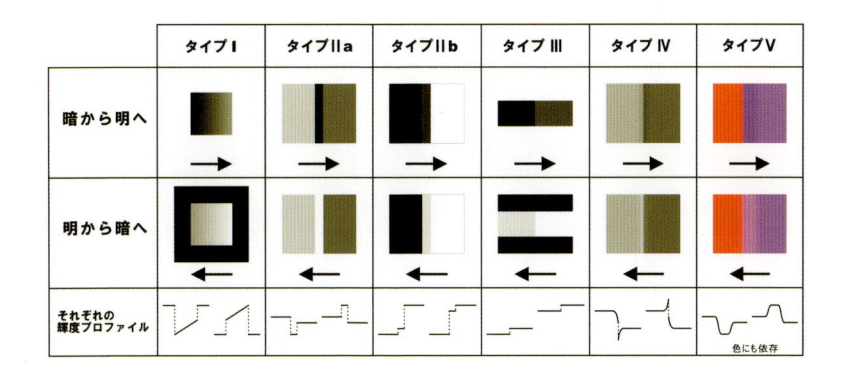

	タイプI	タイプIIa	タイプIIb	タイプIII	タイプIV	タイプV
暗から明へ	→	→	→	→	→	→
明から暗へ	←	←	←	←	←	←
それぞれの輝度プロファイル						色にも依存

静止画が動いて見える錯覚（動く錯視）　　　第4章

4.9 ◎中心ドリフト錯視

　最適化型フレーザー–ウィルコックス錯視は，「コントラストの高いところから低いところに向かう方向に動いて見える現象である」と記述することもできる．一方，その逆の方向（コントラストの低いところから高いところに向かう方向）に動いて見える錯視がある（図 4.34）．この錯視は中心視でも動いて見えることから，我々は「**中心ドリフト錯視**」(central drift illusion) と名づけた (Kitaoka and Ashida, 2004)．しかし，本格的な研究は着手されていない．

　図形の作り方としては，楕円や長方形などのオブジェクトを描き，その中に明るさのグラデーションを描き入れ，背景をそのグラデーションの最大の輝度あるいは最小の輝度で描けば出来上がりである．背景が最大の輝度なら，オブジェクトは最大の輝度側から最小の輝度側の方向に動いて見える．背景が最小の輝度なら，オブジェクトは反対の方向に動いて見える．

　そのほか，何もしなくても動いて見える錯視として，「**矢印ドリフト錯視**」が 2 種類知られている（図 4.35）が，現象の報告だけで終わっている (Kitaoka, 2007d)．この錯視も中心視で十分見えるようである．

　図形の作り方はやや複雑である．単純に矢印を描くと（たとえば白い背景に黒い矢印を描くと），図形は矢印の示す方向とは反対の方向に動いて見える（図 4.35(b)）．一方，矢羽の輝度が背景の輝度と矢の棒の輝度の中間にある時で，矢羽が棒の上に描かれている場合に限って，図形は矢印の方向に動いて見える（図 4.35(a)）．

図 4.34 ◎「中心ドリフト錯視」．輝度勾配のある図形のコントラストの低い側から高い側に動いて見える錯視である．具体的には，上半分は右方向に，下半分は左方向にゆっくり進むように見える．この図では，背景を白にすると，動きの方向が逆転する．

図 4.35(a)(b) ◎「矢印ドリフト錯視」．(a) 上から 1 番目と 3 番目の矢印は右に動いて見え，2 番目と 4 番目は左に動いて見える．(b) 上から 1 番目と 3 番目の矢印は左に動いて見え，2 番目と 4 番目は右に動いて見える．要するに，(a) では矢印の指し示す方向に動いて見え，(b) ではその反対方向に動いて見える．

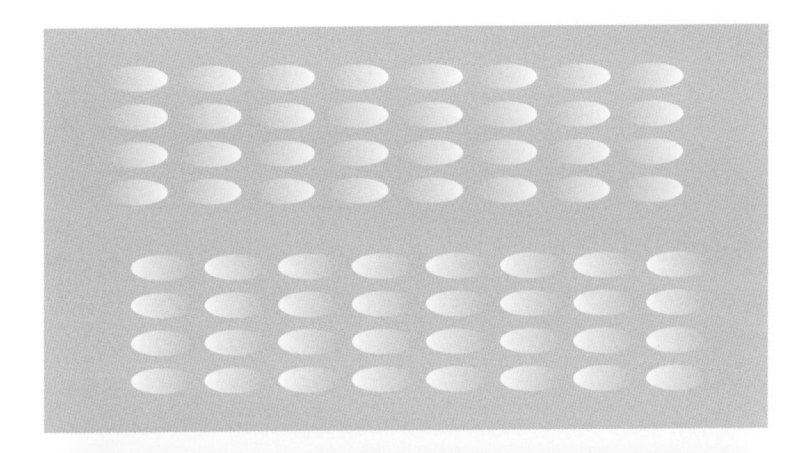

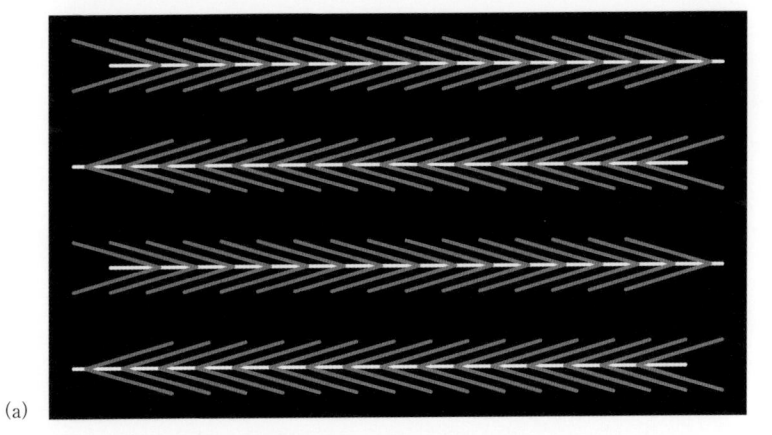

(a)

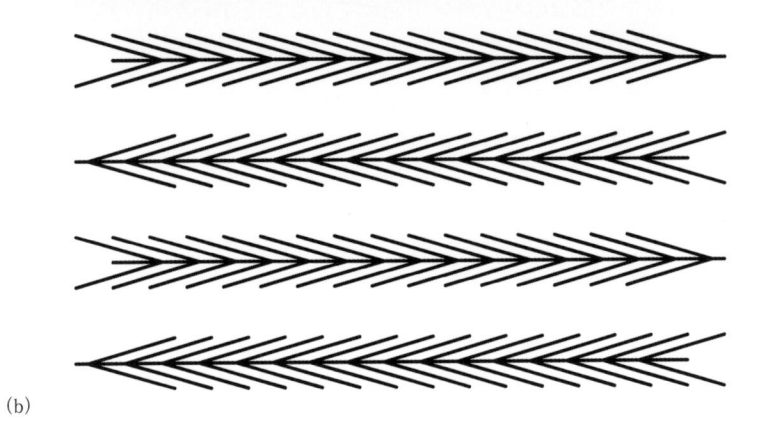

(b)

静止画が動いて見える錯覚（動く錯視）　　第4章　　111

4.10 ◎オプ効果とその残効

どぎつい縞模様には錯視的動き，すなわち**オプ効果**（op effect）があることが芸術家には知られており，20世紀にはオプアート（op art）として花開いた（Wade, 2003）．視覚研究においてよく研究されるオプ効果は，**エニグマ錯視**（Leviant, 1996; Zeki, Watson and Frackowiak, 1993）（図4.36）である．この種の錯視では，高周波の縞模様とは垂直方向にノイズのようなものが動いて見えるというものが多い．高周波の縞模様を見続けた後にも，縞模様とは垂直の方向に何かが動いて見える残効も古くから知られている（MacKay, 1957; Pierce, 1900; Wade, 1996）（図4.37）．この残効を，Hsieh, Caplovitz and Tse (2006) は**相補的残像**（complementary afterimage）と呼んだ．

オプアーティストのブリジット・ライリー（Bridget Riley. 1931–）の作品"Fall"（波打った細かい縞模様を描いた作品）もしばしばオプ効果の研究対象となる．注目するべきは，ライリーの作品はコンピュータグラフィックスではなく，絵（painting）であるという点である．コンピュータ画像の弱点は解像度の低さにあり，インターネットで彼女の作品を見つけることはできるが，PCディスプレーではオリジナル作品の錯視効果を十分に再現できない．図4.36や図4.37はコンピュータグラフィックスで高解像度ビットマップとして出力した画像を印刷したものであるが，印刷の解像度の限界で，円盤の中央部分のパターンが崩れていることがわかる．熟達した画家が絵を描くとこのような限界はたやすく乗り越えてしまうのであるから，いくら近年電子技術が発達したからといってコンピュータグラフィックスが絵に取って代われるわけではないことがわかる．

図4.36 ◎エニグマ錯視．画家レヴィアン（Isia Leviant）の1981年の作品"Enigma"で表現されたオプ効果．本図では，灰色の環の部分に何かが走って回転するように見える．なお，本図は筆者による改変図である．

図4.37 ◎オプ効果とその残像．左の円盤を観察すると，リング状にパステル状の主観色がリング状に見え，観察者によっては何かノイズのようなものがリング状に回転しているように見える．円盤の中心をしばらく（10秒以上）眺めた後，右の十字に目を移すと，ノイズのようなものがリング状に動いて見える残効が観察できる．

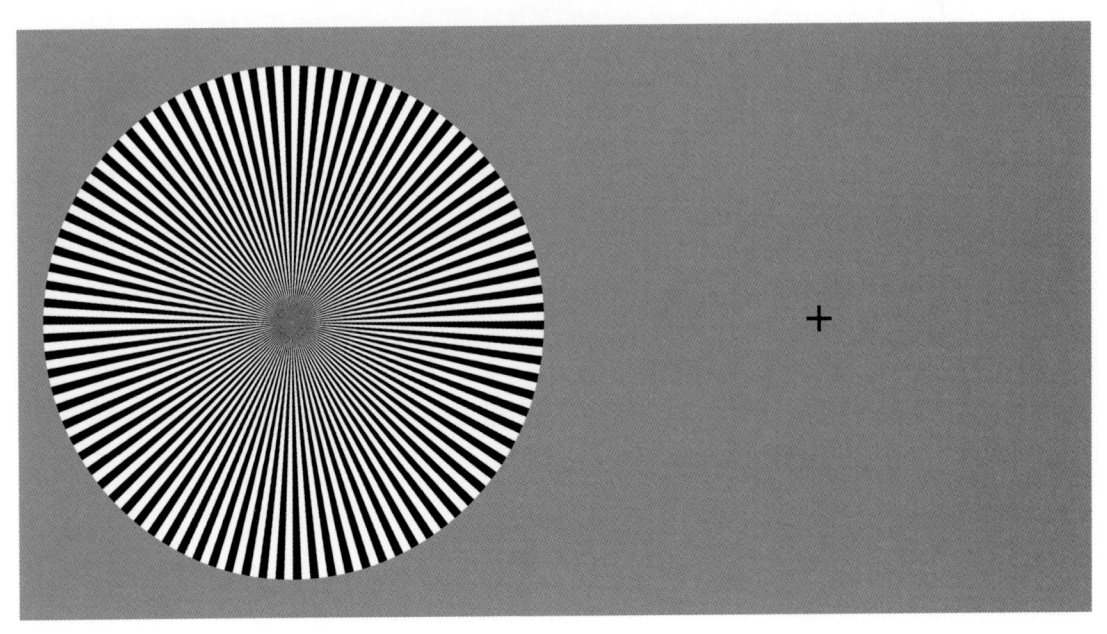

静止画が動いて見える錯覚（動く錯視） 第4章

北岡明佳作品集④
〈秋の沼〉（2000 年）

【解説】 この図の網膜像が上下に動くと，内側の正方形領域は左右に動いて見える．一方，この図の網膜像が左右に動くと，内側の領域は上下に動いて見える．図を揺り動かしてもよいが，メガネをかけている人ならメガネを上下に動かすとこの錯視が簡単に観察できる．基本錯視は Y 接合部の錯視（図 4.19）である．

5
ないものが見えてくる錯覚
―視覚的補完―

　われわれ人間は，ものを見ると，脳の中でその像を再構成しなければならない．しかし，その対象についての情報が完全であることは期待できないので，不足した情報を補う仕掛けが必要である．そのような，「ないものが見えてくる」仕掛けのことを，一般的に**視覚的補完**（visual completion）と呼ぶ．

　視覚的補完は，見ることにとって役に立つ機能（働き）であることが多いので，「錯視」と呼ぶには不適当な状況も多い．しかし，「ないものが見える」という点に着目すれば，視覚的補完も錯覚の仲間に数えることができる．なぜなら，「錯覚」は「実在の対象の真の性質とは異なる知覚」のことだからである．

　一方，「ないものが見えてくる」現象には，**幻覚**（hallucination）がある．これを**錯覚**（illusion）と区別するためには，その現象の機能（働き）のことを考慮することになる．すなわち，幻覚は病的な知覚であるが，錯覚は健常な知覚である．視覚的補完は健常な機能なので，幻覚ではなく錯覚ということになる．

　一般的には，錯覚とは「存在するものが変に見える」ことなので，視覚的補完については「本当でない知覚」（nonveridical perception）という用語の方がよいのではないかと提案されたこともある（Prazdny, 1985）．それでも Prazdny が「錯覚」という言葉を用いるのは，歴史的な理由によるものであるという．

5.1 ◎ カニッツァ図形と隣接格子

　図 5.1 は，円から 4 分の 1 の扇形を切り欠いた図形（「パックマン」とも呼ばれる）4 つを，切り欠きを内向きにして向き合わせたものである．この場合，4 つの円の手前に白い正方形があるように知覚される．知覚された白い正方形の辺の一部は，物理的には存在しないので，この部分を**主観的輪郭**（subjective contour），**錯視的輪郭**（illusory contour）あるいは**変則的輪郭**（anomalous contour）と呼ぶ．

　一方，この錯視的な正方形は，周囲よりも白いように知覚される．これは，黒いパックマンとの境界部分で生じた明るさの対比（2.1 節参照）が正方形内に拡散したものと説明されることがあるが，面の属性（明るさ，色，テクスチャなど）が拡散して知覚されることを，**フィリング・イン**（filling-in）と言う．日本語に訳すなら，「充填」であろう．一般的には，主観的輪郭とフィリング・インを合わせて**視覚的補完**と呼ぶ．なお，それら 2 つの現象のメカニズムは別々のものと考える研究者が多い．つまり，フィリング・インの結果として主観的輪郭が見えるようになるわけではない，と考えられている．

　白い正方形の主観的輪郭は「見える」．つまり，あたかもそこに輪郭が描かれているように知覚される．このような補完を，**モーダル補完**（modal completion）という．「モーダル」とは「（本質に対して）外形上の」という意味であるが，ここでは「知覚できる」という意味である．一方，認識された円については，正方形の背後に一部を隠されたように見えるが，隠された部分が見えるわけではない．このような補完を**アモーダル補完**（amodal completion）という．アモーダル補完されたものは，その定義上，認知すること（気づくこと）はできるが，知覚することはできない．

　通常，図 5.1 は**カニッツァ図形**あるいは**カニッツァの正方形**（Kanizsa square）と呼ばれる．**パックマン図形**と呼ばれることもある．もっとも，カニッツァ（Kanizsa, 1976, 1979）のオリジナルの図では，手前に見える白い面は三角形であった（図 5.2）．また，オリジナルの図には，誘導刺激としてパックマン以外に 6 本の線分も描かれていた．これは，線の端による主

図 5.1（左）◎ カニッツァの正方形．白い正方形が 4 つの黒い円の手前にあるように見える．

図 5.2（右）◎ カニッツァの三角形．白い三角形が，3 つの黒い円と黒い輪郭の三角形の手前にあるように見える．

図 5.3（左）◎ カニッツァの三角形・背景が黒のバージョン．黒い三角形が，3 つの白い円と白い輪郭の三角形の手前にあるように見える．

図 5.4（右）◎ プラズニーの図形．灰色の正方形が 2 つの白い円と 2 つの黒い円の手前にあるように見える．

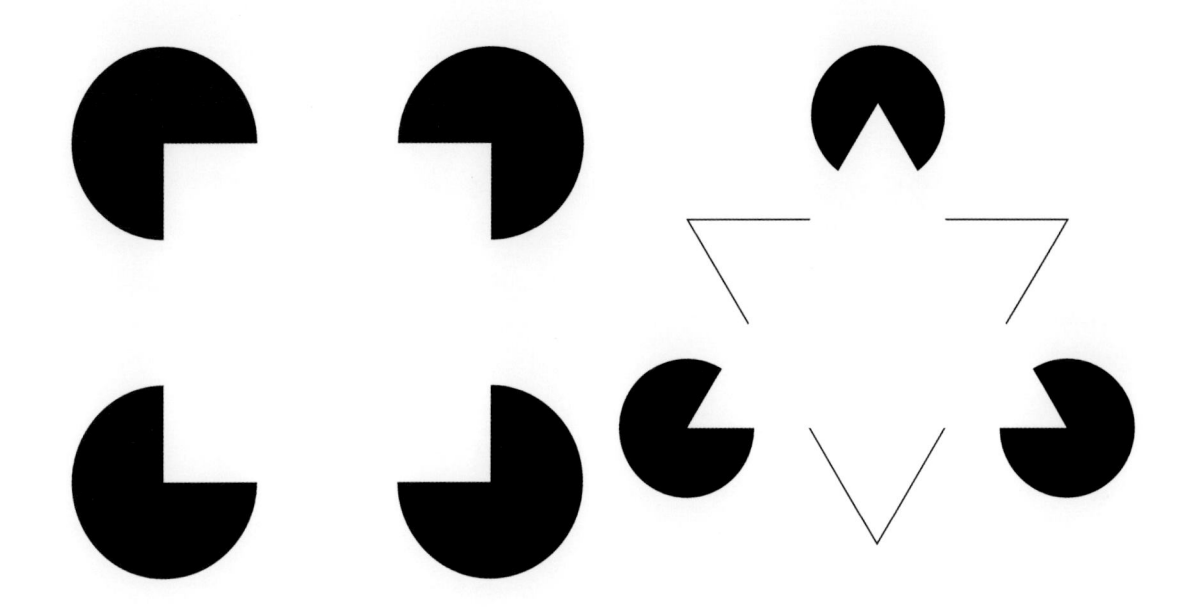

ないものが見えてくる錯覚（視覚的補完）　　　第 5 章　　　117

観的輪郭の構成手法である．この手法については，後述の隣接格子やエーレンシュタイン錯視（5.2節参照）も参照されたい．

パックマンを白，背景を黒にすると，黒い正方形あるいは三角形が観察される（図5.3）．この場合，それらは背景よりも若干暗く見える．一方，パックマンと背景のコントラスト極性（どちらが明るいかという関係）が一貫していない場合でも，主観的輪郭は観察される（Prazdny, 1983）（図5.4）．

カニッツァの三角形のパックマンをドットに変えても，主観的輪郭は観察できる（Gregory, 1972; Frisby and Clatworthy, 1975）（図5.5）．つまり，主観的輪郭を作り出す要素は，エッジのL接合部（塗りつぶし図形の角のこと），線の端，ドットの3種類である．ただし，ドット単独では効果は微弱である．後述のネオン色拡散（5.2節参照）におけるドットの役割も同様である（Day, 1983）．

主観的輪郭は，線の端をつなぐ形によっても構成できる．たとえば，図5.6は円に見えるが，円の輪郭は主観的輪郭である．

これを一歩進めて，主観的輪郭部分に領域間の輝度差がないように描くことができる（Kanizsa, 1979）．たとえば，図5.7である．このような主観的輪郭を生じさせる図形を，**隣接格子**（abutting gratings）と呼ぶ（von der Heydt, Peterhans and Baumgartner, 1984）．これは，主観的輪郭の発生に領域の輝度差は必須ではない，という主張に用いられることが多い．

隣接格子もカニッツァ図形のような主観的輪郭も，実線や実エッジと同等のふるまいをすることが知られている．たとえば，主観的輪郭は，各種の幾何学的錯視（ツェルナー錯視やポッゲンドルフ錯視など）の誘導刺激（錯視を起こす文脈刺激）や被誘導刺激（錯視が起こるターゲット）となりうる．

図5.5 ◎**頂点がドットのカニッツァの三角形**．ドットを頂点とする白い三角形が，黒い輪郭の三角形の手前にあるように見える．

図5.6(左) ◎**線の端による主観的輪郭**．主観的な円があるように見える．円の内側が暗く見えるのは，明るさの同化（2.2節参照）によるものである．

図5.7(右) ◎**隣接格子の例**．主観的な円があるように見える．

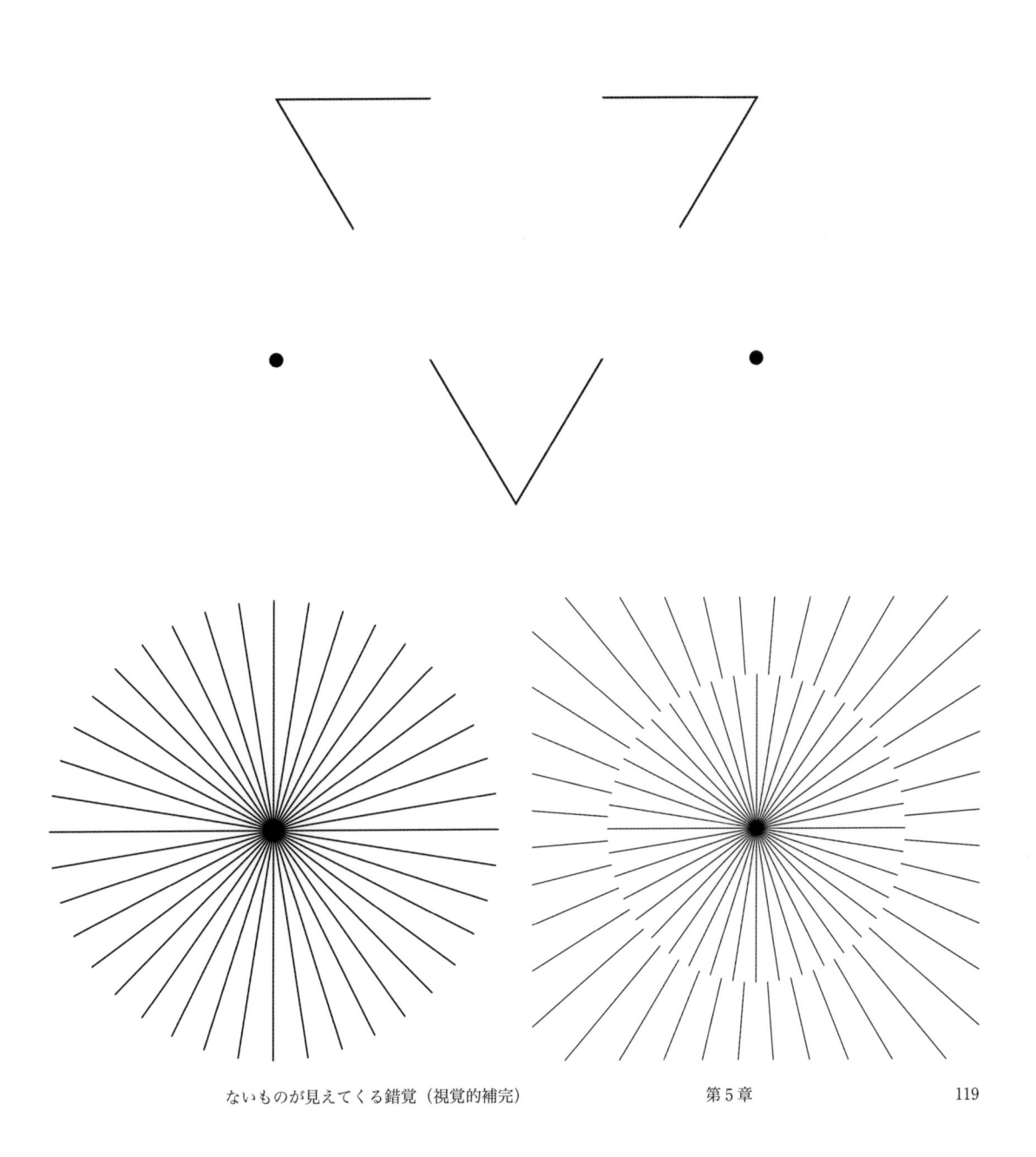

ないものが見えてくる錯覚（視覚的補完） 第 5 章 119

5.2 ◎エーレンシュタイン錯視とネオン色拡散

図 5.7 から内側の放射線分を取り除くと，図 5.8 となる．図 5.8 では，主観的な円の内側は明るく見える．これは，円の外側の領域が明るさの同化で暗く見えていることも貢献しているが，線の端の先は明るく見えるという明るさの錯視も関係していると考えられる．

このタイプの主観的輪郭の表現が初めて示されたのは，エーレンシュタイン錯視においてである (Ehrenstein, 1941; Spillmann, Fuld and Gerrits, 1976)（図 5.9）．**エーレンシュタイン錯視**では，交差部分が描かれていない十字の交差部分に丸いパッチ状のものが見える．十字が黒で背景が白なら，パッチは背景よりも明るく見える．逆に，十字が白で背景が黒なら，パッチは背景よりも暗く見える．

エーレンシュタイン錯視のギャップ部分に色の十字をはめこむと，**ネオン色拡散**（neon color spreading）と呼ばれる視覚的補完現象が現れる (Van Tuijl, 1975)（図 5.10）．十字を覆うように，十字と同じ色にうっすらと着色された半透明のパッチが知覚される．色が拡散するという点で色の錯視（第 3 章参照）であり，透明なものが知覚されるという点で透明視（7.2 節参照）の現象であるが，主観的輪郭とフィリング・インを共に備えた視覚的補完の一種である．パッチの形は，エーレンシュタイン錯視と同様に円である場合と，十字と格子の継ぎ目を頂点としたダイヤモンド形に見える場合がある．

背景が黒で格子が白の場合は，ネオンが輝くようには見えず，ぼんやりしたフィルム状の感じに見える（図 5.11）．しかし，その場合も，色の拡散と主観的輪郭が観察できる．ネオン色拡散は，刺激の輝度が「背景＞十字＞格子」（図 5.10）か「背景＜十字＜格子」（図 5.11）の場合に起こる (Van Tuijl and de Weert, 1979)．色を使わないグレースケール画像版は，**ネオン明るさ拡散**（neon brightness spreading）という（図 5.12）．

図 5.10 や図 5.11 の図形は，発表者の名をとって**レディース-シュピルマン図形**（Redies-Spillmann figure）としばしば呼ばれる．これは，彼らのネオン色拡散の論文 (Redies and Spillmann, 1981; Redies, Spillmann and Kunz,

図 5.8(左) ◎線の端による主観的輪郭・その 2．主観的な円があるように見える．円の内側が明るく見える．

図 5.9(右) ◎エーレンシュタイン錯視．格子の交差点部分にギャップが見えるのではなく，そこに主観的な白い円があるように見える．

図 5.10(左) ◎ネオン色拡散．格子の交差点部分を着色すると，その部分を覆うような半透明のパッチが知覚される．そのパッチの内側には十字の色と同じ色が拡散して見える．

図 5.11(右) ◎ネオン色拡散・背景が黒のバージョン．格子の交差点部分を着色すると，その部分を覆うようなフィルム状のパッチが知覚される．そのパッチは十字の色と同じ色が拡散して見える．

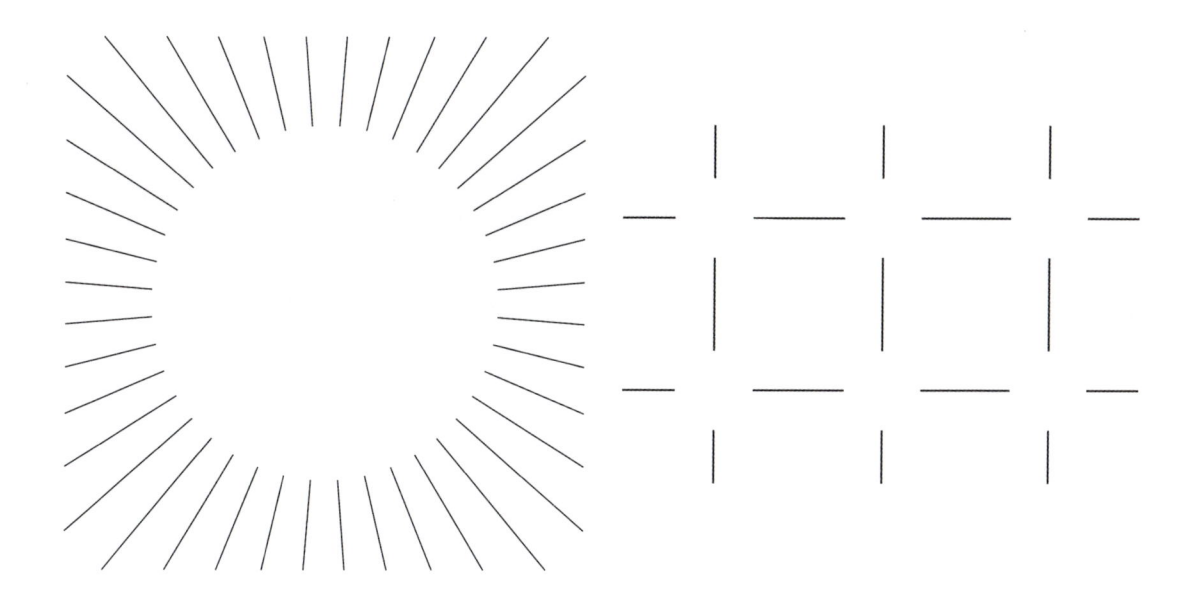

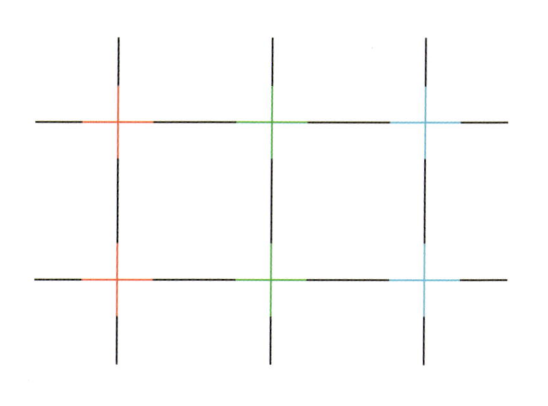

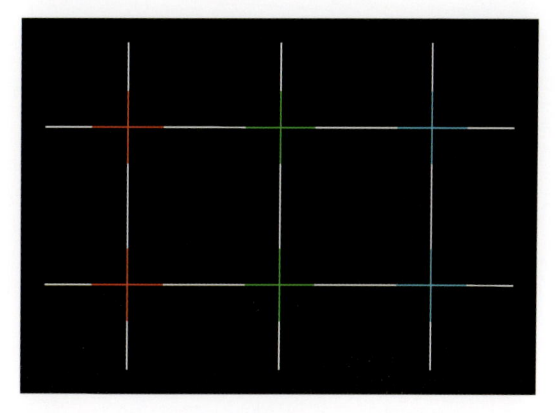

ないものが見えてくる錯覚（視覚的補完）　　第5章　　121

1984）がよく引用されるためである．しかし，本来は，最初の報告者の名前を冠して，**ヴァン・トゥエイル図形**（Van Tuijl figure）と呼ぶべきであろう．彼は，図5.13のようなダイヤモンド状の図形も示しており，こちらも使われているのを時々見かける．

　ネオン色拡散には**異方性**（anisotropy）がある．格子と十字が垂直・水平の時に最もはっきり見え，斜め45度の時に効果が最低となる（Redies and Spillmann, 1981）．図5.10〜13を斜めにしてみれば，すぐに観察できる．彼らは，この現象を「**斜め効果**」（oblique effect）と呼んだ（Redies, Spillmann and Kunz, 1984）．

　さらに，彼らはネオン色拡散に関係した現象として，**ネオン色フランク**（colored neon flanks）を示した．線分の一部が着色されていると，その線分のごく近いところだけ色が進出して見える現象である（図5.14）．Rediesら（1984）によれば，ネオン色拡散が成立するためには，十字の大きさが視角50分以下でなければならないという制限があるが，ネオン色フランクにはそういった制限はない．一方，ネオン色フランクにも異方性がある．彼らは，ネオン色拡散はネオン色フランクを利用してできる一段高次の現象と考えた．

図5.12（左）◎ネオン明るさ拡散．図5.9の格子の交差点部分を灰色にすると，その部分を覆うような半透明のパッチが知覚される．この図では，十字の灰色は左から右に行くに従って明るく描いてある．十字の輝度が背景と同じ場合，エーレンシュタイン錯視となる．

図5.13（下）◎ネオン色拡散の図の一種．ダイヤモンドの形をしたネオン状のものが，浮いて見える．実際には，この図がVan Tuijl（1975）の論文の最初に出てくる．

図5.14（右）◎ネオン色フランク．赤い線分を包み込むように，上下にうっすらと透明な明るい赤の膜が張られているように見える．

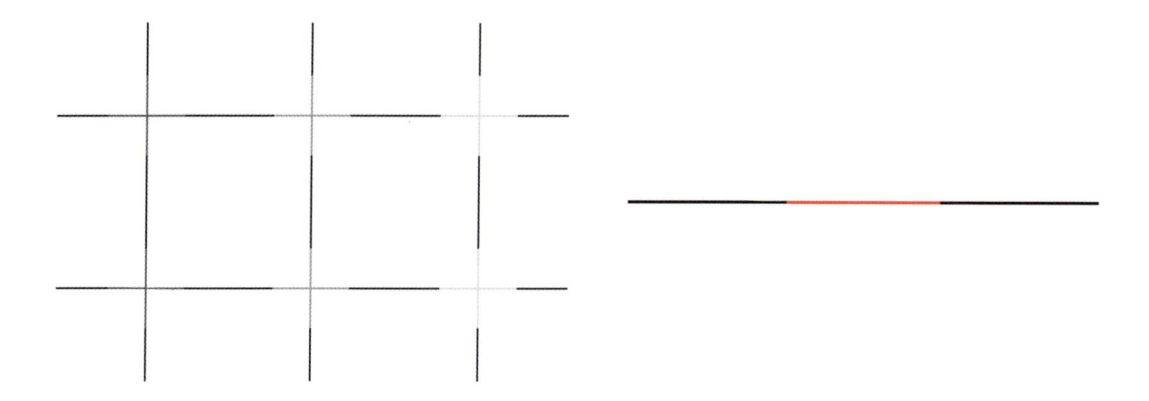

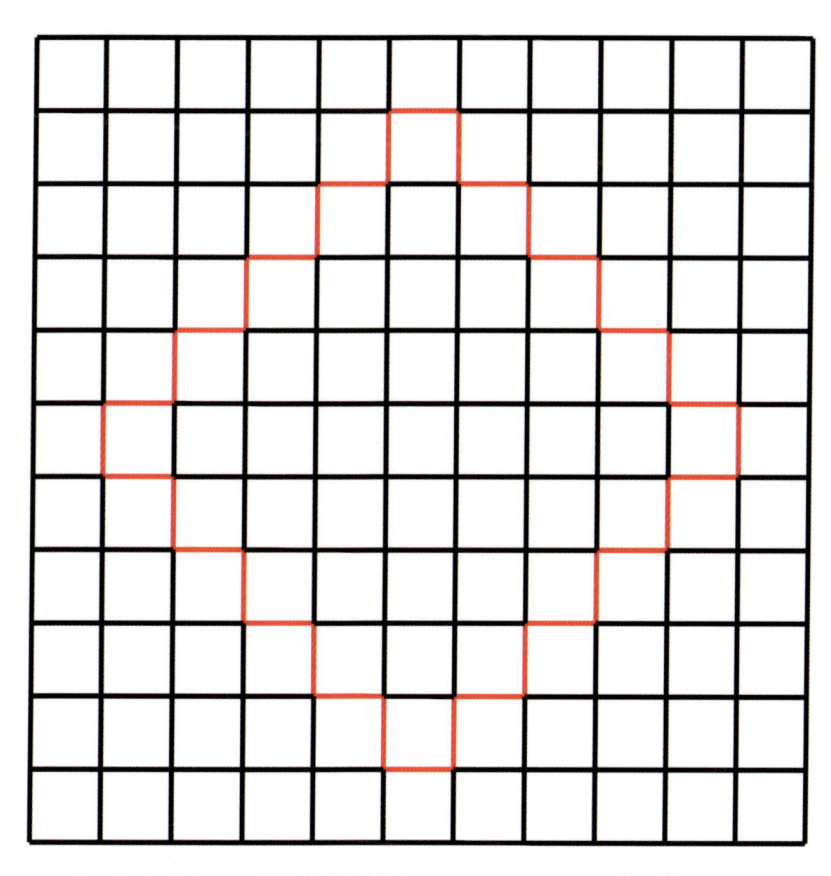

ないものが見えてくる錯覚（視覚的補完） 第5章 123

5.3 ◎ 針差し格子錯視

ヘリング格子錯視（図2.38参照）の図形を45度傾けて観察すると，格子の交点を縦横に結ぶ錯視的な明るい線が見えてくる（図5.15）．これらの視覚的補完現象は，**針差し格子錯視**（pincushion grid illusion）と呼ばれる（Schachar, 1976）．実はこの現象は，Prandtl (1927) によって先に報告されている．彼は「**クモの巣の糸**」（Spinnwebfäden）と呼んだ．一方，ヘルマン格子錯視（2.7節参照）を45度傾けると，錯視的な暗い線が観察できる（図5.16）．これは，「**モトカワ線**」（Motokawa, 1950）と呼ばれることがある（Spillmann, 1994）．

この錯視の異方性について，Prandtl はかなりの検討を加えている．格子が斜め45度配置の場合を「配置II」（II. Lage）と呼び，クモの巣の糸が最もはっきり知覚される配置であると記述した．一方，格子が垂直・水平軸に揃う場合は「配置I」（I. Lage）と呼び，クモの巣の糸は知覚されるが弱く，格子の交点に限局した錯視的な光点が強く知覚されることを示した．彼は，この光点を「光」（Lichter）と呼んだ．光は配置IIでは知覚されないこと，ヘルマン格子錯視の錯視スポットとも異なること，を強調している．

Redies et al. (1984) は，ネオン色拡散と Prandtl (1927) の光との類似性を指摘した．また，彼らは色の十字と色の十字をつなぐ線が見えることを指摘し，「色のストリート」（colored streets）と呼んだ．これらの知見から，北岡（2001）は，ネオン色拡散の図形を配置IIで描画することで，「**ネオン色拡散による針差し格子錯視**」が観察できることを示した（図5.17）．さらに，北岡（2001）は，色の道を得るには，必ずしもネオン色拡散の刺激配置でなくてもよいことを示した（図5.18）．

図5.15 ◎ 針差し格子錯視．格子の交点を結んで，縦横に錯視的な白い筋が見える．ひし形の四辺を少し内側に曲げて，針差し（針刺し）のような形にすると効果が大きい．

図5.16 ◎ 縦横に暗い筋の見える針差し格子錯視，あるいはモトカワ線．蔵のなまこ壁に見ることができる．

図5.17 ◎ ネオン色拡散による針差し格子錯視．水色の十字を結んで，縦横に錯視的な水色の筋が見える．

図5.18 ◎ 色の瘤による色の道．赤いコブを結んで，45度斜めの方位に錯視的な赤い筋が見える．

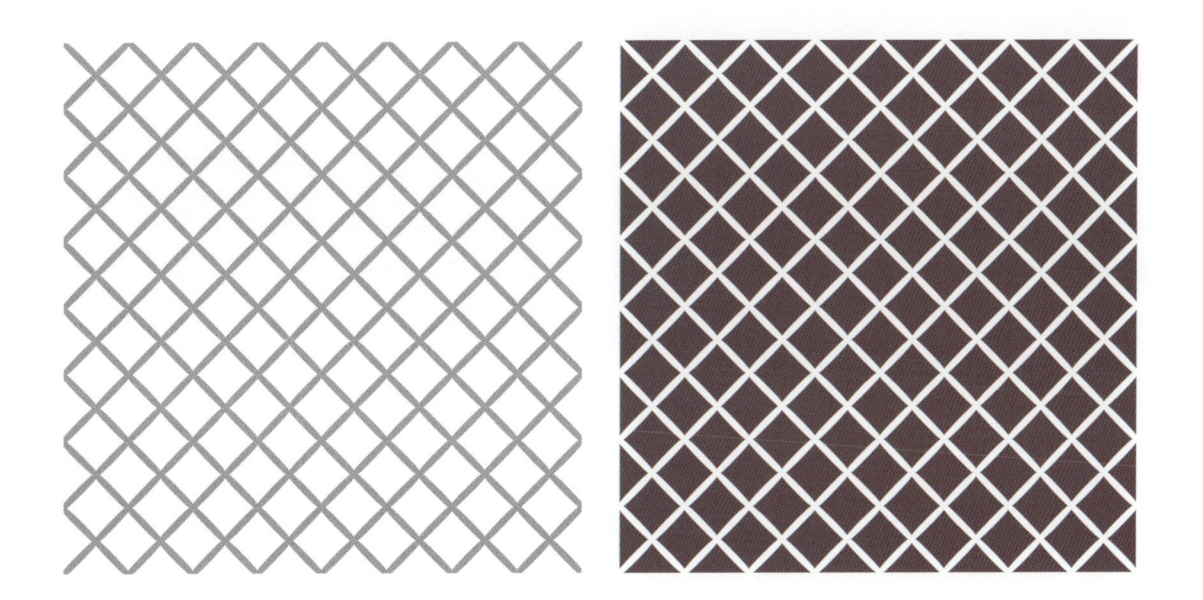

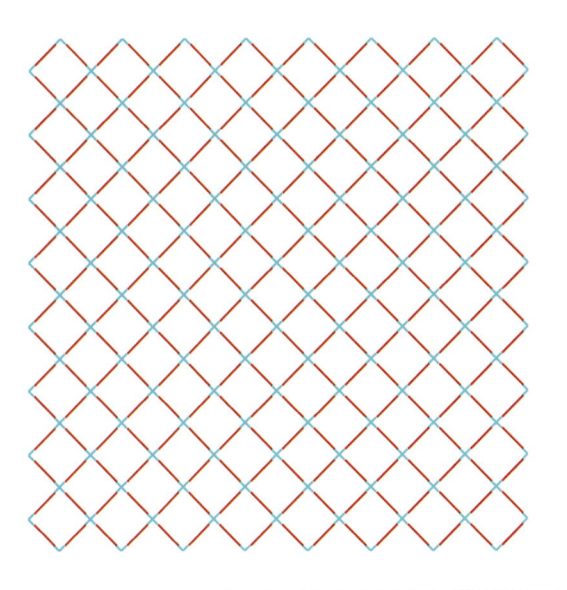

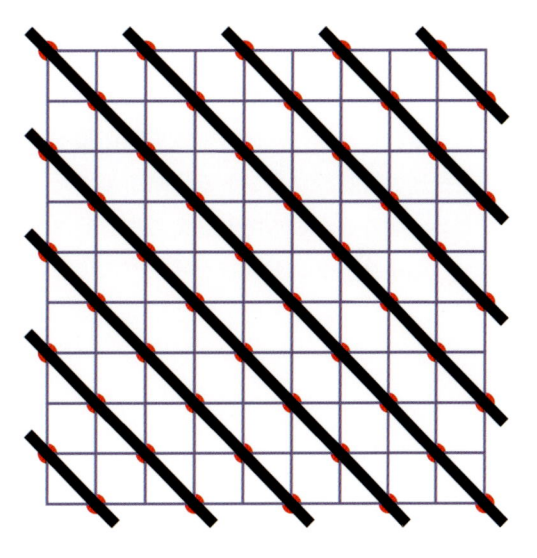

ないものが見えてくる錯覚（視覚的補完） 第5章 125

5.4 ◎ヴァリン図形

　カニッツァ図形のような図形にも，ネオン色拡散のような雰囲気のある**ヴァリン図形**（Varin's figure）（図 5.19）が知られている．パックマンの切り欠き部分を，色の扇形で埋めた図形である．その色がフィリング・インした主観的正方形が観察できる．カニッツァ図形の正方形は不透明な質感を持つが，ヴァリン図形の正方形は透明な質感を持つ．図は着色しているが，グレースケールの図形でも同様の透明視効果がある．

　実は，この種の錯視は，ヴァリン（Varin, 1971）の名前を冠して呼ばれるが，カニッツァ（Kanizsa, 1955）が先に考案したようにも見える．一方，本来のヴァリンの図形と呼ばれるべきものは図 5.20 で，ネオン色拡散を最初に提唱したのは Van Tuijl (1975) ではなく，実は Varin (1971) であるという（Bressan, Mingolla, Spillmann and Watanabe, 1997）．

　その他，ヴァリン図形と類似した現象に，**明所視ファントム**（次節で説明する視覚的ファントムの一種）がある（Kitaoka, Gyoba and Kawabata, 1999）．図 5.21 では，灰色と黄色の縞模様が，黒いオクルーダー（遮蔽物）の向こうでつながっているように見える．明所視ファントムも色は必須ではなく，誘導刺激の輝度変調だけで視覚的補完を観察できる．

　なお，「明所視ファントム」の「**明所視**」（めいしょし：photopic vision）とは，明るいところに目が慣れた状態における視覚のことである．暗いところに目が慣れた状態における視覚を**暗所視**（あんしょし：scotopic vision）という．後述の視覚的ファントムは暗所視で起こる現象と以前は考えられていたため，明るいところでも見える視覚的ファントムが発見されたという意味で「明所視ファントム」と呼んだのである．

図 5.19 ◎ヴァリン図形．青くて透明な正方形が 4 つの黒い円の手前にあるように見える．あるいは，4 つの窓を通して青い正方形の四隅が見える，という見え方と反転する．

図 5.20 ◎ネオン色拡散のヴァリン図形．青く光る透明な円盤が中央に浮かんで見えるが，同心円の背景は均一な白である．

図 5.21 ◎明所視ファントム．輝度の異なる 2 つの明るい領域から成る縞模様の上に黒いオクルーダーを横切るように置くと，オクルーダーを透かして縞模様が連続して知覚される現象．本図では，灰色と黄色の縞模様がオクルーダーの向こうでつながっているように見える．

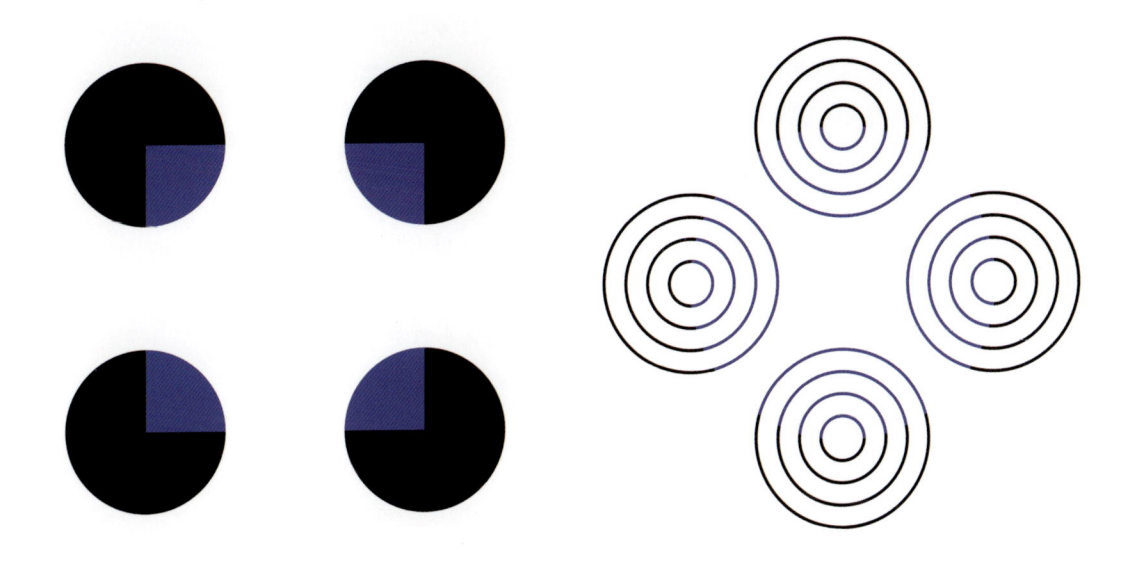

ないものが見えてくる錯覚（視覚的補完）　　　第5章　　　127

5.5 ◎視覚的ファントム

　輝度変調の縞模様（明暗の縞模様）を横切るようにオクルーダー（遮蔽物）を描くと，オクルーダーの表面は均一でも，オクルーダーの手前で縞模様の一部がつながって見える現象を，**視覚的ファントム**（visual phantoms）と呼ぶ．オクルーダーの輝度が縞模様の最も暗いところと同じ場合，縞模様の最も暗いところがつながって見え（Gyoba, 1983）（図5.22），オクルーダーの輝度が縞模様の最も明るいところと同じ場合，縞模様の最も明るいところがつながって見える（Sakurai and Gyoba, 1985）（図5.23）．視覚的ファントムは，霧の知覚や光の知覚の基礎となっていると考えられる（北岡, 2007a）（図5.24）．光って見える錯視は，**グレア効果**（glare effect）（Zavagno, 1999）とも呼ばれる．

　視覚的ファントムは，暗順応下で縞模様を運動させたりフリッカー（点滅）させた方がよりはっきり見える（Genter and Weisstein, 1981; Rosenbach, 1902; Tynan and Sekuler, 1975）．そのため，視覚的ファントムがカニッツァ図形やネオン色拡散などと同様の視覚的補完現象でもあることが知られるようになったのは，比較的最近のことである．なお，ファントムがオクルーダーの手前でつながって見えることは，安定透明視（図7.5参照）の考え方で説明できる（Kitaoka, Gyoba and Sakurai, 2006; Kitaoka, Gyoba, Kawabata and Sakurai, 2001a, 2001b）．

　視覚的ファントムとカニッツァ図形あるいはヴァリン図形との連続性を示す図形もある．図5.25では，パックマンの円周方向にサイン波輝度変調をかけることで，主観的正方形の代わりに×字状の視覚的ファントムが観察できる（Kitaoka et al., 2006）．

図5.22 ◎視覚的ファントム．視覚的ファントムが従来，運動視と関係があると考えられていたことを考慮して，静止ファントムともいう．本図では，明暗の縞模様の暗の部分がオクルーダー（横長の暗い帯）の手前でつながっているように見える．

図5.23 ◎明るい側がつながる視覚的ファントム．図5.21のオクルーダーを縞模様の明るい部分と同じ輝度にすると，縞模様の明の部分がオクルーダーの手前でつながっているように見える．

図5.24 ◎逆相性明所視ファントム．左右縦2列の明るいファントム部分が光って見える．誘導縞は黒から明るい灰色，オクルーダーに相当する領域は一様な白である．「逆相性」というのは，光って見えているオクルーダー部分を局所的に観察すると，光って見えないところに比べて暗く見えているということを意味している．

図5.25 ◎誘導縞がパックマンに相当する図形の視覚的ファントム．カニッツァ図形なら主観的正方形が見えるあたりに，暗い霧のようなもの（ファントム）が見える．

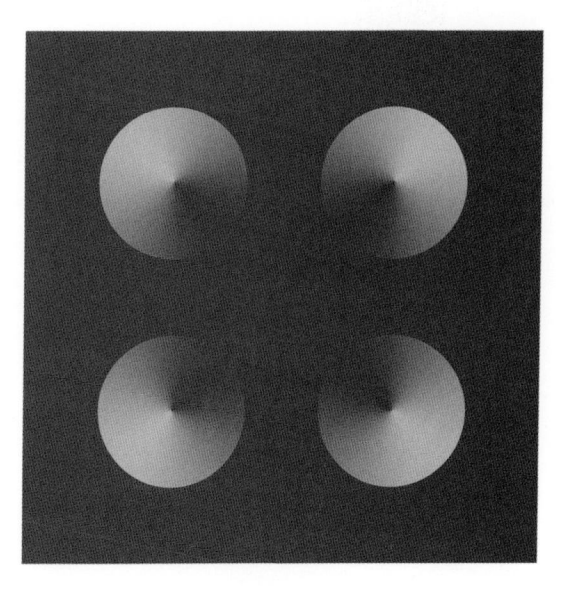

ないものが見えてくる錯覚（視覚的補完） 第 5 章

5.6 ◎線分が不連続なネオン色拡散

これまで述べてきたネオン色拡散の刺激図形は線画であり，色の変わり目においても線分が連続していることが必要であったが，線分が不連続でもネオン色拡散のような現象を作り出すことができる．図5.26はVan Tuijl and Leeuwenberg (1979) のFig. 1cに示された色拡散図で，図5.27は最近発表された**波線色錯視** (wave-line colour illusion) (Sohmiya, 2007) である．また，不連続なドットの集合でも同様の現象を作り出すことができ (図5.28)，このような図の色領域を動かすと誘導された色領域がより鮮やかに見えるが，これは**動的ネオン色拡散** (dynamic neon color spreading) (Cicerone, Hoffman, Gowdy and Kim, 1995; Hoffman, 1998) と呼ばれる．

これらは色の同化にすぎないのではないか，という議論が可能である．「ネオン色拡散」という概念自体が「きれいな錯視」という現象的な視点に立脚しているとも言えるから，ネオン色拡散も色の同化であると言ってしまえばメカニズム的には同じことなのかもしれない．しかし，現象的には「きれい」以外に「透明感が高い」や「錯視のインパクトが強い」といった面もあって，心理学の研究者としてはそれらも大切にしたいというのが筆者の考えである．

図5.26（左）◎ネオン色拡散の一種．内側のダイヤモンド領域の白背景が青味がかって見える．

図5.27（右）◎宗宮の波線色錯視．上から2列目と4列目のオレンジ色の波線の背景は周囲と同じく白なのであるが，オレンジ色がかって見える．紫色の波線の背景の白も紫がかって見える人もいる．

図5.28 ◎動的ネオン色拡散（の静的バージョン）．内側の円領域も背景は白なのであるが，うっすらと赤味がかって見える．色領域を動かすと，より鮮やかに見える．

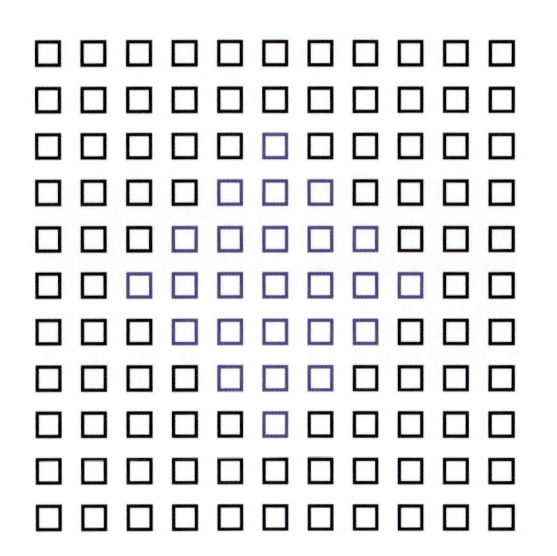

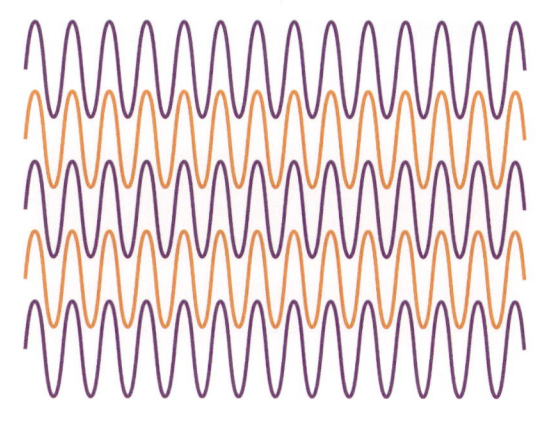

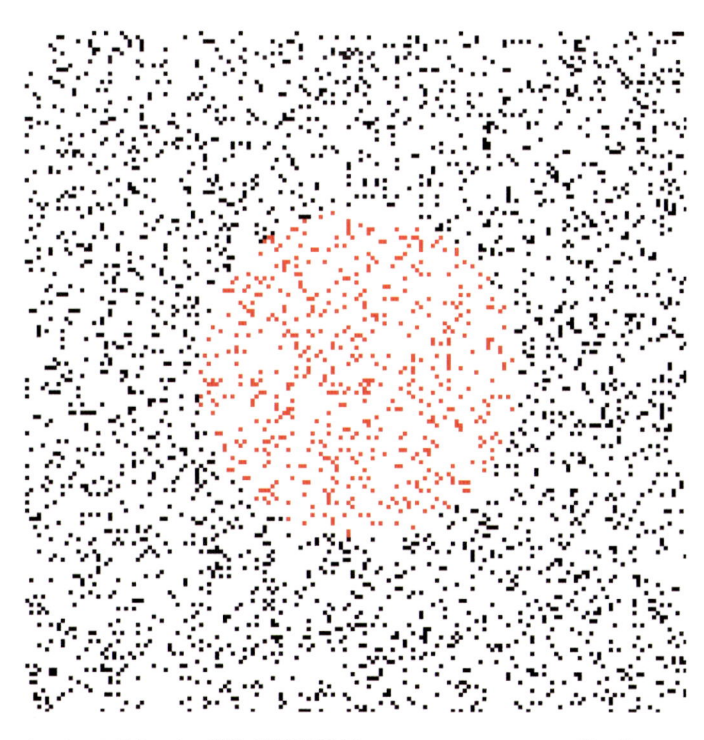

ないものが見えてくる錯覚（視覚的補完）　　　第 5 章

5.7 ◎ 水彩錯視

図 5.29 では，回廊部分が水彩絵の具で描かれたように色づいて見える．この現象の発見者ピンナは，これを**水彩錯視**（watercolor illusion）と命名した（Pinna, Brelstaff and Spillmann, 2001; Pinna, Werner and Spillmann, 2003）．背景が白の時，ある領域を明るい色と暗い色の二重の波打った輪郭で囲むと，明るい色がその領域側を向いている時，その色がフィリング・インして見える．また，その色づいた領域が図としてまとまり，手前に見える（**水彩錯視の図地分離効果**）．

一方の境界ともう一方の境界から異なる色をフィリング・インさせても，水彩錯視の図地分離効果に変化はない．このことから，彼は「水彩錯視の図地分離効果は類同のゲシュタルト要因では説明できない」（フィリング・インした色が同じだから 1 つにまとまるのではない）ことを強調した（Pinna, 2005）．すなわち，ピンナはこの錯視には未知の新しい知覚の法則が隠れている可能性を示唆した．一方，誘導される領域間のみかけの明るさの関係に注目して，水彩錯視の図地分離効果は安定透明視（図 7.5 参照）で説明できるという考え方もある（Noguchi, Kitaoka and Takashima, 2008）．

水彩錯視図形を描くためには技術が必要である．2 色の波線を描かなければならないからである．筆者は Corel DRAW（コーレルドロー）というドロー系ソフトウェアを用いて，ベジェ曲線（曲線描画用の 3 次曲線）のオブジェクトをなめらかにつないで二重波線を描いている．

図 5.29 ◎ ピンナの水彩錯視．回廊部分は物理的には周囲や中央の白と同じであるが，橙色の水彩絵の具で塗られたように色づいて見える．

ないものが見えてくる錯覚（視覚的補完）　　第5章　　133

5.8 ◎ 盲点の錯視

　網膜において，神経節細胞は視細胞層よりも瞳孔に近い側にあるので，神経節細胞から出た視神経が眼球の外にまとまって出て行くところ（視神経乳頭）には視細胞がない．このため，この部分ではものを見ることができない．この部分を**盲点**（blind spot）と呼ぶ．盲点は，右目なら，右視野のやや周辺部分にある（約15度耳側にあり，直径5度程度の大きさである）．左目なら，左視野のやや周辺部分にある．

　盲点に入った図形は，当然見ることができない．もともと盲点以外の場所で図形を見ていて，盲点に図形が入るように目を動かすと図形は消えて見えるが，この場合は刺激が脳に伝わらないから見えないというだけでなく，図形の周囲の色，明るさ，パターンによって視野の盲点部分がフィリング・インしてしまうから，「消えて見える」という知覚となる．そのため，盲点に少し食い込むように，盲点の両側に線分を示すと，線分がほぼ一直線上にある場合，それらがつながって見えるという錯視が起こる(Araragi and Nakamizo, 2008; Ramachandran, 1992a)（図5.30）．

　「盲点だった」という日常表現は「気づかなかった」という意味であるが，現実の盲点はその存在に気づけば意外と多くの現象やメカニズムが関係していることがわかる．

図5.30 ◎ **盲点の錯視**．右目だけで十字を見つめ，視距離を調整して（本図では30 cm程度）右目の盲点が線分が切れた部分に来るようにすると，線分がつながって見える．左目を試す時は，図をさかさまにする．そのほか，十字を「消す」こともできる．左目だけで線分の切れ目を見つめ，視距離を調整すると十字が見えなくなって背景の白だけが見えるところがある．

ないものが見えてくる錯覚（視覚的補完）　　第 5 章　　135

北岡明佳作品集⑤
〈黄ばみ格子〉（2007年）

【解説】 格子の内側が黄ばんで見えるが，物理的には背景と同じ白である．この現象をネオン色拡散と呼ぶことには賛否があるかもしれないが，構造的には内側の格子の色の同化と外側の格子の色の対比の混色でできたものである．この考え方は，ネオン色拡散という概念を提唱した Van Tuijl (1975) にすでに記述されている．なぜ黄色に見えるかというと，たとえば左上の格子では，外側のマゼンタ色の対比で誘導された緑色が内側の赤色の同化で誘導される赤色と混色し，黄色が生じると説明できる．

6
あるものが見えなくなる錯覚
―消える錯視―

　ないものが見えてくる現象（視覚的補完）（第5章）があるなら，あるものが消えて見える現象もあってよいだろうという発想の新しい錯視カテゴリーが，本章の「**消える錯視**」である．もっとも，従来はそういうカテゴリーはなかったというだけで，トロクスラー効果や各種のフィリング・イン現象自体は新しいものではない．また，本章をご覧になるとわかるが，実のところは「消える錯視」は1章を形成するほどの十分な種類がない．いずれは，このカテゴリーには，奇術などに用いられるような高次の認知機能（注意の働き）を含めていくことになるだろう．

　「消える錯視」というカテゴリーを1つの章立てとした初めての錯視の書籍は，ニュートンプレスの『錯視 完全図解』（北岡監修，2007c）である．その画期的試みは，出版社の編集者側から発案されたものである．編集者は一般読者の読みたいものに敏感な人たちなので，消える錯視は一般読者が取り上げられることを期待しているであろうジャンルということになる．今のところ，消える錯視は**周辺視**（見つめているところから離れた視野部分）で起こるものばかりであり，錯視を観察するのに手間や辛抱を要する．将来，**中心視**（見つめているところ）で消える錯視が発見されれば，たいへん重要でかつおもしろい現象として注目を浴びることになるだろう．

6.1 ◎ トロクスラー効果

　輪郭がはっきりせず，周囲との輝度コントラストの低いパターンを周辺視野に提示すると，時間とともに消えていくように見える (Troxler, 1804)．これを**トロクスラー効果** (Troxler effect)，**トロクスラー消失錯視** (Troxler fading)，あるいは**周辺視消失錯視** (peripheral fading) という．図 6.1 に刺激図を示した．

　トロクスラー効果の原因としては，低次の神経レベルの順応という考え方 (Clarke and Belcher, 1962) と，高次のフィリング・イン過程という考え方 (Ramachandran, 1992a) がある．仮に前者が正しいとしても，消えた部分は周囲の色やテクスチャと一体となって見えるので，フィリング・インも同時に起きていると考えるのが妥当である．

　そのほか，消えるべき部分を静的な灰色正方形として，周囲のテクスチャを動的なランダムノイズとした（チカチカとまたたく）刺激も，消失錯視効果が大きい．これは，**人工的暗点** (artificial perceptual scotoma) と呼ばれる (Ramachandran and Gregory, 1991; Ramachandran, 1992b)．この場合はトロクスラー効果と異なって周囲との輝度コントラストが低い必要はなく，ターゲットを周辺視野に提示する必要はあるが，視野中心にかなり近くても（偏心度 2 度程度でも）消失して見えるという．

　テクスチャ消失錯視（図 6.2）もトロクスラー効果と類似した性質を持っている．テクスチャ消失錯視の一種に文字消失錯視がある．たとえば「人」という文字をたくさん書いた中に「木」という文字をはめ込むと，「木」が「人」と書かれているように見える (Gyoba, 1997)．

図 6.1 ◎ **トロクスラー効果**．中央の十字を見つめたまま数秒たつと，色の円のすべてあるいは一部が消えるように見える．消失した円は，目を動かすと，あるいはまばたきをすると再び見えるようになる．

図 6.2 ◎ **テクスチャ消失錯視の一例**．上から 3 段目と下から 3 段目には円が 10 個ずつ埋め込まれているが，中心視（視野の中心）で見ていないと周囲の六角形と区別がつかなくなるように見える．

あるものが見えなくなる錯覚（消える錯視）　　第6章　　139

6.2 ◎ 消失錯視

　格子の交点に描かれた模様が消えてしまうように見える錯視がある．**消失錯視**（extinction illusion）という．最初に発表したのは，ニニオとスティーヴンスである（Ninio and Stevens, 2000）．彼らの描画法に従って筆者がわかりやすく描き起こしたのが，図 6.3 と図 6.4 である．囲碁の星のような配置で 9 つのドットが描かれているのだが，どれかのドットを見ていると，相対的に遠いところにあるドットが消えるように見える．

　描画法としては，格子が灰色で背景が黒の時は，交点に白いドットを置けば消えて見える（図 6.3）．一方，格子が灰色で背景が白の時は，交点に黒いドットを置けば消えて見える（図 6.4）．消失錯視がなぜ起こるのか，という点に関しては，ニニオとスティーヴンスは特に仮説を提唱していないが，「周辺視では視力が低いから見えにくい」といった理由ではないことを示している．

　なお，ニニオとスティーヴンスの描画法では，白い円は黒の輪郭で囲い，黒い円は白の輪郭で囲っている．このような輪郭を描かず，きらめき格子錯視（図 2.43 参照）と同じ型の刺激図でも消失錯視が起こることを示して，「**空白現象**」（blanking phenomenon）と別名で呼んだ報告もある（McAnany and Levine, 2004）（図 6.5）．

図 6.3（左）◎ニニオの消失錯視・その 1．ヘルマン格子タイプ．線の交差点に置かれたドットは周辺視（視野の周辺）で消えて見える．

図 6.4（右）◎ニニオの消失錯視・その 2．ヘリング格子タイプ．線の交差点に置かれたドットは周辺視で消えて見える．

図 6.5 ◎「空白現象」．左のドットの列を見ていると右のドットの列が消えて見え，右のドットの列を見ていると左のドットの列が消えて見える．図の中ほどで目を泳がせれば，きらめき格子錯視（図 2.43 参照）も観察できる．

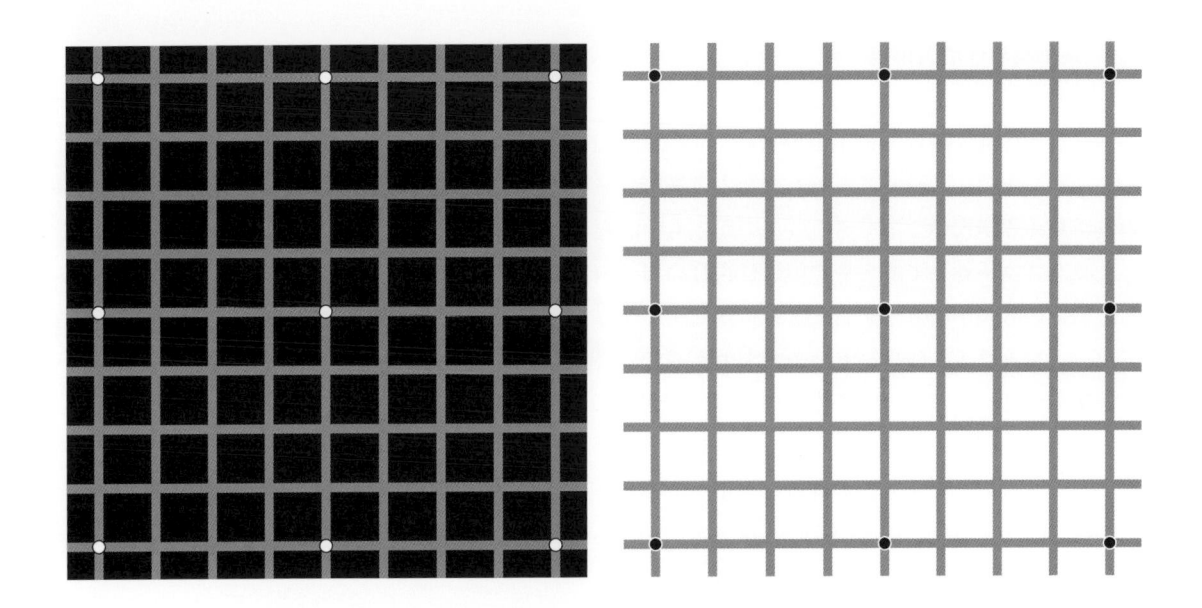

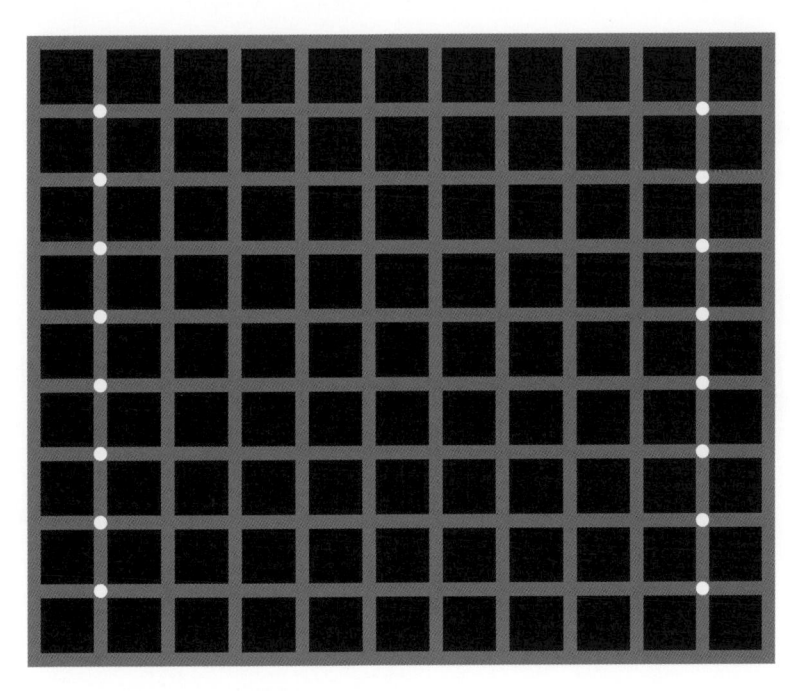

あるものが見えなくなる錯覚（消える錯視）　　　第6章　　　141

6.3 ◎運動誘導性消失錯視

運動誘導性消失錯視（motion-induced blindness）（Bonneh, Cooperman and Sagi, 2001）とは，運動しているものがある視野領域では，静止したものが消えて見える錯視のことである．この錯視も中心視では起こらない．

トロクスラー効果で消えやすいのは視野の周辺の像で，輝度のコントラストの低いものが消えやすいとされてきた．しかし，運動誘導性消失錯視では，コントラストの高いものの方が消えやすい（Bonneh et al., 2001）.

運動誘導性消失錯視のデモについては，報告者のウェブページ（http://www.weizmann.ac.il/home/masagi/MIB/mib.html）をご覧いただきたい．錯視のデモンストレーションで有名なマイケル・バッハ教授のウェブページの動画（http://www.michaelbach.de/ot/mot_mib/index.html）も効果が大きい．

運動以外では，フリッカー（ついたり消えたりする刺激）にも静止刺激の消失効果がある．その場合は，人工的暗点（artificial scotoma）と呼ばれる（Ramachandran and Gregory, 1991）.

運動誘発性消失錯視は書籍ではうまく表現できないので，図6.6は筆者らが研究中の静止画の消失錯視を代わりに示した．運動性のものと静止画の消失錯視に共通性があるかという点については，現時点では筆者は何とも言えない．

図6.6 ◎筆者らが研究中の新しい消失錯視．(a) 左上，右上，左下，右下の角丸正方形には3匹ずつてんとう虫がついている．しかし，それらからある程度以上目を離すと，速やかに消失して見える．(b) 周辺視では解像度が低いから見えなくなるというわけではないことを示す図．同様に周辺視で見ても，てんとう虫の存在はわかる．

(a)

(b)

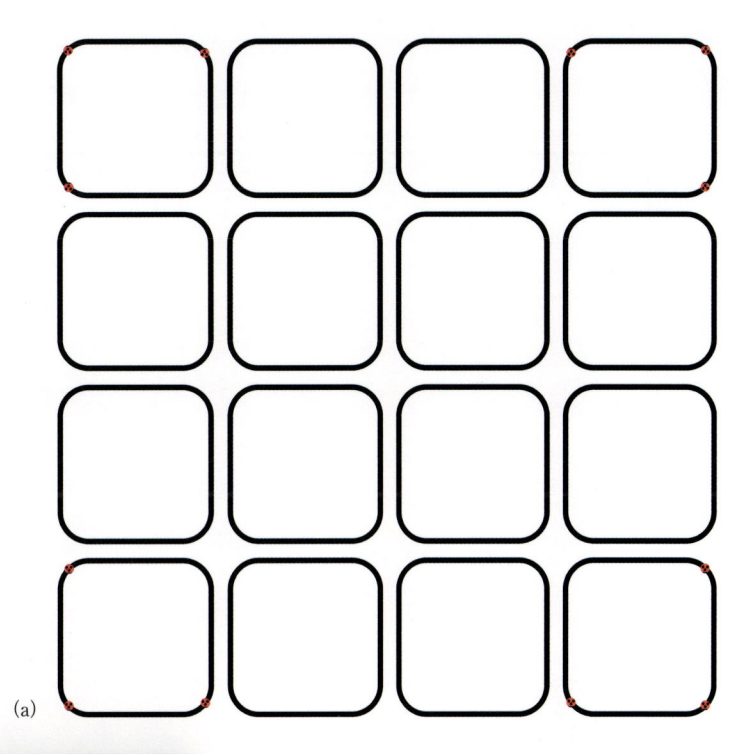

あるものが見えなくなる錯覚（消える錯視）　　　第 6 章

北岡明佳作品集⑥
〈あさがお〉(2003 年)

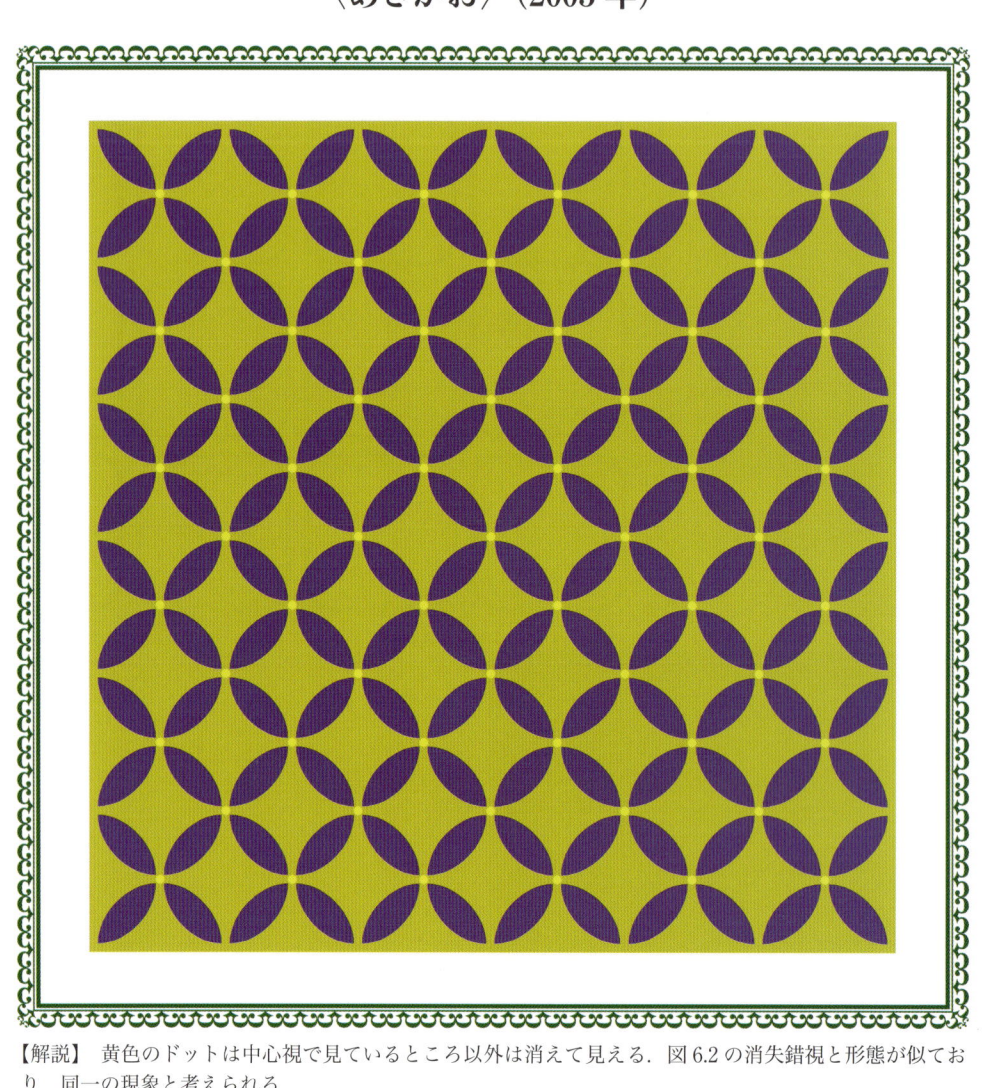

【解説】 黄色のドットは中心視で見ているところ以外は消えて見える．図 6.2 の消失錯視と形態が似ており，同一の現象と考えられる．

7
ものに奥行きがあるように見える錯覚
―立体視と空間視―

　われわれの視覚というものは，3次元の世界を2次元の網膜で写し取り，その平面像から外界を再構築している．これは計算論的には不良設定問題（解が一意に定まらない問題）である．このため，ものに奥行きが見えるメカニズムは，脳によるトリック的あるいは錯覚的な働きに助けられている．

　ものに奥行きが見えるメカニズムは，**立体視**（stereopsis）と**空間視**（spatial vision）に大別される．立体視はものが立体的に見えることと，せいぜい2つのものの間に奥行きの違いが知覚されるということである．それに対して空間視は，3つ以上のものの関係の知覚と，知覚される外界の空間的広がりの知覚，およびその中におけるそれぞれのものの位置の知覚を指す．このため，立体視と空間視の関係は，局所的知覚と全体的知覚の関係と考えることもできる．

　いずれにしても，立体視と空間視は，これまで錯視というカテゴリーにはあまり含められてこなかった．その最大の理由は，立体視と空間視に使われているトリックは不良設定問題を解決するために必要な働きであることが認識されていたからであろう．

　本章では，立体視と空間視における錯視らしいトピックスを集めてみた．それらのうちのいくつかは，錯視と呼ぶにはこじつけ感が高いのであるが．

7.1 ◎ 重なりによる奥行き知覚の錯視

あるものが，それより奥にあるもう 1 つのものの一部を隠している場合，**重なり**という．重なりが生じると，奥のものの輪郭は手前の輪郭のところで途切れることになる．この点を **T 接合部**という．視覚系としては，網膜像に与えられた T 接合部を奥行き手がかりとして利用する．このため，ニセの T 接合部を視覚系に与えれば，奥行きを誤って知覚させる図形や，本来ありえない図形を描くことができる．図 7.1 に例を示した．

物体 A は物体 B よりも手前にある．物体 B は物体 C よりも手前にある．その前提では，現実場面では推移律により物体 A は物体 C よりも手前にあることになるはずだが，2 次元の絵では T 接合部を使って，物体 C は物体 A の手前にあるということにできるのである（図 7.2）．図 7.1 では円筒が 12 個描かれているが，この種の奥行き不可能図形が成立するための構成要素の最少個数はすなわち 3 個である．

図 7.2 は，シドニーのオペラハウス（図 7.3）の近くから対岸を撮影したものである．ちょうど桟橋の白い柱の上端と対岸の海岸線が一致して，2 枚の写真を合成したかのように見える．すなわち，海の写真の上に，陸の写真を貼ったように見える．これは，この写真の画像上では柱の上端と海岸線が T 接合部を形成しているためである．

図 7.1 (左) ◎ 重なりによる奥行き手がかりを用いた不可能図形．どの円筒が一番前にあるのか定めることはできない．

図 7.2 ◎ 作品「合成写真錯視」．2 枚の写真を海岸線部分で張り合わせた写真に見えるが，1 枚の写真である．対岸が柱に支えられているように見えることもある．人が柱とつながっているように見える現象と，近くを飛んでいるカモメが遠くを飛んでいる飛行物体のように見える錯視がある．

図 7.3 (右) ◎ 図 7.2 の撮影地点を矢印で示したもの．シドニーのオペラハウスの前であった．2009 年 9 月撮影．

The point this illusion is observed

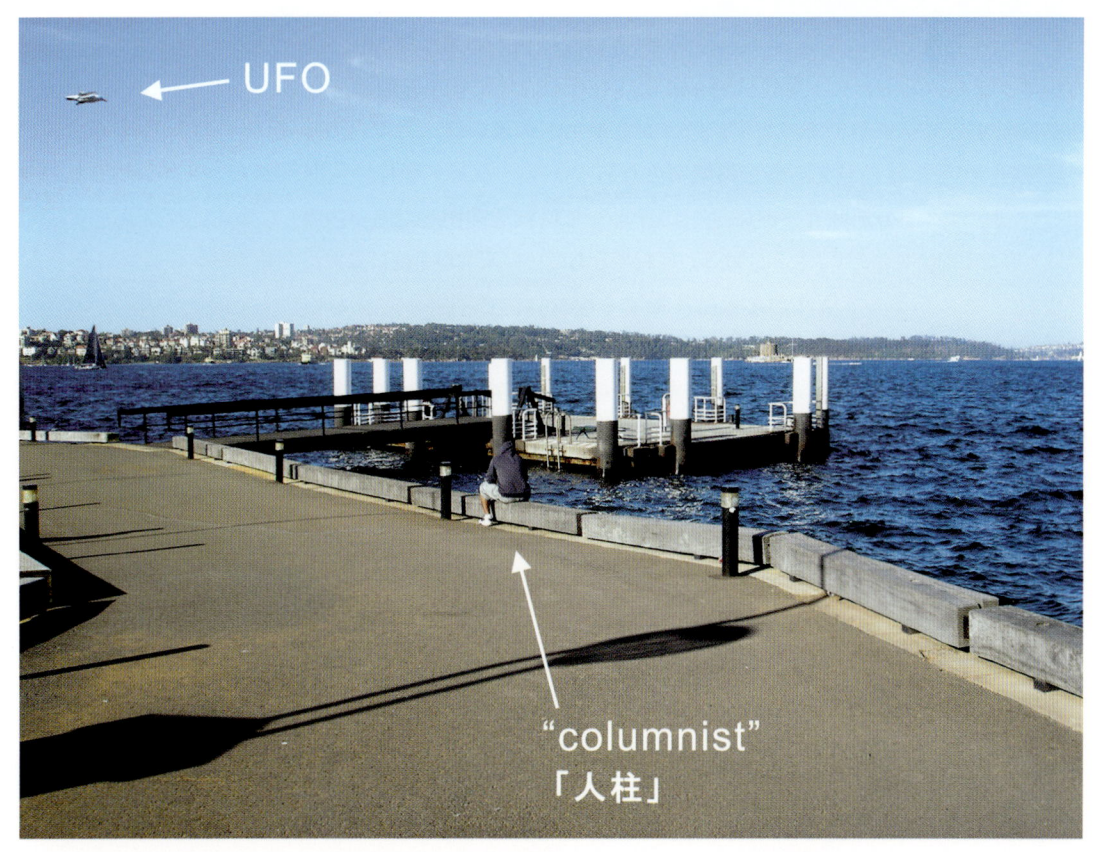

← UFO

"columnist"
「人柱」

ものに奥行きがあるように見える錯覚（立体視と空間視）　　第 7 章　　147

7.2 ◎透明視

ものが透明に見えることを**透明視**（perceptual transparency）という（Fuchs, 1923; Gerbino, 1988; Kanizsa, 1979; Metelli, 1974; 大山・中原, 1960）．物理的に透明なものなら透明視が必ず起こるわけではなく，一方，物理的に不透明なものでも透明視を起こすことができる．たとえば，山が透明に見える錯視が知られている（Metzger, 1953; 池田, 1993）（図 7.4）．

ものが透明に見えるということは奥行きの知覚であるため，透明視は立体視・空間視の仲間である．透明視には，エッジの X 接合部によるもの（Anderson, 1997; Kitaoka, 2005）（図 7.5），領域のコントラストの違いによるもの（図 7.6），および運動視や両眼立体視によるものがある．

エッジの X 接合部による透明視には，以下の 2 種類がある（図 7.5）．片方のエッジのコントラスト極性は変わらず，もう一方は反転する時は，極性が反転するエッジが上で，エッジのコントラストの低い側のペア（内側の長方形）が上に常に見える**安定透明視**となる．コントラスト極性の反転がない場合は，どの領域も手前に透明に見えうる**反転透明視**となる（内側の長方形が手前に見えたり，左半分あるいは右半分あるいは両方が手前に見えたりする）．コントラスト極性がともに反転する場合は，透明視が起きない（**非透明**）．安定透明視では透明面は半透明に（translucent）見えることが多く，「透過光」だけでなく，透明面の表面からの「拡散反射」が知覚される．

図 7.4 ◎ **山が透明に見える錯視**．（A）山が 2 つあって，手前に見える方が透明になって，奥に見える山が透けて見えるように見えるが，（B）実際には 3 つの山を特別な位置から眺めて見ていた，という錯視．筆者のオリジナルの写真はまだないので，絵で代用した．

図 7.5 ◎ **X 接合部をはさんだ両側のエッジのコントラスト極性の関係で決まる透明視**．説明は本文参照．

図 7.6 ◎ **コントラスト変調による透明視**．コントラストの低いところが透明に見える．この図では，ランダムドットを背景として，中央縦に霧がかかっているように見える．その錯視的な霧との奥行き対比で，背景の中央部は左右の端よりも奥にあるように見えることもある．この透明視は安定透明視と対応している．霧の知覚や空気遠近法の原理でもある．

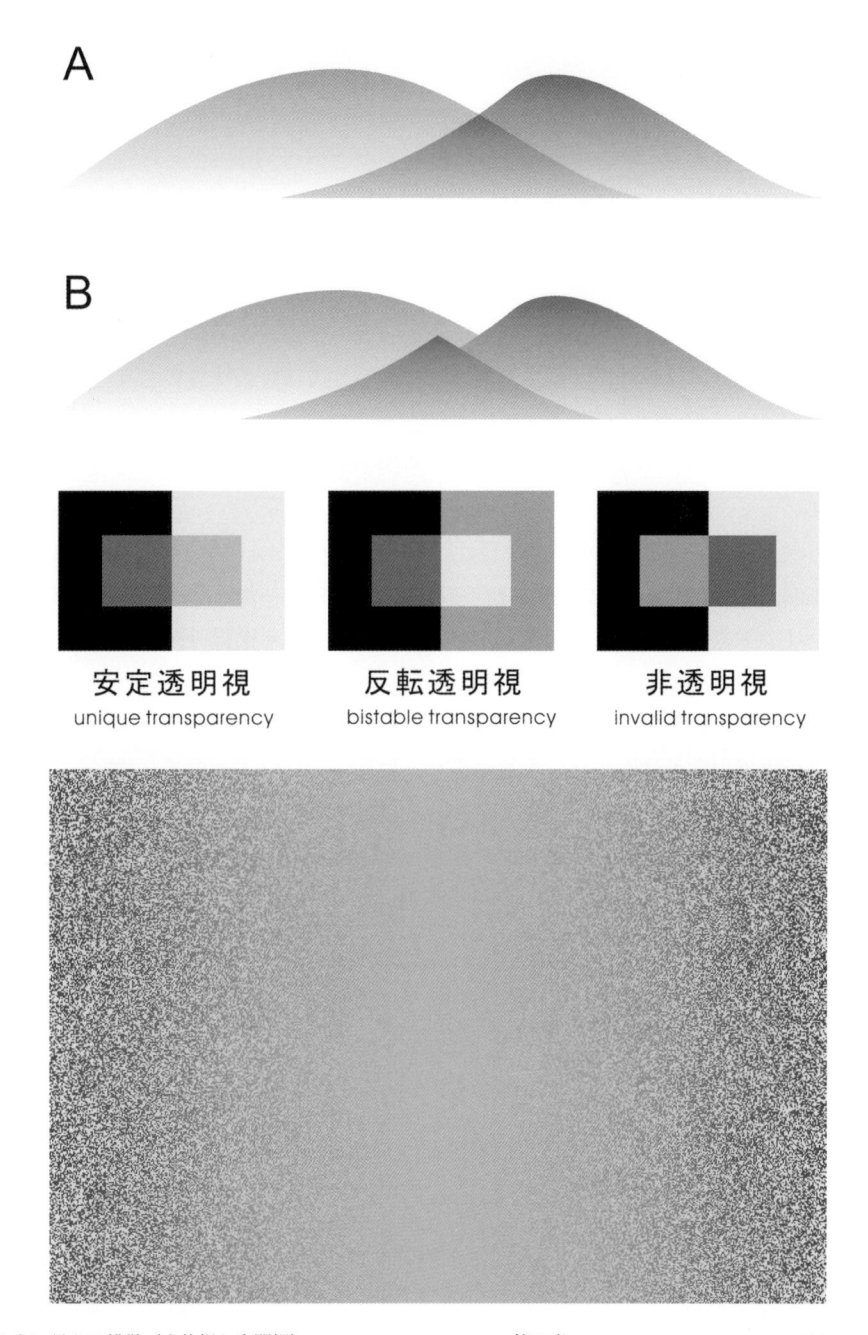

安定透明視
unique transparency

反転透明視
bistable transparency

非透明視
invalid transparency

7.3 ◎ クレーター錯視

引っ込んでいるはずの月のクレーターの写真は，見る方向によっては出っ張って見える．この現象を**クレーター錯視**という．砂浜につけた足跡の写真でもよい．反転図形の一種とも考えられる．

ある対象の上端が明るく下端が暗ければ，それは出っ張って見える．逆に，その対象の上端が暗く下端が明るければ，それは引っ込んで見える．「地球上では光は上から来るから」という知覚の学習説を示唆するような考え方が受け入れられている．光の来る方向としては，上以外に左も好まれるという (Adams, Graf and Ernst, 2004; Gerardin, de Montalembert and Mamassian, 2007)．つまり，左端が明るく右端の暗い対象は出っ張って見えやすい．

クレーター錯視の仲間の中では，**ラマチャンドランの図形** (Ramachandran, 1988, 1992b) (図 7.7) が有名である．そのほか，マッキントッシュやウインドウズの画面の「ボタン」に用いられる**ベベル図形** (図 7.8) も，クレーター錯視の一種である．

天文学の研究者の中には，クレーター錯視は起きずに，クレーターの凹凸は画像の向きにかかわらず常に正しく見えるという人がいる．クレーターを観察し続けた結果，学習によってそう見えるようになったのだと考えることもできるし，もともとクレーターの凹凸は正しく見えるという能力のある人がいて，そういう人が天文学者になったのだと考えることもできる．錯視の個人差の研究は少ないだけに，これは興味深い知見なのかもしれない．

図 7.7 ◎ ラマチャンドランの図形．左の縦 2 列と右の縦 2 列のそれぞれの円内はこちら向きに出っ張って見えるが，中央の縦 2 列は引っ込んでいるように見える．この図をさかさまにして観察すると，凹凸が逆転して見える．なお，すべて凸に見える人もいる．

図 7.8 ◎ ベベル図形．左の長方形はこちら向きに出っ張って見えるが，右の長方形は引っ込んでいるように見える．この図をさかさまにして観察すると，凹凸が逆転して見える．

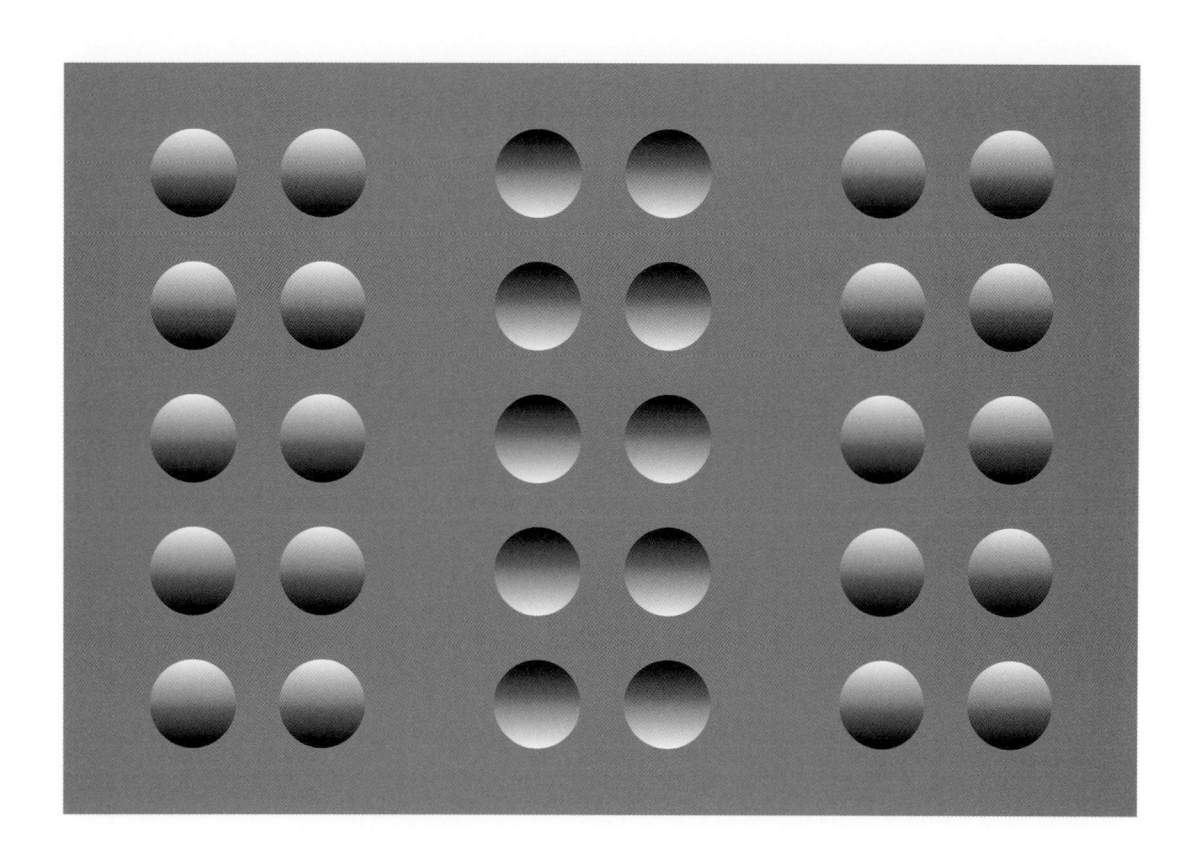

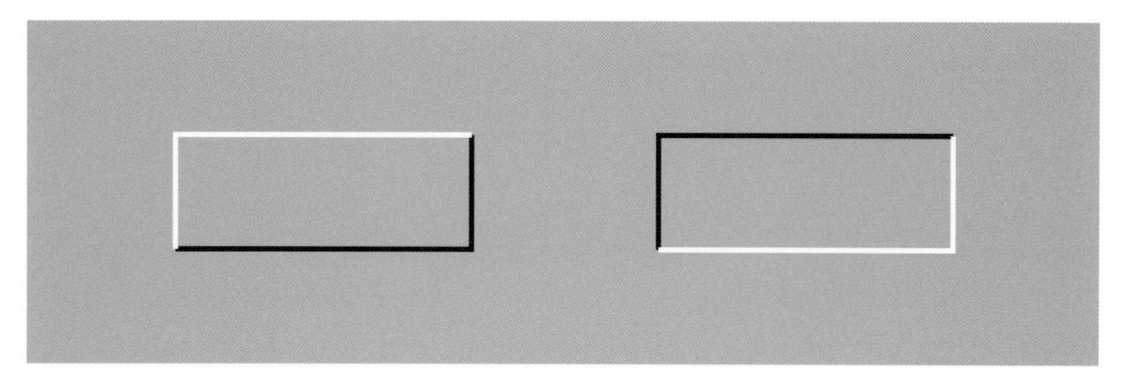

ものに奥行きがあるように見える錯覚（立体視と空間視）　　第 7 章

7.4 ◎奥行き反転図形

奥行き次元の向きが反転して見える図形がある．**ネッカーの立方体** (Necker cube) (Necker, 1832; Seki, Ishiai, Koyama, Sato, Hirabayashi and Inaki, 2000)，**マッハの本** (Mach book) (Clement, 1996; Mach, 1886)，**シュレーダーの階段** (Schröder staircase) (Schröder, 1858; Shulman, 1992) が有名である (図7.9)．反転図形はあまり錯視として扱われない現象なのであるが，実在が1つなら知覚も1つであるはずだという信念が裏切られることから，**反転図形は錯視の仲間にしばしば入れられる**．錯視を概説した今井(1984) や椎名 (1995) の著書には，反転図形は錯視の仲間として入っている．前節のクレーター錯視の図形も奥行き反転図形と言えないこともない．

図地反転図形も，図 (figure) は地 (ground) の手前にあると知覚された対象であることから，その意味では奥行き反転図形の一種である．**ルビンの盃** (Rubin's vase-face illusion) (図7.10) が有名である．ルビンの盃は，1915年にルビンが発表 (Rubin, 1915) したことにちなんでそう呼ばれているが，それ以前から西洋の絵画の世界では知られていた現象・手法である．なお，日本語・英語とも用語が定まらず，「ルビンの壺」や"Rubin's vase" "figure-ground vase" など，いろいろな名称で呼ばれている．本書が採用した Rubin's vase-face illusion (Andrews, Schluppeck, Homfray, Matthews and Blakemore, 2002) を日本語に直訳すると，「ルビンの花びん-顔錯視」である．

図7.9 ◎奥行き反転図形．(a) ネッカーの立方体．灰色の正方形面が奥に見えたり，手前に見えたりする．(b) マッハの本．本はこちら向きに開いて見えたり，背表紙が見えるように見えたりする．(c) シュレーダーの階段．階段を右上から見たように見えたり，階段の裏を左下から見上げたように見えたりする．

図7.10 ◎ルビンの盃．代表的な図地反転図形である．白い部分が盃に見えたり，黒い部分が向き合った横顔に見えたりする．

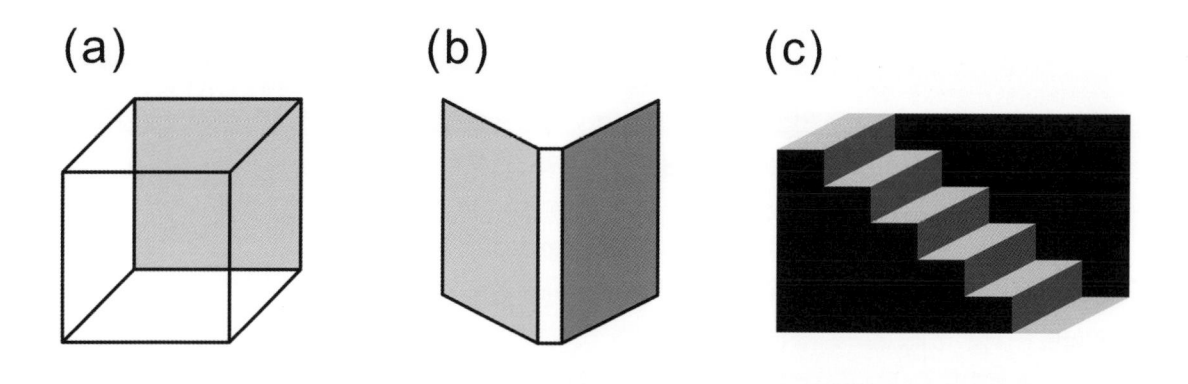

ものに奥行きがあるように見える錯覚（立体視と空間視）　　　第 7 章　　　153

7.5 ◎ステレオグラム

　ヒトの右目と左目は，水平方向に約 6 cm 離れている．そのため，観察者からの距離の異なる 2 つの対象は，右目と左目の網膜には同じようには映らず，相対的に左右にずれた像として脳に情報が上がる（図 7.11）．このズレを**両眼視差**（binocular disparity）あるいは**両眼網膜像差**という．脳は両眼視差を手がかりに，対象の奥行きを空間知覚として再現する．この働きを**両眼立体視**（binocular stereopsis）と呼ぶ．

　ステレオグラム（stereogram）あるいはいわゆる 3 D（スリーディー）は，両眼立体視の機能を用いた「錯視図形」である．その原理は簡単で，奥行きを持たせたい対象に対して，水平に視差をつけるだけである．図 7.11 では，A と B の間隔が，右目用の図と左目用の図で異なっていることが，水平視差である．その他，両眼立体視の手がかりには垂直視差もあるが，ここでは説明を省略する．**ランダムドットステレオグラム**（図 7.12）や**オートステレオグラム**（図 7.13）などの構造をもう少し詳しく解説したものとしては，北岡（2007a）がある．

　両眼立体視をすると，網膜に映る像の大きさが同じでも，遠くのものが近くのものよりも大きく見える（図 7.14）．あたかも大きさの錯視のようであるが，単なる幾何学的錯視（第 1 章参照）の一種であるとは言えない．この現象は両眼立体視に興味のある人には周知の現象だが，名称としては「**大きさの恒常性**」（size constancy）が用いられている（Holway and Boring, 1941; Katori and Suzukawa, 1963; Kaufman, Kaufman, Noble, Edlund, Bai and King, 2006; 小笠原, 1935; 大山, 2000）．「立体視的大きさの恒常性」（stereoscopic size constancy）と呼んでいるウェブページもある（http://www.psych.ndsu.nodak.edu/mccourt/）．

図 7.11（左）◎ステレオグラムの原理．上の図のような配置で A が近くに B が遠くにある場合，右目と左目に映る AB 間の距離は，右目の方が大きくなる．下の図はステレオグラムで，交差した矢印は，交差法で見る観察者は右目で左端の図を見るとともに左目で中央の図を見よという指示で，平行した矢印は，平行法で見る観察者は左目で中央の図を見るとともに右目で右端の図を見よという意味である．このようにして，右目・左目別々の刺激から単一の知覚像が得られたら，両眼融合が起こったと表現する．

図 7.12（右上）◎ランダムドットステレオグラム．矢印の指示に従って両眼融合して見ると，ランダムドットの正方形の中にランダムドットの小さい正方形が手前に浮いて見える．

図 7.13（下）◎オートステレオグラムの例．平行法で見ると，切妻屋根を下から見上げたように見え，交差法で見ると，屋根を上から見おろしたように見える．

図 7.14（右下）◎両眼立体視による大きさの錯視．矢印の指示通りに両眼融合して見れば，上の円（近くに見える）は両眼融合せずに見る時に比べて小さく見え，下の円（遠くに見える）は大きく見える．

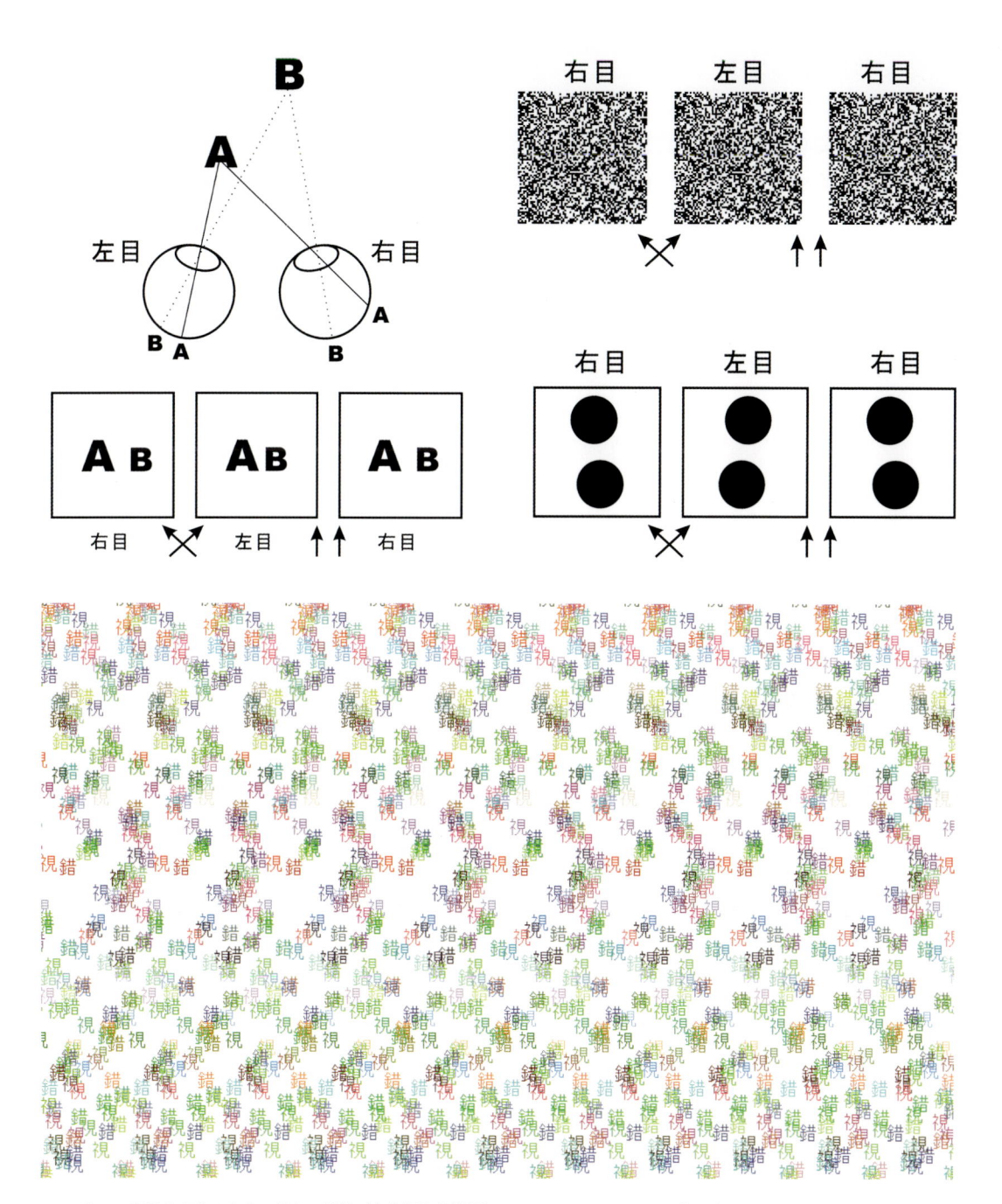

ものに奥行きがあるように見える錯覚（立体視と空間視） 第7章

7.6 ◎ 主観的輪郭の立体視

　カニッツァの正方形（のパックマンのエッジ部分）に適切な視差をつければ，主観的正方形をパックマンの置かれた平面から浮かび上がらせることができる（図 7.15）．一方，正方形に逆の視差をつけると，4 つの丸い窓を通して，黒背景面に描かれた白い正方形が奥に見える．単眼視では正方形の主観的輪郭にしか気がつかないことが多いが，円の補完も行われていることがわかる．このように，両眼立体視で主観的輪郭が他のものの手前に見えるとその強度が増すことを，**ステレオ的増強**（stereoscopic enhancement）という（Gregory and Harris, 1974; Harris and Gregory, 1973）．

　ネオン色拡散図形でも同様のものが観察できる（図 7.16）．ただし，手前に見える「色拡散パターン」は不透明ではなく，透明に知覚される．一方，「色拡散パターン」が奥に見える場合はそれは不透明に知覚されるが，逆に手前に見える「背景」が透明に見える（背景を通してパターンが見える）こともある．

　図 7.15 と図 7.16 では主観的輪郭の奥行きは一定であるが，奥行きが変化するステレオグラムも作ることができる．その場合は，主観的輪郭が背景よりも手前に見える部分はステレオ的増強が起きてはっきり見え，背景よりも奥に見える部分には増強が起きないので，「輪郭の強さ」に差がついて見える（図 7.17）．

図 7.15 ◎ **カニッツァの正方形の両眼立体視**．図の指示通りに両眼融合して見れば，不透明な白い正方形が黒い円の面の手前に浮かんで見える．その時，もう 1 つの融合像では，4 つの丸い窓を通して，黒背景面に描かれた白い正方形が奥に見える．

図 7.16 ◎ **ネオン色拡散（ヴァリンの図形）の両眼立体視**．矢印の指示通りに両眼融合して見れば，赤い透明な円盤が 4 つの同心円の面の手前に浮かんで見える．その時，もう 1 つの融合像では，透明な 4 つの同心円の面を通して，黒背景面に描かれた赤い円盤が奥に見える．

図 7.17 ◎ **奥行き方向に傾いた主観的輪郭**．矢印の指示通りに両眼融合して見れば，下辺が手前，上辺が奥の白い長方形が見える．長方形の下辺の主観的輪郭部分と，右辺と左辺のうち 4 つの円のある面より手前に見える主観的輪郭部分ははっきり見える．上の 2 つの円の下部内側の主観的輪郭部分もはっきり見える．

| 右目 | 左目 | 右目 |

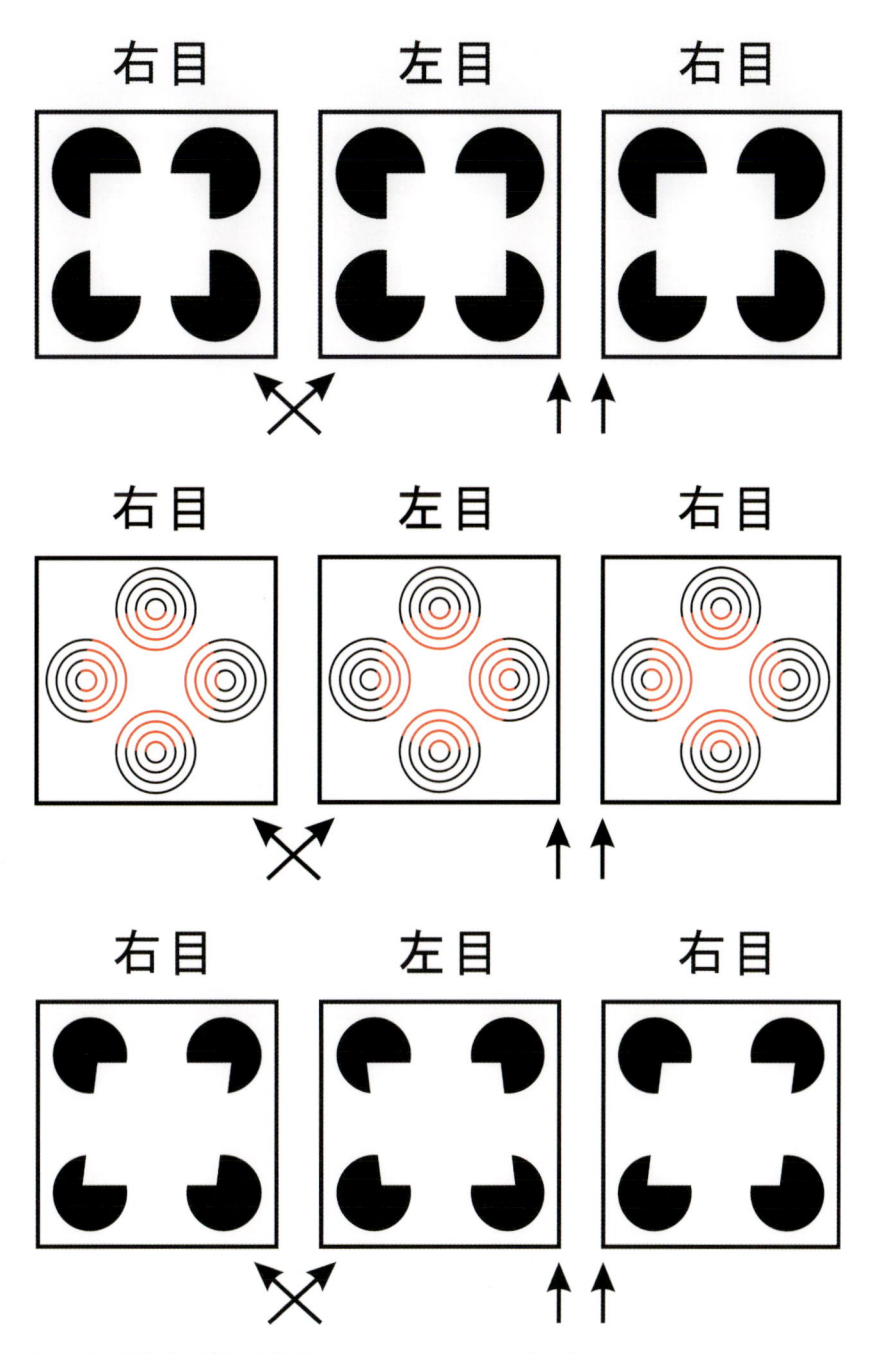

ものに奥行きがあるように見える錯覚（立体視と空間視）　　第7章

7.7 ◎壁紙錯視とステレオキャプチャ

　右目と左目に垂直の繰り返しパターンが与えられると，両眼対応がどのパターンどうしでも取れるため，奥行き知覚に多義性が生じる．すなわち，パターンの奥行きが手前に見えたり奥に見えたりと変化する．この場合において，パターンの奥行きが輻輳面(ふくそう)（固視点のある面の奥行き）に見えるようになることを，**壁紙錯視**（wallpaper illusion）(Brewster, 1844; McKee and Mitchison, 1988; McKee, Verghese, Ma-Wyatt and Petrov, 2007)（図 7.18）という．

　繰り返しの縦縞を背景にしたカニッツァの正方形を両眼立体視すると，手前に見える錯視的正方形と奥に見える黒円の背景との間で，縦縞が分離して見える（図 7.19）．この現象を，**ステレオキャプチャ**（stereo capture）(Ramachandran and Cavanagh, 1985) という．この図では縦縞の間隔と等しい両眼視差（網膜像差）を主観的正方形に付けているが，それらが一致していない場合は正方形の面と縦縞の面は一致しない．つまり，この現象は「キャプチャ」という名称であるが，必ずしも縦縞が正方形の面に吸着される現象というわけではない．

　止まっているエスカレーターは上りにくい，という現象がある．この現象は，エスカレーターの細かい溝によって壁紙錯視が引き起こされ，エスカレーターの踏面までの奥行き感が狂わされる (Cohn and Lasley, 1990) ためという可能性がある．

図 7.18 ◎壁紙錯視の例．隣り合った黒円を平行法でも交差法でもよいので両眼融合すると，黒円は5つの奥行きのどれかに位置して見える．この時，見ている黒円のところの奥行き（ここが輻輳面）に網目があるように見え，他の奥行きの黒円に目を移すと，その奥行きに網目が移動して見える．網目が縦線と横線で分離して見えることもあるが，その場合は縦線が輻輳面に位置するように見える．

図 7.19 ◎ステレオキャプチャ．図の指示通りに見れば，4つの黒い円の面の手前に不透明な白い正方形が浮かんで見え，それぞれに縦縞が張り付いて見える．つまり，連続しているはずの縦縞が2つの奥行きに分離して見える．

右目　左目　右目

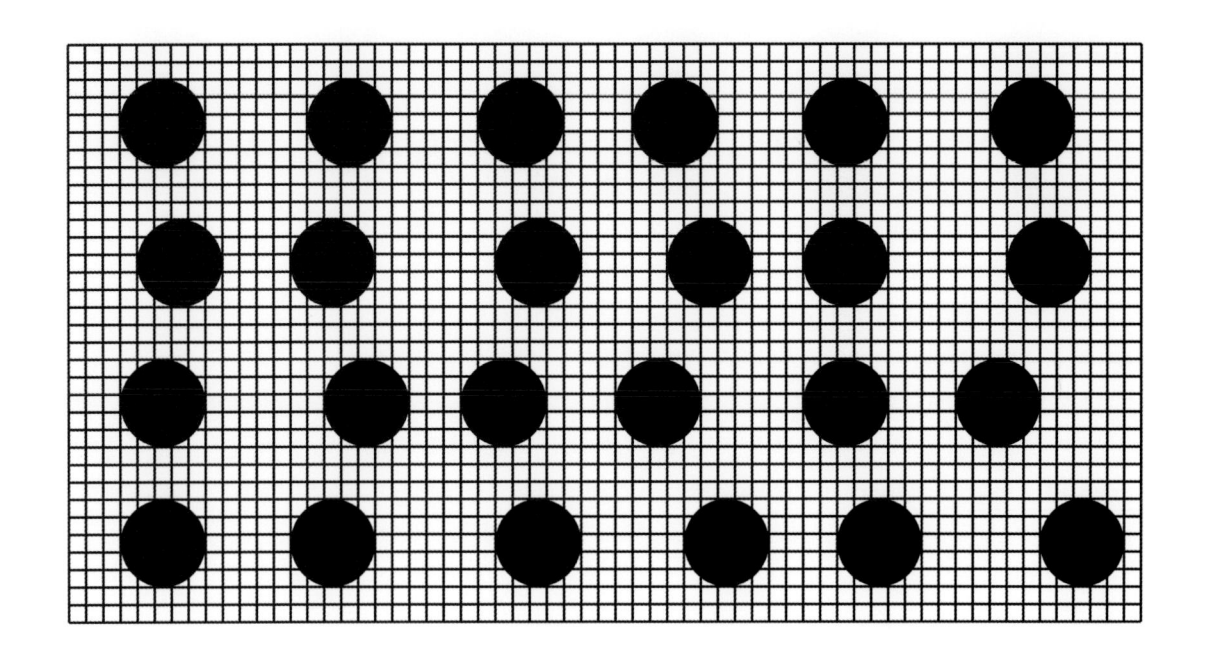

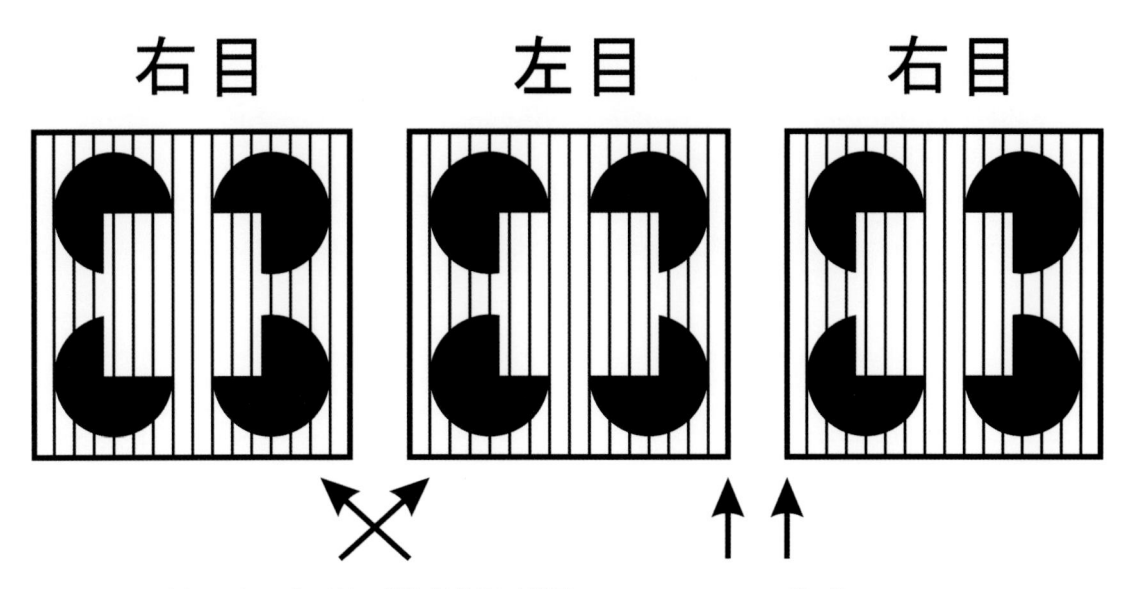

ものに奥行きがあるように見える錯覚（立体視と空間視）　第7章

7.8 ◎ 色立体視

　一般に，観察者から等距離にある赤いものは近くに，青いものは遠くに見えると言われている．このため，赤を進出色，青を後退色と呼ぶこともある．この進出色・後退色現象のうち，スペクトル光の違いによる色収差を両眼視差の原因とし，両眼立体視のメカニズムを介して出現する奥行き錯視のことを，**色立体視**（chromostereopsis）という（Faubert, 1994, 1995; Hartridge, 1918; Howard and Rogers, 1995）．色立体視では，背景が黒の場合，赤いものは近くに，青いものは遠くに見える観察者が過半数を占めるが，2 割程度の観察者は，逆に青いものは近くに，赤いものは遠くに見える（Hartridge, 1947; Kitaoka, Kuriki and Ashida, 2006）（図 7.20）．背景を白にすると，錯視量は少なくなるとともに，見えの奥行きは逆転する．つまり，この錯視は赤と青だけで決まっているわけではなく，背景との関係が重要である．

　紙の小片で図 7.21 のように両目をそれぞれ半分覆う（視野の中心は残す）と，図 7.20 の左図では，耳側を覆うと青が手前に見えやすく，鼻側を覆うと赤が手前に見えやすい（Dunkley, 1993; Kitaoka et al., 2006）．図 7.20 の右図では逆の効果が得られる．

　色立体視は**軸外色収差**（transverse chromatic abberation）説（Terada, Yamamoto and Watanabe, 1935; Vos, 1960, 1966; Owens and Leibowitz, 1975）で説明されることが多いが，黒背景で青が赤より手前に見える観察者がいるという事実を説明できない．なお，軸外色収差説とは，青い光は赤い光よりも屈折率が大きいことと，眼球の視軸と光学軸が一致していないという解剖学的構造から，赤と青の色刺激には両眼視差が生じるというモデルである．

図 7.20 ◎ **色立体視**．左の図形では，赤が青より手前に見える観察者が多い．観察距離は 1 メートル以上あった方が効果は大きい．右の図形では，青が赤よりも手前に見える観察者が相対的に多いが，奥行きの差が見えない観察者も多い．

図 7.21 ◎ **色立体視をコントロールする方法**．背景が黒の図（たとえば，図 7.17 の左図）では，耳側から目を半分隠すと青が手前に見えやすく（上図），鼻側から目を半分隠すと赤が手前に見えやすい（下図）．

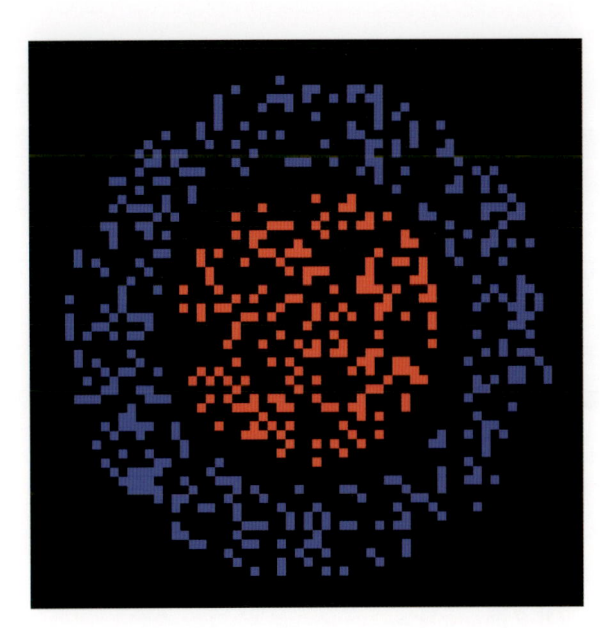

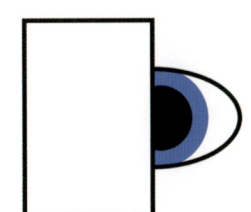

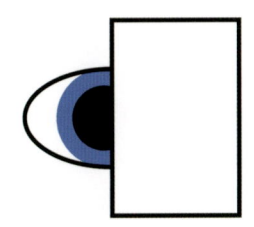

Appearance: blue in front

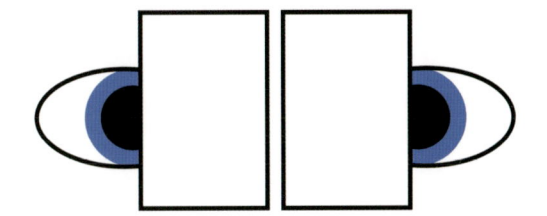

Appearance: red in front

ものに奥行きがあるように見える錯覚（立体視と空間視）　　　第 7 章　　　　　　　　　　161

7.9 ◎道路勾配の錯視—坂道の錯視

　ここで言う**道路勾配の錯視**は，道路の勾配が実際よりも異なって知覚されることを指す．たとえば，上り坂が下り坂に見える場合や，下り坂が上り坂に見えることである．日本では「**おばけ坂**」や「**ミステリー坂**」などと呼ばれるが，英語では"magnetic hill"(**磁石の丘**)と呼ばれることが多い(Bressan, Garlaschelli and Barracano, 2003).

　道路勾配の錯視には，勾配は一定であるが錯視が起こる場合と，勾配が変化することで錯視が引き起こされる場合がある．勾配が一定の場合に起こる錯視の原因にはいろいろ考えられるが，山や霞に隠された水平線の位置の定位を間違えると起こりやすい(Bressan et al., 2003).

　勾配が変化することで起きる錯視(今井, 1971; 對梨, 2008)は，大きく分けて2種類ある．道路勾配が変化して，変化部分が凸状になる場合と凹状になる場合である．前者を「**クレスト部**」，後者を「**サグ部**」と呼ぶ．クレスト部に関する研究は，今のところ筆者は把握できていないので省略する．

　サグ部のある道路で起こる錯視には，上りの場合と下りの場合がある．まず，上りの場合であるが，緩い上り坂に続いて急な上り坂が見える場合，手前の緩い上り坂が下り坂に見えることがある(図7.22)．一方，下りの場合は，急な下り坂に続いて緩い下り坂が見える場合，奥の緩い下り坂が上り坂に見えることがある(図7.23)．いずれも，傾き錯視における対比現象(ツェルナー錯視など)と類似した現象となっており，**坂道対比**と呼ぶこともできよう．

　一方，現象として「同化」の可能性のあるサグ部もある．高速道路において，平坦な道あるいは下りに続いて上りに変化するサグ部では渋滞が発生しやすいことが知られており(大口, 1995)，この原因として運転者が後続の上りを過小視するからという可能性も考えられる．

図7.22 ◎サグ部の錯視・その1. 手前の坂道は緩い上り坂であるが，下り坂に見えることがある．屋島ドライブウェイ（香川県高松市）にて，2008年5月筆者撮影．

図7.23 ◎サグ部の錯視・その2. 奥の坂道は緩い下り坂であるが，上り坂に見えることがある．屋島ドライブウェイにて，2008年5月筆者撮影．

ものに奥行きがあるように見える錯覚（立体視と空間視）　　第 7 章　　163

7.10 ◎エイムズの部屋

のぞき穴から覗くと一見普通の部屋に見えるが、中に人が立つとその位置に応じて人の大きさが違って見える仕掛けを、**エイムズの部屋**（Ames room）（Ames, 1951）（図7.24）という．実際には歪んだ部屋なのであるが、網膜像が部屋の形が四角となるように設計すれば、この劇的な効果が得られる．エイムズが1946年に実際に作ったのが始まりとされるが、そのアイデアは実は、ドイツの著名な生理学者・物理学者ヘルムホルツ（H. L. F. von Helmholtz）が最初に出したものであるという（Gregory, 1994）．

エイムズの部屋の説明としては、「観察者は部屋の形は四角いものだと経験しているから」といういわば学習説が有力である．一方、**形の恒常性**（shape constancy）という生得的な考え方でも説明できる（北岡, 2005a）．形の恒常性とは、たとえば長方形などの「よい形」は前額平行面（視線と垂直な面）に見え、台形は奥行き方向に傾いた長方形に見えることである．いずれにしても、エイムズの部屋の効果は、**大きさの恒常性**（size constancy）が特殊な刺激配置によって打ち破られることを示す例である．この場合の「大きさの恒常性」は、図7.14の両眼立体視による大きさの恒常性のことではなく、たとえば近くにいた友人が遠くに移動すると、友人は自分の網膜には小さく映るが、友人の本当の大きさはそのままであると知覚することである．

エイムズの窓（Ames window）も有名である（Ames, 1951）．**エイムズの台形窓**（Ames trapezoid window）ともいう．図7.25のようなもので、実際に回転させると、反対の方向に回転しているように見える区間がある．

図7.24 ◎エイムズの部屋．左の写真の中の2つの窓にあるクリップは同じ大きさであるが、右の方が大きく見える．ピンも同様である．実際には、この部屋は右の写真のような歪んだ形をしている．

図7.25 ◎エイムズの窓．このような台形を描き、軸を付けて図の矢印の方向に回転させると、短辺が正面に来るまでは反対方向に回転しているように見える．両眼立体視と大きさの手がかりでその仕掛けがわかるので、ビデオ撮りしたものを見るか、遠くから片目で見ると効果的である．

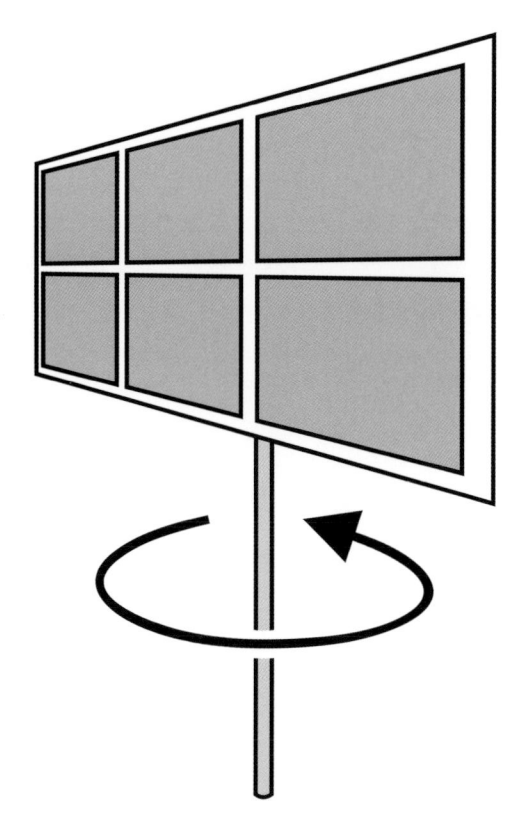

ものに奥行きがあるように見える錯覚（立体視と空間視）　　　第 7 章　　　165

7.11 ◎ペンローズの三角形と無限階段

不可能図形の有名な例として，**ペンローズの三角形**（Penrose triangle）(Penrose and Penrose, 1958)（図 7.26）がある．「**3つの棒**」（tri-bar）と呼ばれることもある（Browne, 2007）．要素に分解すると 3 つの物体から成ることになる（図 7.27）．「A は B よりも前，B は C よりも前ならば，A は C よりも前にある」という推移律が実際の 3 次元の場面では成立するが，2 次元の絵では推移律を犯して「C は A よりも前にある」とすることができる．これが不可能図形の「不可能」を意味するところなので，要素は最少で 3 つ必要である（7.1 節参照）．

ペンローズの三角形は，オランダの版画家エッシャー（M. C. Escher）の作品「滝」の中に用いられたことで有名である．実際には，ペンローズに先立ち，「不可能図形の父」（father of impossible figures）と呼ばれたスウェーデンのロイテルスヴァルド（Oscar Reutersvärd）が，1934 年に先に示している（Browne, 2007）．

不可能図形の他の例として，**無限階段**（infinite staircase）がある．作例としては，エッシャーの作品「上昇と下降」が有名である．図 7.28 は筆者が作成した「**最少の無限階段**」である．無限階段も，階段らしくなくなることを我慢すれば，究極的には 3 段で構成できる．

図 7.26 ◎ペンローズの三角形．実際に作るのは不可能である．

図 7.27 ◎ペンローズの三角形を「立方体」3 つの要素に分解したもの．

図 7.28 ◎無限階段の例「最少の無限階段」．上から見て時計回りに歩けば階段を永遠に下がり続け，反時計回りなら上がり続けるように見える．階段らしくなくなるが，本当の最少は 3 段で表現できる．

ものに奥行きがあるように見える錯覚（立体視と空間視） 第 7 章

北岡明佳作品集⑦
〈余呉湖〉（2009 年）

【解説】 賤ヶ岳（しずがたけ，滋賀県北部，柴田勝家と羽柴秀吉との合戦場として有名）から撮影した余呉（よご）湖がミニチュアに見える．写真家本城直季氏の手法で知られる錯視的効果である．作り方としては，風景写真の遠い部分と近い部分をぼかすとともに，画像の彩度を上げる（鮮やかにする）．作成にはペイント系（フォトレタッチ系）ソフトウェアを用いる．

8
ものが見えにくくなる錯覚
―隠し絵―

　隠し絵とは，描かれた対象が容易に知覚できそうなのに知覚しにくい画像のこと，あるいはそのようにデザインされた画像のことをいう．隠し絵に使われている視覚のメカニズムはいろいろで，錯視（間違った知覚）というよりは，本来は機能的な（役に立つ）メカニズムが関係していることが多い．しかし，本章では隠し絵を錯視の仲間として検討する．

　隠し絵の技法としては，①視覚的補完の機能を妨害する方法，②より大きく体制化させることによって対象を分離しにくくする方法，③反転図形を用いる方法，④マスキングを使う方法，⑤注意を制御する方法，などがある．

　視覚的補完の機能を妨害する方法とは，視覚情報は完全でなくても欠落した情報を補うことで我々は正しく対象を見ることができる（視覚的補完）のであるが，視覚的補完の働きを邪魔すれば対象を正しく見ることができなくなり，つまりその対象を隠すことができることを指す．より大きく体制化させることによって対象を分離しにくくする方法とは，平たく言うとカムフラージュすることである．反転図形を用いる方法とは，2つ以上の見え方をする図形の場合，ある時点では片方しか見えないので，その時点でもう片方は隠されていることになる．マスキングを使う方法とは，マスキング刺激を使ってターゲットを見えにくくしてしまう（隠す）ことである．注意を制御する方法とは，たとえば，ターゲットを見つけるのに注意資源を多く必要とするものを用意することである（見つけにくいから隠れていることになる）．

8.1 ◎隠し字

図 8.1 の上下には,黒字で LITTLE と 2 つ書かれているが,上の図では見つけにくい.これは,**L 接合部**(図形の角のこと)は 1 つの対象としてまとまるという性質によるもので,図 8.1 の上図では白い部分がまとまりやすいため,黒字で書かれた文字が知覚しにくくなる.

図 8.2 の上下には,LITTLE の各アルファベットがバラバラになったように描かれているが,上の図では読みにくく,下の図は読みやすい.上の図が読みにくいのは,各断片が L 接合部で囲まれて 1 つの塊として知覚されやすいからであるが,下の図が読みやすいのは,断片の切断部分が T 接合部になるからである.T 接合部においては,そこに終止している線あるいはエッジは遮蔽面によって一部を隠されているという情報を与える(7.1 節参照)ため,視覚的補完(第 5 章参照)が起こる.

そのほか,図 8.3 のような隠し字も知られている(Coren, 1972; Kanizsa, 1974).これは隠し絵というよりは,視覚的補完あるいは主観的輪郭の文脈(5.1 節参照)で検討されるべきかもしれないし,後述のムーニーフェースとの関連も考えられる.

図 8.1 ◎隠し字の例・その 1(L 接合部の逆転によるもの).上の図形にも下の図形と同じ LITTLE という文字が描かれているが,見つけにくい.

図 8.2 ◎隠し字の例・その 2(T 接合部による改善).上の図形も下の図形も同じ LITTLE という文字が同じようにバラバラになったものであるが,下の図形の方が読みやすい.

図 8.3 ◎隠し字の例・その 3(特殊な視覚的補完).E という文字が立体的に描かれているように見える.

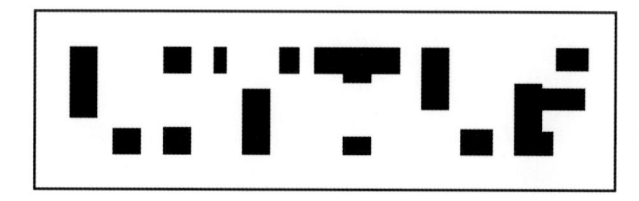

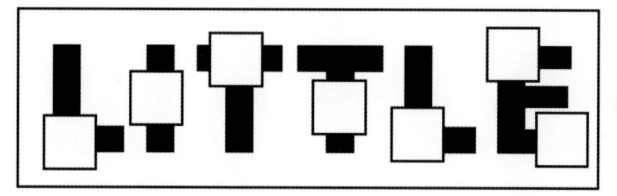

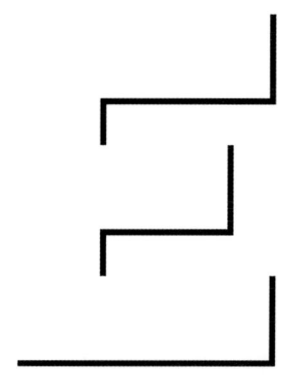

ものが見えにくくなる錯覚（隠し絵）　　第8章　　171

8.2 ◎ 画像を劣化させることで作る隠し絵，ムーニーフェース

　画像が劣化すると，手がかりが少なくなるので，劣化の程度に応じて何が描かれているのか見えにくくなる．しかし，必ずしも画像が劣化したら対象がわかりにくくなるとは人は必ずしも思わない．すなわち，自分は見えるのに違いないと過信する．「見えるのに違いないのに見えない」という状況は，**隠し絵**という錯視が成立する十分条件である．

　画像を劣化させる手法はさまざまである．それらの中でも，**ぼかしと二値化**（画像をガウシアンフィルターなどでぼかし，さらに白と黒の二値画像に変換する）による隠し絵が最もポピュラーである（図8.4）．特に，**グレゴリーのダルメシアン犬の写真**（Gregory, 1970）が有名である．ただし，グレゴリーのダルメシアン犬のオリジナルの写真は，完全な二値化画像ではなく，二値化画像に近いグレースケール画像である．

　二値化による隠し絵の1つに，**ムーニーフェース**（Mooney face）（Mooney, 1957）（図8.5）がある．顔の画像の陰影を白黒二値化したものである．このような物理的な輪郭線が欠けた情報量の少ない画像からでも，それが顔であることがわかる．

　ムーニーフェースは，錯視あるいは隠し絵というよりは，視覚の補完機能が優れていることを示す一例である．ムーニーフェースが顔に見えない時は，白や黒の模様の集まりにしか見えないことを利用して，顔の知覚や顔刺激に応答する脳領域の研究にしばしば用いられる（Andrews and Schluppeck, 2004; Dolan, Fink, Rolls, Booth, Holmes, Frackowiak and Friston, 1997）．

　蛇足ながら，「ムーニー」は研究者の名前であり，お月さまとは関係がない．

図8.4 ◎ ぼかしと二値化による隠し絵の例．(a) この被写体が電車であると知らなければ，何であるかはわかりにくい．(b) その元の写真（東武東上線）．

図8.5 ◎ ムーニーフェースの例．物理的な輪郭がかなり欠損しているのに，男性の横顔であることがわかる．

(a) (b)

ものが見えにくくなる錯覚（隠し絵）　　　第 8 章　　　173

8.3 ◎よい連続の要因による隠し絵

滑らかに連続した線，あるいはその区間で微分可能な曲線は，途中を他の線が交差して遮っても，ひと続きの線として知覚される．これは，ゲシュタルト心理学で言うところの「**よい連続の要因**」（factor of good continuation）である．これは逆に言うと，線や輪郭が滑らかに連続すると，実際には別々のものであっても1つのものとして見てしまうということであり，特定の対象を隠してしまえることを意味する（図8.6）．なお，この種の隠し絵効果は輪郭の連続性だけでなく，透明視などの面の分節化の要因によっても影響される（図8.7）．

この種の隠し絵としては，**ゴットシャルトの図形群**（Gottschaldt hidden figures）（Gottschaldt, 1926）が充実している．ゴットシャルトの図形群は，個人の認知的傾向（場依存的か場独立的か）が隠し絵の検出成績からわかるとするウィトキンの埋没図形テスト（embedded figures test: EFT）としても用いられている（Witkin, Dyk, Faterson, Goodenough and Karp, 1962; Witkin, Lewis, Hertzman, Machover, Meissner and Wapner, 1954）．

ところで，隠し絵において隠されているものを検出するのが早い人は遅い人よりも何か（知性や創造性）が優れている，というようなことを暗示させる意見を耳にする機会がある．パーソナリティや記憶・学習だけでなく知覚にも個人差はあるが，それはあくまで知覚上の個人差であることに注意するべきである．たとえば，錯視がよく見える人の方が頭がよいなどということはない．

図8.6 ◎**よい連続の要因による隠し絵の例**．埋没図形ともいう．左の形が右の複雑な図形の中にあるが，どこにあるか気がつくのに時間がかかる．

図8.7 ◎**（輪郭による）よい連続の要因は同じであるが，隠し絵効果が異なる例**．左端の青い図形がどこに隠れているかは中央の図形では簡単にわかるが，右の図形では比較的わかりにくい．右の図形は色と輝度において透明視が成立するように描かれているが，中央の図形は色と輝度では透明視が成立しないように描かれている．透明視が成立しなければ，個々の面はグループとしてまとまらず，それぞれが独立して見えるから検出しやすい．

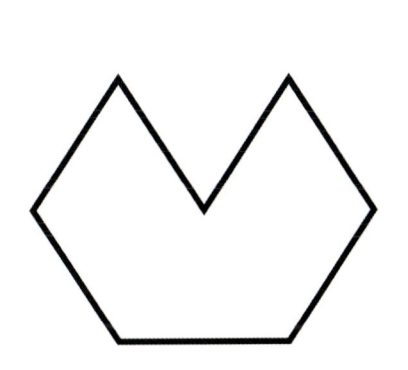

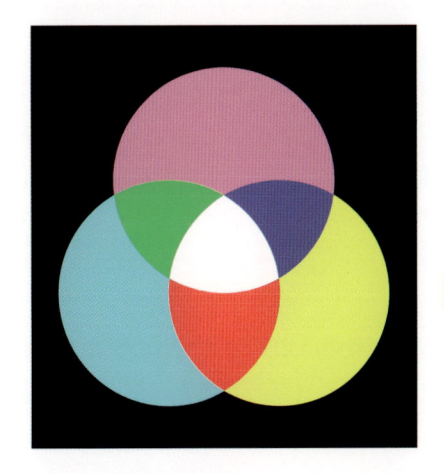

ものが見えにくくなる錯覚（隠し絵）　　　第8章　　　175

8.4 ◉図地反転と全体部分反転による隠し絵

2次元の網膜像から3次元世界を構築しなければならない視覚においては，図と地の分離は重要なメカニズムである．手前に見えてまとまって知覚される対象を**図**（figure）といい，図の背後にあって図に一部を隠された領域を**地**（ground）という．このため，視覚系にとっては像の輪郭は図に属するのであるが，図と地が反転しうる画像の場合は，輪郭の所属も反転しうることになり，見えの形も変わってくることになる．このため，ルビンの盃（図7.10参照）などの**図地反転図形**は隠し絵の性質を持っている（図8.8）．

もちろん，隠し絵というからには，簡単に知覚されてはいけないので，図地反転はするが図にはなりにくいように刺激絵を構成しなければならない．図になりやすい刺激としては，面積が小さいもの，赤いもの，垂直・水平の領域，形が対称なもの，幅が一定なもの，下から上に伸びているものなどが知られている（大山，2000）．それとは逆の刺激を用いれば隠し絵となりやすい．

「木を見て森を見ず」という．逆に，森を見ている時は個々の木には注意が行き届かないものである．このように，全体と部分の両方に見るべきものがある場合はどちらか一方は見えにくいので，隠し絵として応用できる（図8.9）．この手法を使って隠し絵的な作品を数多く描いた画家として，16世紀のイタリアの画家アルチンボルド（Giuseppe Arcimboldo）が有名である．

無理を承知で言うならば，パソコンのディスプレーは発光する赤・緑・青の画素の集まりに過ぎないので，たとえばディスプレーに映し出される写真はだまし絵であって，赤・緑・青のそれぞれの画素ピクセルが隠された隠し絵である．もっとも，普通の観察者には画素は小さすぎて識別することはできないので，何か大きいものが映し出されたから見えたはずの画素が隠されたというわけではない．しかし，識別できるほどの大きさの画素を使っても，映し出された全体的なものは知覚でき，ものが知覚されているときは画素には注意があまり行かないということが，この種の隠し絵の本質である．

図8.8 ◉**図地反転による隠し絵の例**．黒いプラスチックを固めたようなものが下から上向きに立ち上がっているように見えるが，白い横顔を見ることもできる．

図8.9 ◉**作品「スージー」**．すべて数字でできているが，全体を人物画として見ると，個々の数字がわかりにくい．一方，個々の数字を見ていると，人物としての全体がわかりにくい．

ものが見えにくくなる錯覚（隠し絵）　　　　第 8 章　　　　　　　177

8.5 ◎ ハイブリッド画像

　高い空間周波数成分でできた画像（シャープな画像）と低い成分でできた画像（ピンボケの画像）を合成すると，図を近くで見ると前者が見え，図を遠くから見ると後者が見える．視力が低くてメガネで視力を矯正している人は，メガネをはずすと近くでも後者が見える．このような画像を**ハイブリッド画像**（hybrid images）と呼ぶ（Oliva, Torralba and Schyns, 2006）．これは，特定の条件で，高空間周波数成分が低空間周波数成分をマスキングする現象と考えられる．図 8.10 に例を示した．

　日本では，提唱者のウェブページ（http://cvcl.mit.edu/hybridimage.htm）から流出したアインシュタインとマリリン・モンローの合成画像が「**マリリンシュタイン**」という名称で流行したことがあった．ただし，提唱者（Oliva, A.）はそれを「マリリン・アインシュタイン」と呼んでいる．

　レオナルド・ダ・ヴィンチの絵画「モナ・リザ」の「微笑み」はこの種の現象である，という説がある（Livingstone, 2000）．すなわち，微笑んでいるのはおもに低空間周波数成分であり，「モナ・リザ」の口元を眺めていると微笑みの低空間周波数成分は見えないが，口元から目を離すと，低空間周波数成分に強い周辺視で微笑みが見えてくるというものである．ただし，Livingstone (2000) は「高空間周波数成分が低空間周波数成分をマスクする」という表現はしていない．

図 8.10 ◎ハイブリッド画像の一種．この図を近くで見ると高知城の天守閣が見えるが，遠くから見ると金閣が見える．視力の低い人は，メガネをはずせば近くでも金閣が見える．

ものが見えにくくなる錯覚（隠し絵）　　第8章

8.6 ◎結合探索による隠し絵

　複数の対象の中から1つしかないターゲットを探す課題の場合，弁別手がかりが1つであれば半ば自動的にポップアウトするので見つけることは簡単であるが（**特徴検出課題**），弁別手がかりが2つ以上の AND である場合は1つ1つ注意を移動しての検索となって時間がかかる（**結合探索課題**）(Treisman and Gelade, 1980; Wolfe, 1998)．図 8.11 では，弁別手がかりが口と眉で，「笑顔の口」と「困った顔の眉」が同時にある顔を探すことになり，時間がかかる．もっとも，この場合でも，ターゲットの顔を「苦笑顔」として弁別手がかりを1つの情報にすることができる人は，短時間でターゲットを検出できるかもしれない．同様に，弁別手がかりが複数あっても，同期して1つと同等の場合は，ターゲットはポップアウトするので隠し絵にならない（図 8.12）．

　『ウォーリーをさがせ！』（Martin Handford 著）というイギリスの一連の絵本がある（日本版はフレーベル館より発行）．描き込まれた大勢の人やものの中からウォーリーや仲間たちを見つけ出すゲームの絵本である．これは，仕掛けとしては結合探索による隠し絵である．

図 8.11 ◎**結合探索が困難であることを利用した隠し絵**．弁別手がかりが口と眉の2つの AND なので，検出に時間がかかる．

図 8.12 ◎**特徴探索が容易であるため隠し絵にならない図**．眉を手がかりにしても，口を手がかりにしても，あるいは表情を手がかりにしても，弁別手がかりは1つだけであるため，検出が容易である．

これと同じのはどれ？
Where is this girl?

これと同じのはどれ？
Where is this girl?

ものが見えにくくなる錯覚（隠し絵）　　第8章

8.7 ◎変化の見落とし

あるシーンの一部を急に変えるとそれに気づきやすいが，変えるシーンの前にブランクを置くと，どこが変わったのか気づきにくいという現象がある．これを，**変化の見落とし** (change blindness) (Simons and Levin, 1997) と呼ぶ．図 8.13 に例を示した．ブランクを置かれると，かなり大きな変化が画像に与えられていても気づきにくい (Rensink, O'Regan and Clark, 1997)．ブランクを置かない方法も研究されている (O'Regan, Rensink and Clark, 1999)．

ブランクなしで切り替わる場合，変化する要素は，他の要素すべてが変化しないので，簡単に検出できる．つまり，ブランクがあるということは，ブランクの後にはすべての要素が変化して現れるので，検出が容易でないのである．ということは，ブランクの後に現れた画像がブランクの前の画像と同じであるという認識あるいは確信を持ってしまう視覚認知の傾向が，実はトリック的・錯覚的であるということを意味する．

変化の見落としのデモは，今まで話をしていた相手の人が交替しても気がつかないとか，目立つものが消失しても気がつかないとか，派手で楽しいものが多い．いずれも変化するものがあらかじめわかっていれば簡単にわかるので，知覚レベルの錯覚ではなく認知レベルの現象である．

図 8.13 ◎ 変化の見落とし．左の画像がそれとは少しだけ異なる右の画像に変わる時，ブランクが入ると異なる点に気づきにくくなる現象である．ブランクがなければ直ちにわかる．本書のこの図では違いに気づきにくいが，それは結合探索課題と同様，要素を 1 つ 1 つ比較照合していく必要があるからである（ただし，本図を両眼融合すれば不一致箇所がポップアウトして直ちにわかる）．

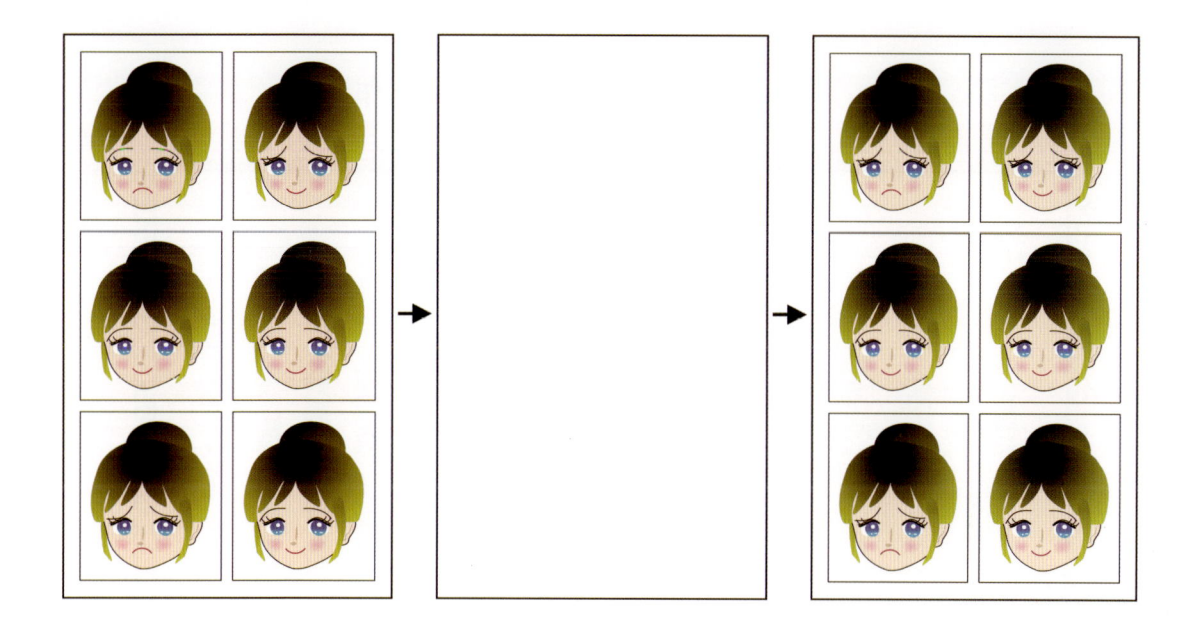

ものが見えにくくなる錯覚（隠し絵） 第8章 183

北岡明佳作品集⑧
〈シドニーのオペラハウス〉（2010年）

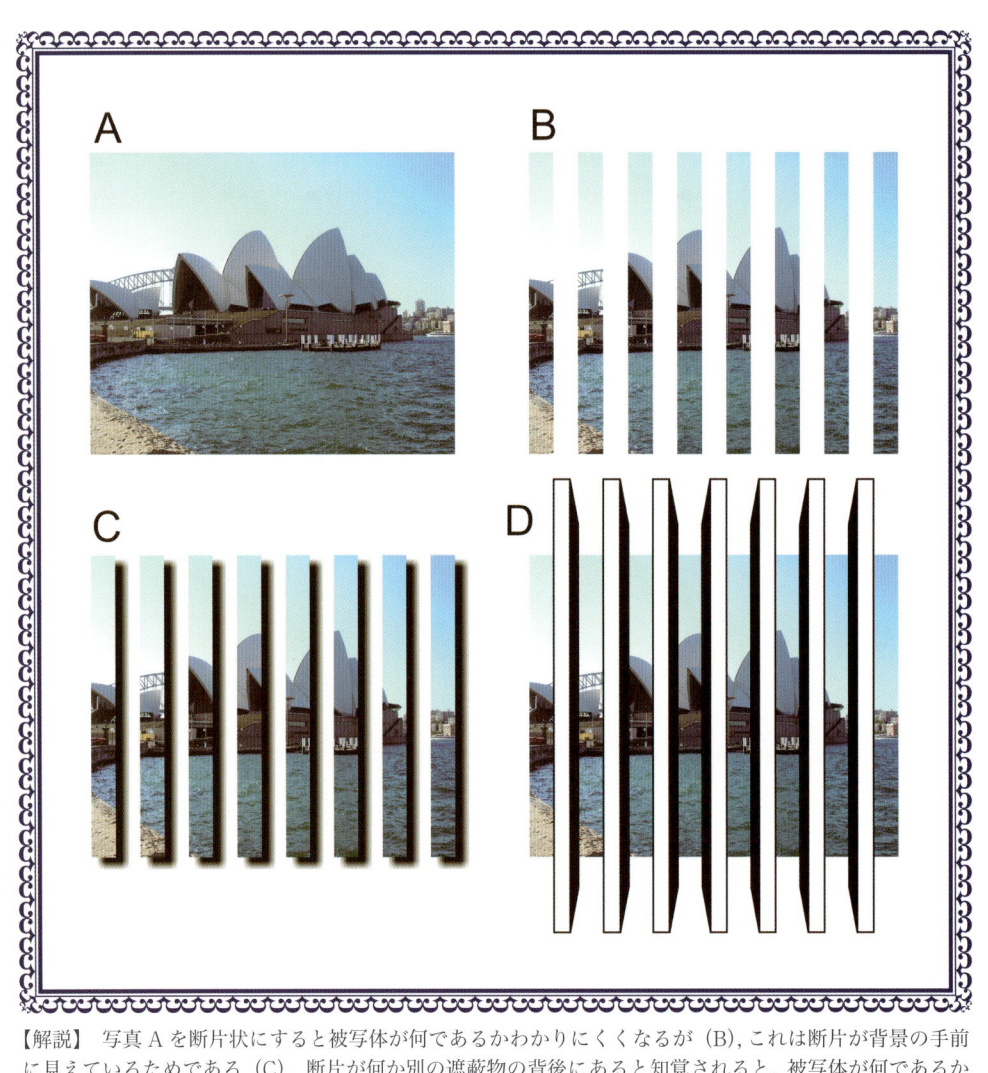

【解説】 写真Aを断片状にすると被写体が何であるかわかりにくくなるが（B），これは断片が背景の手前に見えているためである（C）．断片が何か別の遮蔽物の背後にあると知覚されると，被写体が何であるかわかりやすくなる（D）（Nakayama, Shimojo and Silverman, 1989）．これは，遮蔽物の背後で被写体の視覚的補完（第5章参照）が起こるためである．断片を手前に見せるという手続きは，視覚的補完を妨害し，隠し絵を作り出す手法の1つとなる．

9
顔に特有と考えられる錯覚
―顔の錯視―

　錯視と言えば，長い間，形の錯視（幾何学的錯視）（第1章参照）のことであった．その「形」の中でも「顔」は特別な形である（異論もある）．多くの物体はわかるのに顔だけ知覚できなくなる相貌失認（prosopagnosia）という障害の存在も知られている．顔に特異的に応答する脳領域があることもわかっている（Allison, McCarthy, Nobre, Puce and Belger, 1994; Kanwisher, McDermott and Chun, 1997）．しかし，これまで顔の錯視というカテゴリーはあまり知られていなかったと思う．そこで，本章では，**顔の錯視**について広く紹介してみたい．

　おそらくは，「顔の錯視」という章を立てた錯視知覚の書籍としては，本書が世界初であろう．真に顔の錯視と言えるものが少ないからである．多くは，**顔の倒立効果**（さかさまの顔は知覚・認識しにくくなる現象）や**視線の知覚**の話題であり，そういうものは「役に立たない知覚」という意味での古典的な錯視のカテゴリーからは遠いものであった．本書では錯視のカテゴリーを広く取ったため，それら旧来は錯視とは呼ばれなかった現象を錯視の仲間に恣意的に加えた側面がある．もっとも，何かの模様が顔に見えるという現象を顔の錯視と呼ぶ人もいるので，この程度の増量は問題ないと期待したい．

　化粧も，錯視と言えば錯視である．素顔という実在の性質とは異なる知覚を与える効果があるからである．化粧は顔にすることが多いから，化粧は顔の錯視である．本書では化粧は扱っていないが，これはそのような研究が少ないからではなく，化粧については筆者の文献調査と筆者による研究が不十分であるからである．化粧も顔の錯視としてしっかりレビューすると，一章どころか一冊書けるようにも思われ，筆者にとっては将来取り組むべき重要な課題である．

9.1 ◎サッチャー錯視

　顔の錯視と言えば，サッチャー錯視である．**サッチャー錯視**（Thatcher illusion）とは，サッチャー元英国首相の顔写真をさかさまにして，さらに目と口をさかさまにした合成画像に見られる錯視である．つまり，さかさまの顔の中で，目と口だけは正立している．その合成写真を見ても，元の写真とそれほど変わった印象は受けないのであるが，その写真をさらにさかさま，つまり顔は正立して目と口だけは倒立した写真を見ると，今までにこやかに微笑んでいた顔が「劇的に違って見える（dramatically different）」という錯視である（Thompson, 1980）．他人の肖像をいじることを避け，イラストで代用したサッチャー錯視図が，図 9.1 である．

　サッチャー錯視は，顔の倒立効果の一形式である．**顔の倒立効果**（face inversion effect）とは，顔をさかさまにして見ると，誰の顔であるかということや，その表情が認識しにくくなることである（Arnheim, 1954; Goldstein, 1965; Rock, 1974）．倒立効果は**さかさま顔**（upside-down face）の知覚・認知が困難になる現象を全般的に指すが，表情の知覚が困難になる現象をサッチャー錯視と呼ぶこともできる．

　これに関連して，顔の倒立効果を用いただまし絵に，**さかさ絵**というジャンルがある（図 9.2）．さかさ絵は，古今東西を問わず庶民に親しまれてきただまし絵である．さかさまになった顔はわかりにくい，知覚されにくい，ということを逆手に取った技法である．

図 9.1 ◎サッチャー錯視．左の図は笑顔の女性を描いたイラストをさかさまにしたもので，右の図は左の図の目と口をそれぞれ上下反転させたものである．右の図を見るとあまり奇妙な感じは受けないが，図をさかさまにして見ると，かなり奇妙な顔になっていることがわかる．

図 9.2 ◎さかさ絵の例．左のヒゲの男性の顔をさかさまにすると，右の若い男性の顔が現れる．さかさまの顔は知覚されにくいことを利用しただまし絵である．

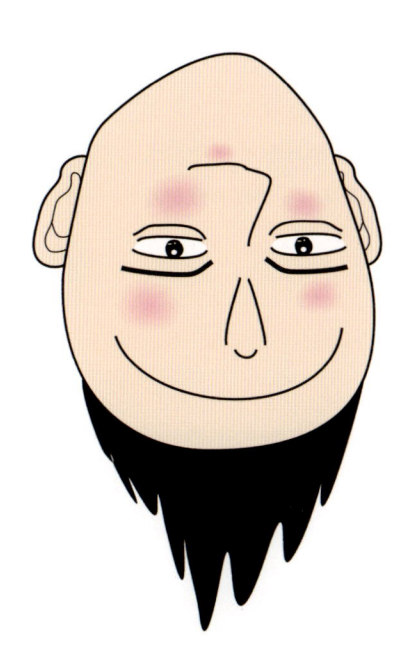

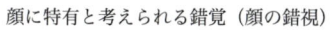

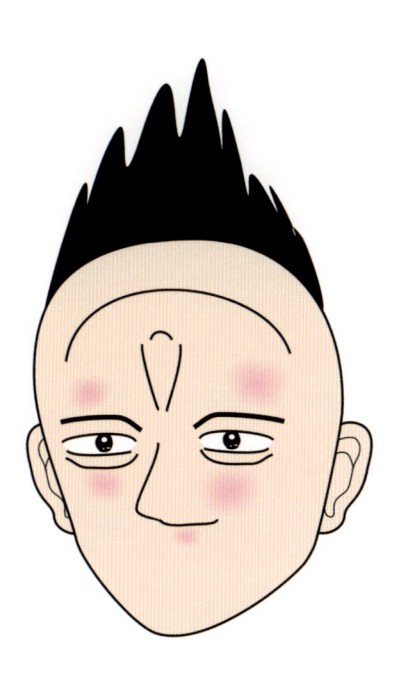

顔に特有と考えられる錯覚（顔の錯視）　　　第 9 章　　　187

9.2 ◎ウォラストン錯視

顔の学問の中で，研究が盛んに行われているものに，**視線の知覚**がある．**ウォラストン錯視** (Wollaston, 1824) は，古典的な視線の知覚の錯覚である．目を同じように描いても，顔の左右の向きによって，視線の方向が違って見えるという現象である（図 9.3）．ウォラストンは指摘していないが，上下方向でもできる（図 9.4）．

よく考えると当然のこと（顔の中で目の向きが同じなら，顔の向き次第で視線方向は変化する）であるこの現象が錯視扱いされる理由は，「目は物理的に同じに描かれている」というのを対象の真の性質として認知した時，知覚である「視線の方向が異なる」からである．この現象のメカニズムは「よく考えると当然のこと」ではあるが，直感的にはその理屈がわかりにくいので，錯視として成立していると考えられる．

ウォラストン（ワラストン，ウラストン．William Hyde Wollaston, 1766-1828）はイギリスの化学者・物理学者で，白金（プラチナ）の精製法を開発し，元素を2つ（パラジウムとロジウム）発見した．カメラ・オブスキュラに対して，カメラ・ルシダを発明した．太陽光のスペクトルのなかに暗線（特定の元素による吸収の証拠）を発見した．暗線は研究者の名前を取ってフラウンホーファー線と呼ばれるが，ウォラストンの発見が先である．一方，ウォラストンの名は，彼が発明したウォラストン・プリズム（互いに垂直な偏光を作り出すプリズム）によって今日に伝わる．

図 9.3 ◎ウォラストン錯視．左図の人物はこちらを見ているように見えるが，右図の人物は向かって右の方向を見ているように見える．しかし，絵としては，両者とも同じ目である．

図 9.4 ◎上下方向のウォラストン錯視．左図の人物はこちらを見ているように見えるが，右図の人物は上の方向を見ているように見える．しかし，絵としては，両者とも同じ目である．ただし，個人差は大きく，2つの図の視線方向が同じように見える人も少なくない．

顔に特有と考えられる錯覚（顔の錯視）　　　　　第 9 章　　　　　189

9.3 ◎テレビの錯視

テレビカメラの方を見ている出演者の視線は，観察者がテレビ画面を正面からではなく横から見ても観察者の方に向いているように見える，という錯視がある（北岡，2008a）（図9.5）．実は，これは画像の歪み方によって異なり，奥行き手がかりが明確な場合にはあまり生じない（図9.6）．つまり，テレビを近くで見る場合は，観察者がテレビの正面から離れると出演者の視線は観察者の方向を向いて見えないことが多いが，テレビを遠くから見る場合は，観察者がテレビの正面から離れても，出演者の視線は観察者を追う傾向にある．

これらの現象は形の恒常性（shape constancy）と関係しているのではないかと筆者は考える．形の恒常性とは，視覚系は対象を「よい形」に見ようとする傾向があって，よい形として見るために対象の奥行きの知覚の方を変えてしまう傾向である．たとえば，実物を見ずに自転車の絵を描くと車輪は円に近い形で描いてしまうものだが，実際には車輪の網膜像は多くの場合，楕円形である．しかし，人は楕円形の網膜像を得ても，自転車の車輪は円形であると知覚する．同様に，台形のものを見ると，長方形のものが奥行き方向に傾いたものであると知覚する．テレビ画面の長方形が網膜に台形に投射している時，形の恒常性が台形を長方形に補正する過程でみかけの視線の方向もずれるのではないかと筆者は考える．

図9.5 ◎視線方向が変わって見えない画像変換（シアー変換）．視線はこちらを向いている中央の一番上の顔画像を横長・縦長あるいは平行四辺形の形に変換しても，視線方向はあまり変わって見えない．

図9.6 ◎視線方向が変わって見える画像変換（パース変換）．視線はこちらを向いている中央の顔画像を平行四辺形以外の形（たとえば台形）に変換すると，視線方向はその奥行き手がかりが示す方向に変わって見える．

顔に特有と考えられる錯覚（顔の錯視）　　　第 9 章

9.4 ◎ 充血錯視と不気味の谷

Ando (2002) は，白目に輝度変調を加えるだけで，知覚される視線方向が変化することを報告した．黒目と白目のはっきりした目の画像において，向かって左側の白目を暗くすると，向かって左側に視線がずれて見える（図9.7左）．一方，向かって右側の白目を暗くすると，向かって右側に視線がずれて見える（図9.7右）．これを，**視線方向のずれ効果**（luminance-induced gaze shift）あるいは**充血錯視**（bloodshot illusion）という．視線の知覚には白目の輝度情報が重要であることがわかる（Ando, 2002）．

みかけが実際の人間に中途半端に近い画像は，不気味に見えることがある．この現象を「**不気味の谷**」（uncanny valley）と呼ぶ．たとえば，図9.8の右半分は，左半分の画像に陰影を付けて立体的に見せる画像処理を施したものであるが，不気味に見える．漫画上の人物を3Dソフトで描いたり，プラスチック製のおもちゃにしたり，着ぐるみを作成するような場合にしばしば起こる．

不気味の谷は，ロボットの親しみやすさについて提案されたものである．ロボットの外観が人間らしく作られるほど好感度が増すし，ロボットのみかけが人間と変わらないようにできれば親近感を覚える（石黒，2007）が，そのどこか途中では逆に嫌悪感を引き起こすという現象である（森，1970）．ロボットが中途半端に人間に近いと，人間の死体のように見えるから，という説がある．

図9.7 ◎ 充血錯視．3つとも白目以外は同じ図であるが，白目を暗くした方向に視線がずれて見える．

図9.8 ◎ 不気味の谷．左の漫画的な人物に陰影を付けて立体的な感じにすると，より実際の人物に近い画像に変換されたはずなのに，右のような不気味な雰囲気の画像となる．

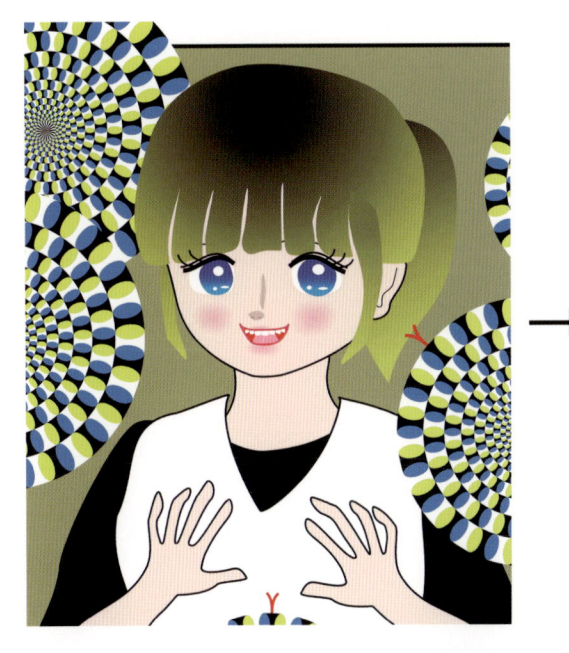

顔に特有と考えられる錯覚（顔の錯視）　　第 9 章　　193

9.5 ◎ホロウマスク錯視

　お面を裏側から見ると，引っ込んでいるはずの顔がこちら向きに出っ張って見えることがある（図9.9）．観察者がお面を眺める位置を変えると，その視線が追ってくる錯視も観察できる．これを**ホロウマスク錯視**（hollow mask illusion）(Gregory, 1970) という．**ホロウフェース錯視**あるいは**凹面顔錯視**とも呼ばれる．この錯視の最古の文献は，Howard (1983) によると Schröder (1858) である．

　両眼立体視はこの錯視を妨害するので，片目あるいは遠くからお面を眺めると起こりやすい．あるいは，お面の写真やビデオ映像を眺めるのも効果的である．クレーター錯視（7.3節参照）に似ているが，ホロウマスク錯視には光の方向は重要ではない．もともと顔の知覚像は，手前向きに凸に見えるようにできているということを示唆している．

　蛇足ながら，ホロウマスクと言っても「怖いマスク」ではない．ホロウ（hollow）は窪んだという意味であり，ぞっとするような恐怖という意味であるホラー（horror）とは関係がない．

図9.9 ◎ホロウマスク錯視．上の写真のお面を裏返しにすると，下の写真のようにこちら向きに凸の顔に見える．写真のお面は日本装飾造花(株)製．

顔に特有と考えられる錯覚（顔の錯視）　　　　　第9章　　　　　195

9.6 ◎さかさま顔の過大視と顔ガクガク錯視

顔をさかさまにすると正立像より大きく見える現象（さかさま顔の過大視）を筆者は発見した（北岡, 2008a）（図 9.10）．先行した報告がないとは思えないが，今のところ確認できていない．この錯視はどのような顔でも起こるわけではないが，顔でなければ生起しないようである．古典的な幾何学的錯視である視野の上半の過大視（Bourdon, 1902）（図 1.12 参照）との関連性が示唆される．

ある先生によると，「顔をさかさまにすると，頭に血が上るように知覚されるからではないか」とのことであった．どの程度本気でおっしゃったのか不明であるが，私の知る限り，さかさま顔の過大視を説明する唯一の仮説である．

両目を上下に 2 つずつ，口を上下に並べて 2 つ描くと，観察者の目が落ちつかないかのように，顔の画像が上下にガクガクして見える現象がある（図 9.11）．インターネット上ではよく知られた現象である（たとえば，http://www.freakingnews.com/Double-Vision-Pictures--1762-0.asp）が，学問上の正式名称がわからなかったので，本書では**「顔ガクガク錯視」**（knocked-face illusion）と呼ぶことにする．顔以外の画像を二重にしてみせても，あまりガクガクして見えないから，この錯視は顔特有の錯視の可能性がある．

実は，この錯視を**複視**（double vision; diplopia）と呼んでいるウェブページが多いのであるが，複視はものが二重に見える病気のことなので，その名称は妥当ではない．小町谷（2005）に 4 つ目の女性像（マン・レイの写真「カサーティ侯爵夫人」(1922)）が引用されているが，横並びの 2 つの目以外は「眼」として許容できないのにこの 4 つ目は受け入れられているとし，「2 者の目の関係は動く．動くという要素が介在することによって，実在の写真から仮想の現実が受け止められるのである」と小町谷は論じている．

京都の平安神宮や吉田神社などで行われる追儺式（節分祭）において悪鬼を追い払う「方相氏」は，このような 4 つ目である．ただし，方相氏の口は 1 つである．

図 9.10 ◎さかさま顔の過大視．顔をさかさまにすると大きく見える現象である．

図 9.11 ◎「顔ガクガク錯視」．4 つ目で口が 2 つの人物は，観察者の目が落ちつかないかのように，目と口のあたりがガクガクして見える．顔が動いて見える錯視というよりは，目と口のあたりがガクガクした不安定な印象を受ける知覚である．

顔に特有と考えられる錯覚（顔の錯視）　　　　第9章

9.7 ◎「表情の口優位性効果」と「表情の眉優位性効果」

口と眉が快の表情の形をしていると目も快の表情をしているように見え，口と眉が不快の表情の形をしていると目も不快の表情をしているように見える現象である（図9.12）．北原義典氏（(株)日立製作所中央研究所 情報システム研究センタ）が発見した顔特有の文脈効果現象である（北原, 2009）．

なお，顔学の原島博教授（日本顔学会会長）が興福寺の阿修羅像の表情について検討し，同種のコメントを2009年にしている．「マスクをすると目だけでは表情がわからない」とも言われるから，もっと以前にこの効果を指摘している文献もあるのかもしれない．

話は変わって，右図に書き込まれている"Visiome"について説明したい．Visiomeは視覚研究の電子図書館（Webベースのデジタルアーカイブサイト）である．アーカイブの対象は，実験データ，数理モデル，錯視図形，視覚刺激生成プログラム，解析用ツールなどである．理化学研究所（和光市）にサーバーがある．筆者は本プロジェクトの運営委員の一人で，錯視の基本図形の高解像度ファイルの登録などを行っている．右図の人物はVisiomeの宣伝用に使用している筆者作のベジェ曲線（コントロールポイントが4個の3次元曲線）図形である．原画（コーレルドロー Ver.14 形式）はVisiomeに登録されている（http://visiome.neuroinf.jp/modules/xoonips/detail.php?item_id=6590）．

図9.12 ◎「表情の口優位性効果」と「表情の眉優位性効果」．上段：口が笑うと目も笑ったように見え（左），口がムッとすると目もムッとしたように見える（右）．中段：眉がリラックスすると目もリラックスしたように見え（左），眉をしかめると目も困惑あるいは悲しい表情をしているように見える（右）．下段：口と眉が快を示す形であると目も快の表情をしているように見え（左），口と眉が不快を示す形であると目も不快の表情をしているように見える（右）．

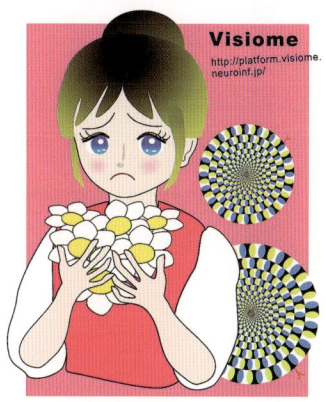

顔に特有と考えられる錯覚（顔の錯視）　　　第 9 章　　　199

北岡明佳作品集⑨
〈目と口の回転〉(2010 年)

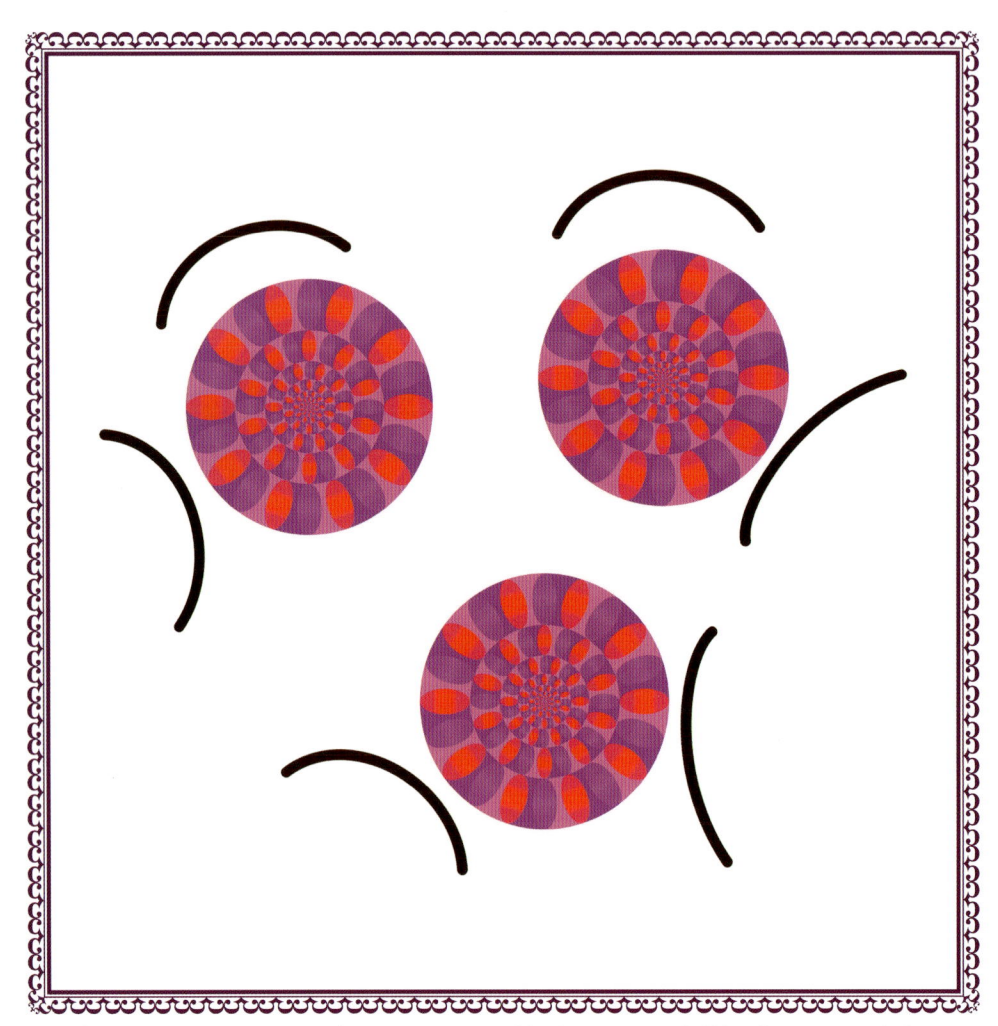

【解説】 図が顔のように見える．向きによって 3 つの顔が楽しめる．眼球運動の後に目や口に相当する円盤が反時計回りに回転して見える（最適化型フレーザー–ウィルコックス錯視・タイプ V）（図 4.31）．顔を描いたものではないのに顔に見えるということから，この種の図版は「顔の錯視」と呼ばれることがある．

10
錯視とは何か

　錯視（さくし）とは，平たく言うと「目の錯覚」のことである．実際には，錯視の多くは目ではなく脳で起こると考えられるから「脳の錯覚」なのであるが，それでは意味がわからないから「視覚性の錯覚」などと言い換える．錯視の英語名称は，visual illusion あるいは optical illusion である．

　錯覚（illusion）とは，「実在する対象の真の性質とは異なる（正常な，あるいは病的ではない）知覚」のことである．対象が自分とは独立に存在するという知識があって，その対象の真の性質についての知識があって，しかしながらその知覚がそれとは異なる時，その知覚を錯覚と呼ぶのである．この意味で，錯覚と幻覚は区別される．**幻覚**（hallucination）は，「対象が存在しないのに生起する（異常なあるいは病的な）知覚」である．ただし，対象が存在しないことが前提ではあるが，幻覚は心的イメージとは区別される．**心的イメージ**（mental image）とは，「記憶から生成された（正常なあるいは病的でない）知覚」である．そのほか，**妄想**（delusion）は，「（おもに精神病患者の）訂正不可能な誤った（異常あるいは病的な）考え・信念」のことである．この訂正不可能性については錯覚と共通しているが，錯覚は知覚であって信念ではないので，異なるレベルである．また，錯覚は正常であるが，妄想は異常である．

　このように，錯覚および錯覚に関連した概念の定義に，「実在」・「対象」・「真の性質」・「知覚」・「知識」・「記憶」・「心的イメージ」・「正常」・「異常」といったその定義自体が問題になる用語を多数用いているが，錯視を定義するにあたってはやむをえないことであって，ここではその問題性や脆弱性を検討しない．

10.1 ◎錯視に似た概念

「○○錯視」に似た用語としては，「○○効果」がある．たとえば，**水彩錯視**（watercolor illusion）（5.7 節参照）には**水彩効果**（watercolor effect）という別の表現があるが，同じ現象である．また，**ホワイト効果**（White's effect）（2.5 節参照）はホワイト錯視（White's illusion）と呼ばれることもあり，ホワイトが発表した明るさの錯視の 1 つである．さらに，ホワイト効果よりも先にその色の錯視バージョンが知られており（Munker, 1970; Taya, Ehrenstein and Cavonius, 1995），筆者は**ムンカー錯視**（Munker illusion）（3.4 節参照）と呼んでいる（図 10.1）．「錯視」は「その知覚が対象の性質とは異なる現象」という知覚と知識の不一致を指摘しているのに対して，「効果」というと「何か原因があってその結果生じた現象」という因果論的な角度からの捉え方である．つまり，「効果」と言うと，「原因」に対応した「結果」としての性質に意識が向いている．たとえば，「水彩錯視」と呼ぶ場合は，「本当は白い紙なのに色づいて見える現象」と言っているが，「水彩効果」と呼ぶ場合は，「波打った境界に特定の色の組み合わせを施すことで起こる現象」と言っているのである．つまり，「錯視」と「効果」のどちらかが正しいとか偉いといったことはない．

「○○錯視」という名称でない場合でも，錯視のような現象であることも少なくない．たとえば，**運動残効**（motion aftereffect）は，一定方向に動くものを観察し続けた直後に静止画像を見ると，その静止画像が反対方向に動いて見える現象である（蘆田, 1994; Mather, Anstis and Verstraten, 1998）．「運動残効」は，「動くものを眺め続けた後の影響」という記述的な用語である．一方，滝を観察する場合，滝を眺め続けた後で静止した壁面に目を移すと壁面が上昇して見える現象を体験するが，この運動残効を「**滝の錯視**（waterfall illusion）」と呼ぶ（Addams, 1834; Wohlgemuth, 1911）．その場合は，「壁面は静止しているはずなのに動いて見える現象」という認識（あるいは驚き）を表現している．「滝の効果（waterfall effect）」としている文献もあるが（Robinson, 1972/1998），その場合は「運動刺激に順応することで起こる現象」という因果論的な主張が含まれている．

図 10.1 ◎ムンカー錯視を用いた作品「赤の渦巻き」．明るい赤紫の渦巻きとオレンジ色の渦巻きが見えるが，全く同じ赤色である．

錯視とは何か　　第10章

こうしてみると,「○○錯視」や「○○効果」は科学的用語としては客観的ではないように思えてくるが,それらの代わりに「錯視」や「効果」の上位にある抽象的用語として「○○現象」という表現が可能である（図10.2）. **現象** (phenomenon) とは,「1つのまとまりとして知覚された事象」である. 水彩錯視を水彩現象と呼んでも,特に差し支えはないように思える. しかし,錯視研究では,現象という言葉がついた用語はあまり多くない. もともと,心理学が現象すなわち見た目の学問でもあるので,心理学的現象と表現すると「現象的現象」という感じで座りが悪いから,意識せず使用を避けているのかもしれない.

　ちなみに,Gregory and Heard (1983) は,ある領域の輝度が変化するとそれに応じて境界線が動いて見える錯視を「**現象的現象** (phenomenal phenomena)」と呼んだ. これは,錯視に関わるこのような状況をイギリスの知識人らしいユーモアで指摘してみせた可能性もあるが,"phenomenal" は「驚くべき」という意味に使われることもあり,それなら駄洒落である. いや,駄洒落であろう.

図10.2 ◎ **影付きの左右に動く蛇**. この作品を「静止画なのに動いて見える」と実在と知覚のズレを指摘すれば○○錯視で,「特定の繰り返しパターンの方向に運動が見えるようになっているので動いて見える」と因果論的に言えば○○効果で,「下記のような特定の並びの時には動いて見える」と単に記述するだけなら○○現象である.

錯視とは何か　　　第 10 章　　　205

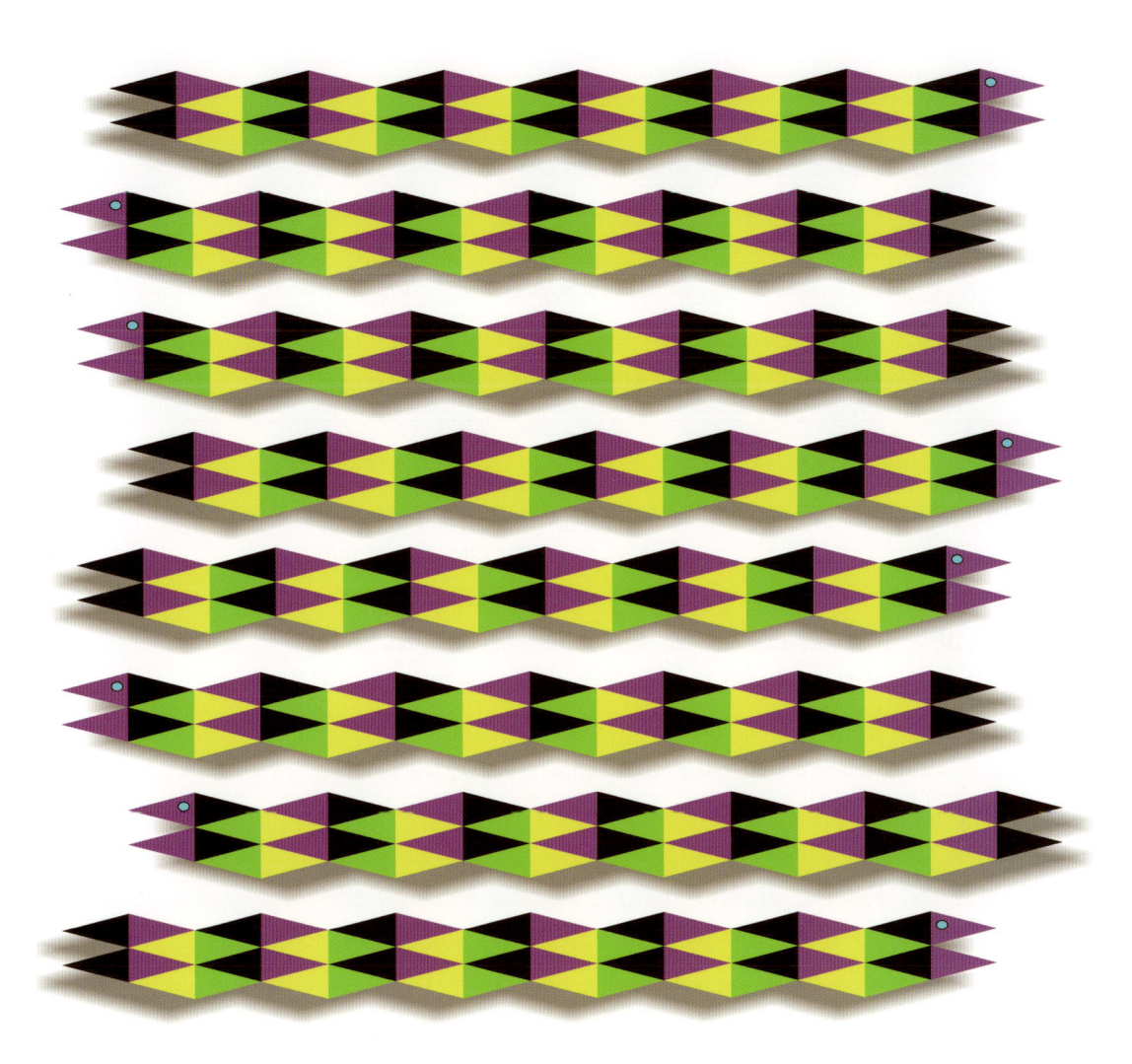

10.2 ◎錯視の歴史

近代の科学的な錯視研究は 19 世紀の中頃から始まったが，錯視そのものは昔から知られていた．たとえば，出たばかりの月が大きく見える**月の錯視**（moon illusion）（Hershenson, 1989; Higashiyama, 1992; Holway and Boring, 1940; Kaufman and Rock, 1962）（図 10.3），別名**天体錯視**（celestial illusion）（苧坂，2005）は，ニネヴェ（古代アッシリア帝国の首都，現在のイラク北部）のロイヤルライブラリーに保存されている粘土板の楔形文字の記述が最古（紀元前 7 世紀以前）の文献であるという（Plug and Ross, 1989）．

ギリシャ時代に建築されたアテネのパルテノン神殿には，錯視を補正するためという理由で，いくつかの特徴的な構造があるという（Coren and Girgus, 1978）．2 つだけ挙げると，1 つは，横に並んだ柱の列の中央部分がやや隆起していることである．これは，屋根の部分が三角形になるため，鋭角過大視による三角形の底辺のみかけの膨らみ（図 10.4）を補正して，柱列部分を美しく見せるためであるという．もう 1 つは，一番端の柱（四隅の柱）は少し太めに作ってあることである．これは一番端の柱が明るい空を背景にすることになるので，**光渗現象**（irradiation）（Pierce, 1898; Moulden and Renshaw, 1979）（図 10.5）による柱のみかけの縮小を防ぐためであるという（Coren and Girgus, 1978）（図 10.6）．

筆者の考えでは，四隅の柱の錯視については，輝度コントラストの低い輪郭を持つ対象はコントラストの高いものに比べて小さく見える現象（Farné, 1977; Mount, Case, Sanderson and Brenner, 1956）も寄与していたのではないかと想像する．なぜなら，パルテノン神殿の柱は白く明るく，明るい空とのコントラストは低かったと想像できるからである．

まっすぐな棒が別のものに一部をさえぎられると一直線でないように見える**ポッゲンドルフ錯視**（Poggendorff illusion）（1.6 節参照）は，ルーベンスの絵画に応用例が見られ，棒が一直線に見えるよう補正した証拠があるという（Topper, 1984）．つまり，画家はそこに錯視があることを知って，錯視図形にキャンセル法（method of cancellation）を適用したというわけである．

図 10.3 ◎月の錯視．出たばかりの月は天頂にある月よりも大きく見える．この写真でもある程度錯視が起きているが，もちろん実際に見た方が効果は大きい．なお，この絵は合成画像で，実際にはこの方向に月は出ない．正面の建物は国立京都国際会館で，京都議定書を採択した「地球温暖化防止京都会議」（1997 年）が開催された場所である．

錯視とは何か　　　第 10 章　　　207

西洋絵画には，古くから**だまし絵**というジャンルがある．英語では，trompe l'oeil（**トロンプルイユ**．語源はフランス語）という．たとえば，窓がない壁面に窓があるように見えるよう窓の絵を上手に描けばそれがだまし絵で，現在の日本では**トリックアート**という名称でも親しまれている（福田，2000）．それでは，だまし絵は錯視の起源かというと，そうではない．だまし絵と称されるもののほとんどは，機能的な知覚を適用している．だまし絵では，たとえば本当に窓がある時に「窓がある」と知覚するメカニズムを使っているのであって，それを巧妙な絵によって誤動作させているのである．一方で，錯視と称されるもののほとんどは，機能性がはっきりしない知覚である．この点は，次節で論じる．

　19世紀中頃までは，こころの学問は哲学の領域とされていたが，物理学や化学の成功に刺激されて，科学的手法が適用できる学問領域すなわち心理学が哲学から独立する機運が高まった．この動きに平行して，あるいは先行して，次々と錯視が発見・発表されていった．1851年の**フィック錯視**(Fick illusion)，1854〜55年の**オッペル-クント錯視**(Oppel-Kundt illusion)，1860年の**ツェルナー錯視**(Zöllner illusion)，1889年の**ミュラー＝リヤー錯視**(Müller-Lyer illusion)，1897年の**ミュンスターベルク錯視**(Münsterberg illusion) といった具合である（第1章参照）．当時はドイツが心理学の中心であったため，ドイツの研究者の名前が多く並ぶ．イギリスやアメリカの研究者が活躍するようになるのは20世紀に入ってからで，日本の研究者が錯視研究を盛んに行うようになったのは，1930年代からである．

　19世紀後半から20世紀前半にかけて，錯視図形は出揃い，20世紀はそれらを分析的に研究する時代となった．新しい錯視を発見したと思っても，昔の論文に先を越されていることを見つけて愕然とすることは珍しくない．錯視を研究することで視覚のメカニズムが明らかになるのに違いない，という信念のもと，20世紀においては数々の優れた研究業績が蓄積されていった（da Pos and Zambianchi, 1996; Robinson, 1972/1998）．日本においても，分析的な錯視研究が盛んに行われた（後藤・田中，2005; 今井，1984; Oyama, 1960; Oyama and Goto, 2007）．

　ところが，20世紀も終わりに近づいた頃から，再び新しい錯視の発見が

図10.4 ◎**三角形の鋭角過大視**．底辺が下向きに膨らんでいるように見える．

図10.5 ◎**光渗現象**．明るい領域は暗い領域よりも大きく見える錯視である．左の明るい丸は右の暗い丸よりも少し大きく見えるが，実際には同じ大きさである．

図10.6 ◎**パルテノンの四隅の柱の錯視の考察**．左右の長方形は同じ輝度で同じ大きさであるが，左の長方形は右よりも細く見える．明るい領域は暗い領域よりも大きく見える錯視（光渗）と，輝度コントラストの低い輪郭を持つ対象は相対的に小さく見える現象の合成ではないかと考えられる．

錯視とは何か　　　第10章　　　209

相次ぐようになった．古典的な錯視というと幾何学的錯視（形の錯視）のことで，図形は線画（たとえば，図10.7）が多かった．それは単に描くのが楽だったからということもあるが，「線によってすべての形を表すことができるから，すべての錯視は線画で表現できる」と想定していたのかもしれない．しかし，それは正しくなかった．塗りつぶし画像，すなわちその境界は線 (line) ではなくエッジ (edge) である図形に，数多くの錯視が眠っていたのである（北岡，2007a; Kitaoka, 2007a）．こうして，エッジ画を自由に描けるパソコンとプリンタの普及に伴って錯視研究は新しい時代を迎え，現在に至っている．すなわち，今の錯視研究の状況は，19世紀後半の様相と似ていると思われる．当時と違う点は，錯視の種類が幾何学的錯視（形の錯視）に留まらず，明るさの錯視，色の錯視，動きの錯視などの他の視覚属性にも多岐多彩に広がっていることである．

以上見てきたように，錯視は知覚研究の1つとして研究されてきたのだが，実は他に重要な性質が2つある．1つはエンターテインメント性で，錯視はおもしろいということである（北岡，2009）．もう1つは美的性質で，錯視図は美しいということである (Noguchi, 2003; Noguchi and Rentschler, 1999)．これらについては体系的な研究は少ないので，将来の研究の発展が期待される．

図10.7 ◎ クモの巣錯視．エッジ画に錯視が多く眠っていたことは事実であるが，線画の幾何学的錯視にもいくつか新しい錯視が発見されている．たとえば，作品「クモの巣錯視」では，クモの横糸はそれぞれ内向きに曲がって見えるが，実際にはまっすぐである．ツェルナー錯視に似ているが，ツェルナー錯視は鋭角が過大視される現象であるのに対して，この錯視は鋭角が過小視される方向に線分が傾いて見える錯視である．遊園地の観覧車の骨組みに見られることもある．

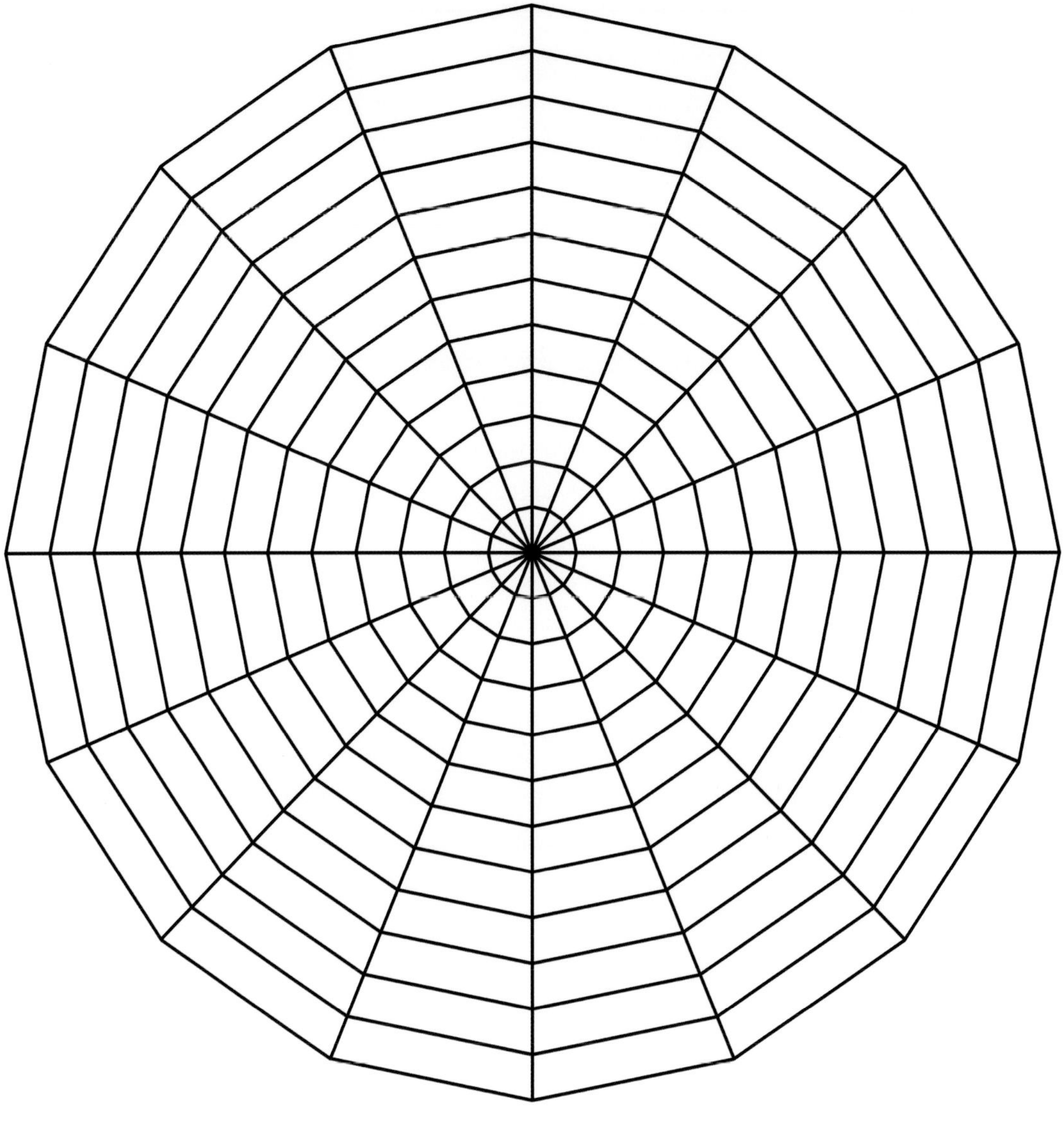

10.3 錯視の分類

心理学で錯視というと，これまで見てきたような現象を指す．しかし，人によっては，ステレオグラムを錯視図の仲間に入れるし，だまし絵を錯視と思っている人も多い．あるいは，枯れススキを幽霊と誤認することや，水の入ったコップに差したストローが曲がって見えることを，心理学者は錯視と呼ばないのが普通であるが，そのことに不満を感じる人も少なくない．これは，錯視に狭義の錯視と広義の錯視があることによる．通常，知覚を研究している心理学者が「錯視」というと，狭義の錯視のことである．

狭義の錯視とは，人間の生存の役に立たない（ように見える）知覚のことである．平行な線が平行でなく見えたり，静止画が動いて見えるといったことは，生存の役には立つとは言えまい．平行な線は平行に見え，止まっているものは止まって見えた方が，生物としての人間の生存にとっては有利だからである．ただし，狭義の錯視が何か役に立つ機能のアーチファクトである可能性と，以前は何かの役に立っていたという可能性を考慮する進化心理学的な考え方を否定するものではない．

一方，**広義の錯視**は，もともと人間の生存の役に立つ知覚である．広義の錯視の1つに**だまし絵**がある．だまし絵の一種である不可能図形で考えてみよう．第7章の図7.1は，全体として見ると不可能であるから，対象と知覚が一致しない，すなわち錯視であると言えるが，部分だけ取り出して観察すれば，合理的な奥行き知覚すなわち役に立つ知覚であることがわかる．

ステレオグラム（図7.9参照）を錯視図の仲間にする場合も広義の錯視ということになる．なぜなら，ステレオグラムは両眼視差（両眼網膜像差）情報から構築する両眼立体視という役に立つ知覚メカニズムを用いているからである．ステレオグラムを錯視と呼ぶ人は，絵にすぎないもの（実在する対象は2次元的なもの）から立体物が見える（知覚されたものは3次元的なもの）から，それを錯視とみなすのである．

この意味では，**写真**も錯視である．図10.8は金閣の写真であるが，金閣そのものではないという点を強調すれば，この写真は金閣の錯視画像とい

図10.8 ◎写真の例．雪の金閣（2004年1月撮影）．「これは金閣ではなく，金閣の写真に過ぎない」と言えば，この写真は金閣の錯視画像ということになる．

錯視とは何か　　　第 10 章　　　213

うことになる．この考え方には先輩がいて，ルネ・マグリットの作品に，りんごの絵を描いて「これはりんごではない」（Ceci n'est pas une pomme）というタイトルの作品と，パイプの絵を描いて「これはパイプではない」（Ceci n'est pas une pipe）という文字を下に記した作品がある．絵に描かれたものは，対象そのものではないことを指摘しているのである．なお，これらはソシュール言語学のシニフィアン（signifiant. 能記）とシニフィエ（signifié. 所記）の関係に似ているが，シニフィアンは「ことば」であり，シニフィエはことばで指し示される「概念」のことなので，錯視における「知覚」と「実在する個々の対象」との関係そのものではない．しかし，「表象と実在」の関係を論じている点で，それらは全くかけ離れた話題というわけでもない．

　写真も錯視というのであれば，視覚そのものも錯視ということになる．なぜなら，私たちは目をあけていろいろなものを正しく見ているつもりであるが，知覚像は与えられた網膜像などの情報から計算して構成されたものだからである．わかりやすい例を示すと，片方の目を指で押せばものが二重に見える（知覚としては対象は2つ）が，ものは1つのままである（実在としては対象は1つ）．それでは「視覚は錯視」ということでよいかというと普通はそのような取り扱いはしないのは，錯視研究が視覚研究とイコールでは研究の範囲が膨大になるし，どちらかのことばは冗長となるからである．

　ところで，（たとえが古いが）暗い夜道をこわいこわいと思って歩いていると，枯れススキを幽霊と誤認することがある．奇術師はコインを急に消失させたり，出現させたりする．Aさんが来ると思っている時にBさんが来た場合，両者が似ていると，BさんをAさんと間違えるかもしれない．このような例を**文脈効果**（図10.9）というが，多くの錯視研究者はあまり研究対象にしない．これらの現象は，知覚の話題というよりは，注意や認知，情動や動機づけといったより高次の心的機能が関係する研究テーマである．これらは**認知的錯覚**あるいは**認知的錯視**と呼ぶのがよいだろう．

　水の入ったコップに差したストローは，曲がって見える．暑い日に蜃気楼が見える．遠くの山は青く見える（図10.10）．このような例は，原因が

図 10.9 ◉ **文脈効果の例**．上段の中央の文字は「B」と読まれ，下段の右端の文字は「13」と読まれるが，物理的には全く同じ形である．下段については，日本語を読めない人や，日本語が読めても漫画の『ゴルゴ13』（さいとう・たかを著）を知らない人（この文字列に文脈のない人）は，「B」と読むかもしれない．なお，この文脈効果のデモとしては，Bruner and Minturn (1955) の示した「A B C, 12 13 14」（Bと13を同じ形にする）あるいは Selfridge (1955) の示した「T H E C A T」（HとAを同じ形にする）が用いられることが普通である．

図 10.10 ◉ **空気遠近法が観察できる写真**．京都市西京区の岩田山（嵐山の中腹にある通称サル山）より東北東を望む（2003年5月撮影）．山の緑は近くで見ればAのような色であるが，6 km ほど離れた衣笠山（B）の位置ではやや彩度（色の鮮やかさ）が低く見え，約 17 km 先の比叡山（C）は青く見える．実際には，比叡山は樹木の豊かな緑の山である．遠くの山が青く見える原因は，空気中の水蒸気などの浮遊物質の影響であるが，山から来る光が浮遊物質に吸収・拡散され減弱するとともに（暗くなるとともに緑色の彩度が下がる），太陽からの光が浮遊物質に当たると，屈折力の大きい短波長成分が相対的に多く観察されることになるためと考えられる．

ABC

ゴルゴB

錯視とは何か　　　第10章　　　215

物理学的なことなので，多くの錯視研究者は研究対象にしていないが，それにもかかわらずこれらは錯覚には違いない．しかも，視覚性の錯覚であるから，錯視というしかない．これらは，**物理的錯覚**あるいは**物理的錯視**と呼ぶことができる．錯覚という概念を広く取り，実在物と知覚のズレを認識するだけでなく，それを「不思議だ」と感じるこころの能動的な働きも含むと考えれば，たとえ原因は物理学的要因でも，物理的錯視は錯視研究のテーマとするに足る心理現象であることになる．

そのほか，**盲点**の話題（5.8節参照）も錯視扱いされることがある．あるはずのものが盲点に入ると見えないのであるから，錯覚的であると言える．もちろん，盲点はそこに視細胞がないから見えないのであって，原因は生理学的あるいは解剖学的なものである．このような錯視を**生理学的錯視**と呼ぶことにする．実は，生理学的錯視は，頑張ればいくらでも捻出することができる．たとえば，目を押すと視野の一部が光って見えるが，これを錯視と言い張ることもできよう．明るいところから暗いところに急に入るとものが見えなくなるが，しばらくすると見えてくる．この現象を**暗順応**（dark adaptation）と呼ぶが，外界は一定なのに知覚が変動するのだから，暗順応や明順応も錯視であると言い張れないわけではない．しかし，先述した通り，錯視は定義の曖昧性が不可避なので，「錯視の分類」にのめり込むのもほどほどが肝要である．

筆者の考えによる広義の錯視と狭義の錯視の関係をまとめると，図10.11のようになる．狭義の錯視は，形の錯視，色の錯視，明るさの錯視，動きの錯視などに下位分類される．本書では，狭義の錯視を中心に，順次解説してきたつもりであるが，錯視をこのように単純明快に切り分けられるものではないことは，ご理解いただけたのではないかと思う．

図10.11 ◉筆者による現時点（2010年）での錯視の分類図．説明は本文を参照されたい．なお，この分類で現象を完璧に切り分けられるわけではない．たとえば，「あるのに見えない」という理由で盲点知覚を生理的錯視に入れてあるが，「見えないところは周りの知覚パターンで塗りつぶす」盲点補完（5.8節参照）は視覚的補完現象なので，知覚的錯視ということになる．また，本書で紹介した明るさの錯視のいくつかは，明るさの恒常性の基礎となっていると考えられる現象であり，狭義の錯視とは言えない．

```
広義の錯視
├── 知覚的錯視
│   ├── 狭義の錯視
│   │   ├── 形の錯視
│   │   ├── 明るさの錯視
│   │   ├── 顔の錯視
│   │   ├── 動きの錯視
│   │   ├── 色の錯視
│   │   ├── 視線方向の錯視
│   │   ├── 恒常性
│   │   └── 視覚的補完
│   ├── だまし絵
│   ├── ステレオグラム
│   └── 透明視
├── 認知的錯視
│   ├── 思い違い
│   ├── 変化の見落とし
│   ├── 勘違い
│   └── 奇術で使われる諸現象
├── 生理学的錯視
│   ├── 残像
│   ├── プルキンエ現象
│   ├── 盲点ではものが見えないこと
│   └── 明順応暗順応
└── 物理的錯視
    ├── 蜃気楼
    ├── 遠くのものは小さく見えること
    ├── コップの水に差したストローが折れ曲がって見える現象
    └── 鏡を見ると風景が反転して見えること
```

◎ 参考文献

Adamczak, W. (1981): The amacrine cells as an important processing site of pattern-induced flicker colors. *Vision Research*, 21, 1639-1642.

Adams, W. J., Graf, E. W. and Ernst, M. O. (2004): Experience can change the "light-from-above" prior. *Nature Neuroscience*, 7, 1057-1058.

Addams, R. (1834): An account of a peculiar optical phenomenon seen after having looked at a moving body. *London and Edinburgh Philosophical Magazine and Journal of Science*, 5, 373-374.

Adelson, E. H. (1993): Perceptual organization and the judgment of brightness. *Science*, 262, 2042-2044.

Adelson, E. H. (2000): Lightness perception and lightness illusions. In M. Gazzaniga (Ed.), *The New Cognitive Neurosciences*, 2nd ed. Cambridge, MA: MIT Press (pp. 339-351).

Albert, M. K. (1998): Assimilation of achromatic color cannot explain the brightness effects in the achromatic neon effect. *Perception*, 27, 839-849.

Albert, M. K. (2006): Lightness and perceptual transparency. *Perception*, 35, 433-443.

Allison, T., McCarthy, G., Nobre, A., Puce, A. and Belger, A. (1994): Human extrastriate visual cortex and the perception of faces, words, numbers and colors. *Cerebral Cortex*, 4, 544-554.

Ames, A., Jr. (1951): Visual perception and the rotating trapezoid window. *Psychological Monographs*, 65(7), 1-32.

Ames, A. and Proctor, C. A. (1921): Dioptrics of the eye. *Journal of the Optical Society of America*, 5, 22-84.

Anderson, B. L. (1997): A theory of illusory lightness and transparency in monocular and binocular images: the role of contour junctions. *Perception*, 26, 419-453.

Anderson, B. L. and Winawer, J. (2005): Image segmentation and lightness perception. *Nature*, 434, 79-83.

Ando, S. (2002): Luminance-induced shift in the apparent direction of gaze. *Perception*, 31, 657-674.

Andrews, T. J. and Schluppeck, D. (2004): Neural responses to Mooney images reveal a modular representation of faces in human visual cortex. *NeuroImage*, 21, 91-98.

Andrews, T., Schluppeck, D., Homfray, D., Matthews, P. and Blakemore, C. (2002): Activity in the fusiform gyrus predicts conscious perception of Rubin's vase-face illusion. *NeuroImage*, 17, 890-901.

Anstis, S. M. (1970): Phi movement as a subtraction process. *Vision Research*, 10, 1411-1430.

Anstis, S. (2001): Footsteps and inchworms: Illusions show that contrast affects apparent speed. *Perception*, 30, 785-794.

Anstis, S. (2004): Factor affecting footsteps: contrast can change the apparent speed, amplitude and direction of motion. *Vision Research*, 44, 2171-2178.

Anstis, S. M. (2005): White's Effect in color, luminance and motion. In Harris, L. and Jenkin, M. (Eds.), *Seeing Spatial Form*, Oxford: Oxford University Press.

新井仁之・新井しのぶ (2005)：ウェーブレット分解で見る，ある種の傾き錯視における類似性．*VISION*, 17, 259-265.

Araragi, Y. and Nakamizo, S. (2008): Anisotropy of tolerance of perceptual completion at the blind spot. *Vision Research*, 48, 618-625.

Arnheim, R. (1954): *Art and Visual Perception: A psychology of the eye*, Berkeley: University of California Press.

蘆田 宏 (1994)：2種類の運動残効と運動視機構．心理学評論, 37, 141-163.

Ashida, H. (2002): Spatial frequency tuning of the Ouchi illusion and its dependence on stimulus size. *Vision Research*, 42, 1413-1420.

Ashida, H., Sakurai, K. and Kitaoka, A. (2005): A new variant of the Ouchi illusion reveals Fourier-component-based processing. *Perception*, 34, 381-390.

Backus, B. T. and Oruç, İ. (2005): Illusory motion from change over time in the response to contrast and luminance. *Journal of Vision*, **5**, 1055-1069.

Barkan, Y., Spitzer, H. and Einav, S. (2008): Brightness contrast-contrast induction model predicts assimilation and inverted assimilation effects. *Journal of Vision*, **8**(7): 27, 1-26.

Baumgartner, G. (1960): Indirekte Größenbestimmung der rezeptiven Felder der Retina beim Menschen mittels der Hermannschen Gittertäuschung. *Pflüger Archiv für die gesamte Physiologie des Menschen und der Tiere*, **272**, 21-22.

Beer, A. L., Heckel, A. H. and Greenlee, M. W. (2008): A motion illusion reveals mechanisms of perceptual stabilization. *PLoS ONE*, **3**(7): e2741, 1-7.

Benham, C. E. (1894): The artificial spectrum top. *Nature*, **51**, 113-114.

Bergen, J. R. (1985): Hermann's grid: new and improved (abstract). *Investigative Ophthalmology and Visual Science (Supplement)*, **26**, 280.

Bindman, D. and Chubb, C. (2004): Brightness assimilation in bullseye displays. *Vision Research*, **44**, 309-319.

Blakemore, M. R. and Snowden, R. J. (1999): The effect of contrast upon perceived speed: a general phenomenon? *Perception*, **28**, 33-48.

Blakeslee, B. and McCourt, M. E. (1997): Similar mechanisms underlie simultaneous brightness contrast and grating induction. *Vision Research*, **37**, 2849-2869.

Blakeslee, B. and McCourt, M. E. (2001): A multiscale spatial filtering account of the Wertheimer-Benary effect and the corrugated mondrian. *Vision Research*, **41**, 2487-2502.

Bonneh, Y., Cooperman, A. and Sagi, D. (2001): Motion induced blindness in normal observers. *Nature*, **411**, 798-801.

Bourdon, B. (1902): *La perception visuelle de l'espace*, Paris: Reinwald.

Bressan, P. (2001): Explaining lightness illusions. *Perception*, **30**, 1031-1046.

Bressan, P. and Vezzani, S. (1995): A new motion illusion related to the aperture problem. *Perception*, **24**, 1165-1176.

Bressan, P., Garlaschelli, L. and Barracano, M. (2003): Antigravity hills are visual illusions. *Psychological Science*, **14**, 441-449.

Bressan, P., Mingolla, E., Spillmann, L. and Watanabe, T. (1997): Neon color spreading: A review. *Perception*, **26**, 1353-1366.

Brewster, D. (1844): On the knowledge of distance given by binocular vision. *Transactions of the Royal Society of Edinburgh*, **15**, 663-674.

Browne, C. (2007): Impossible fractals. *Computers & Graphics*, **31**, 659-667.

Brücke, E. (1865): Ueber Ergänzungsfarben und Contrastfarben. *Sitzungsberichte der Mathematisch-Naturwissenschaftlichen Classe der Kaiserlichen Akademie der Wissenschaften*, **51**, 461-501.

Bruner, J. S. and Minturn, A. L. (1955): Perceptual identification and perceptual organization. *Journal of General Psychology*, **53**, 21-28.

Burmester, E. (1896): Beiträge zur experimentellen Bestimmung geometrisch-optischer Täuschungen, *Zeitschrift für Psychologie*, **12**, 355-394.

Burr, D. C. (1987): Implications of the Craik-O'Brien illusion for brightness perception. *Vision Research*, **27**, 1903-1913.

Cavanagh, P., Tyler, C. W. and Favreau, O. E. (1984): Perceived velocity of moving chromatic gratings. *Journal of the Optical Society of America A*, **1**, 893-899.

Chubb, C., Sperling, G. and Solomon, J. A. (1989): Texture interactions determine perceived contrast. *Proceedings of the National Academy of Sciences, USA*, **86**, 9631-9635.

Cicerone, C. M., Hoffman, D. D., Gowdy, P. D. and Kim, J. S. (1995): The perception of color from motion. *Perception & Psychophysics*, **57**, 761-777.

Clarke, F. J. J. and Belcher, S. J. (1962): On the localization of Troxler's effect in the visual pathway. *Vision Research*, **2**, 53-68.

Clement, R. A. (1996): Apparent shape of the Mach book. *Perception*, **25**, 313-319.

Cohen, J. and Gordon, D. A. (1949): The Prevost-Fechner-Benham subjective colors. *Psychological Bulletin*, **46**, 97-136.

Cohn, T. E. and Lasley, D. J. (1990): Wallpaper illusion: cause of disorientation and falls on escalators. *Perception*, **19** (5), 573-580.

Conway, R. B., Kitaoka, A., Yazdanbakhsh, A., Pack, C. C. and Livingstone, M. S. (2005): Neural basis for a powerful static motion illusion. *Journal of Neuroscience*, **25**, 5651-5656.

Coren, S. (1972): Subjective contours and apparent depth. *Psychological Review*, **79**, 359-367.

Coren, S. and Girgus, J. S. (1978): *Seeing is Deceiving: The Psychology of Visual Illusion*. Hillsdale, NJ: Lawrence Erlbaum.

Cornsweet, T. (1970): *Visual Perception*, New York: Academic Press.

Craik, K. J. W. (1966): *The Nature of Psychology: A Selection of Papers, Essays and Other Writings*, Cambridge, UK: Cambridge University Press.

da Pos, O. and Zambianchi, E. (1996): *Visual Illusion and Effects*, Milano: Guerini Studio.

Day, R. H. (1983): Neon color spreading, partially delineated borders, and the formation of illusory contours. *Perception & Psychophysics*, **34**, 488-490.

Day, R. H. and Jory, M. K. (1978): Subjective contours, visual acuity, and line contrast. In J. C. Armington, J. Krauskopf, and B. R. Wooten (Eds.), *Visual Psychophysics and Physiology*, New York: Academic Press (pp.331-340).

Delboeuf, M. J. (1865): Note sur certaines illusions d'optique: Essai d'une théorie psychophysique de la manière dont l'oeuil apprécie les distances et les angles. *Bulletin de l'Académie Royale des Sciences, des Lettres et des Beaux-Arts de Belgique, II Série*, **19**, 195-216.

De Valois, R. L. and De Valois, K. K. (1988): *Spatial Vision*. New York: Oxford University Press.

De Weert, C. M. and Spillmann, L. (1995): Assimilation: Asymmetry between brightness and darkness? *Vision Research*, **35**, 1413-1419.

Dodwell, P. C., Harker, G. S. and Behar, I. (1968): Pulfrich effect with minimal differential adaptation of the eyes. *Vision Research*, **8**, 1431-1443.

Dolan, R. J., Fink, G. R., Rolls, E., Booth, M., Holmes, A., Frackowiak, R. S. J. and Friston, K. J. (1997): How the brain learns to see objects and faces in an impoverished context. *Nature*, **389**, 596-599.

Dombrowsky, H. (1942): *Experimentelle Untersuchungen über das Hering-Ehrensteinsche Helligkeitsphänomen*. Philosophische Fakultät, Inaugural-Dissertation, Karls-Universität, Prague.

Dunkley, K. J. (1993): New 3D from 2D visual display process. *Proceedings of SPIE*, **1915**, 132-140.

Ebbinghaus, H. (1902): *Grundzüge der Psychologie. Erster Band*. Leibzig: Veit.

Ehrenstein, W. (1941): Ueber Abwandlungen der L. Hermannschen Helligkeitserscheinung. *Zeitschrift. für Psychologie*, **150**, 83-91.

Emerson, V. F., Humphrey, G. K. and Dodwell, P. C. (1985): Colored aftereffects contingent on patterns generated by Lie transformation groups. *Perception & Psychophysics*, **37**, 155-162.

Erb, M. B. and Dallenbach, K. M. (1939): Subjective colors from line-patterns. *American Journal of Psycogy*, **52**, 227-241.

Ernst, B. (1976): *De Toverspiegel van M. C. Escher*, Amsterdam: Meulenhoff（エルンスト（著），坂根厳夫（訳）(1983)：エッシャーの宇宙，朝日新聞社）．

Farné, M. (1977): Brightness as an indicator to distance: relative brightness per se or contrast with background?

Perception, **6**, 287-293.
Faubert, J. (1994): Seeing depth in colour: More than just what meets the eyes. *Vision Research*, **34**, 1165-1186.
Faubert, J. (1995): Colour induced steropsis in images with achromatic information and only one other colour. *Vision Research*, **35**, 3161-3167.
Faubert, J. and Herbert, A. M. (1999): The peripheral drift illusion: A motion illusion in the visual periphery. *Perception*, **28**, 617-621.
Fechner, G. T. (1838): Ueber eine Scheibe zur Erzeugung subjectiver Farben. In Poggendorf, J. C. (Ed.), *Annalen der Physik und Chemie*, Leipzig: Verlag von Johann Ambrosius Barth (pp. 227-232).
Fermüller, C., Pless, R., and Aloimonos, Y. (2000): The Ouchi illusion as an artifact of biased flow estimation. *Vision Research*, **40**, 77-96.
Fick, A. (1851): Da errone quodam optic asymmetria bulbi effecto. Marburg: Koch.
Foster, C. and Altschuler, E. L. (2001): The bulging grid. *Perception*, **30**, 393-395.
Fraser, A. and Wilcox, K. J. (1979): Perception of illusory movement. *Nature*, **281**, 565-566.
Fraser, J. (1908): A new visual illusion of direction. *British Journal of Psychology*, **2**, 307-320.
Frisby, J. P. and Clatworthy, J. L. (1975): Illusory contours: curious cases of simultaneous brightness. contrast. *Perception*, **4**, 349-357.
Fuchs, W. (1923): Untersuchungen über das simultane Hintereinandersehen auf derselben Sehrichtung. *Zeitschrift für Psychologie*, **91**, 145-235.
福田繁雄（2000）：福田繁雄のトリックアート・トリップ，毎日新聞社．
Gegenfurtner, K. R. and Hawken, M. J. (1996): Perceived velocity of luminance, chromatic and non-fourier stimuli: Influence of contrast and temporal frequency. *Vision Research*, **36**, 1281-1290.
Genter, C. R. II and Weisstein, N. (1981): Flickering phantoms: A motion illusion without motion. *Vision Research*, **21**, 963-966.
Gerardin, P., de Montalembert, M. and Mamassian, P. (2007): Shape from shading: New perspectives from the Polo Mint stimulus. *Journal of Vision*, **7**(11):13, 1-11.
Gerbino, W. (1988): Models of achromatic transparency: A theoretical analysis. *Gestalt Theory*, **10**, 5-20.
Gilchrist, A., Kossyfidis, C., Bonato, F., Agostini, T., Cataliotti, J., Li, X., Spehar, B., Annan, V. and Economou, E. (1999): An anchoring theory of lightness perception. *Psychological Review*, **106**, 795-834.
Giovanelli, G. (1966): Stati di tensione e di equilibrio nel campo percettivo. *Rivista di Psicologia*, **60**, 327-335.
Goldstein, A. G. (1965): Learning of inverted and normally oriented faces in children and adults. *Psychonomic Science*, **3**, 447-448.
Gori, S. and Hamburger, K. (2006): A new motion illusion: The Rotating-Tilted-Lines illusion. *Perception*, **35**, 853-857.
後藤倬男・田中平八（編）（2005）：錯視の科学ハンドブック，東京大学出版会．
Gottschaldt, K. (1926): Ueber den Einfluss der Erfahrung auf die Wahrnehmung von Figuren. *Psychologische Forschung*, **8**, 261-317.
Graham, C. H. and Brown, J. L. (1965): Color contrast and color appearance: Brightness constancy and color constancy. In C. H. Graham (Ed.), *Vision and Visual Perception*, New York: John Wiley & Sons (pp. 452-478).
Gregory, R. L. (1963): Distortion of space as inappropriate constancy scaling. *Nature*, **199**, 678-680.
Gregory, R. L. (1966): *Eye and Brain*, New York: McGraw-Hill.
Gregory, R. L. (1970): *The Intelligent Eye*, London: Weidenfeld and Nicolson（グレゴリー（著），金子隆芳（訳）（1972）：インテリジェント・アイ，みすず書房）．
Gregory, R. L. (1972): Cognitive contours. *Nature*, **238**, 51-52.
Gregory, R. L. (1994): *Even Odder Perceptions*, London: Routledge.

Gregory, R. L. and Harris, J. P. (1974): Illusory contours and stereo depth. *Perception & Psychophysics*, **15**, 411-416.
Gregory, R. L. and Heard, P. (1979): Border locking and the Café Wall illusion. *Perception*, **8**, 365-380.
Gregory, R. L. and Heard, P. F. (1983): Visual dissociations of movement, position, and stereo depth: Some phenomenal phenomena. *Quarterly Journal of Experimental Psychology*, **35A**, 217-237.
Gurnsey, R. and Pagé, G. (2006): Effects of local and global factors in the Pinna illusion. *Vision Research*, **46**, 1823-1837.
Gurnsey, R., Sally, S. L., Potechin, C. and Mancini, S. (2002): Optimising the Pinna-Brelstaff illusion. *Perception*, **31**, 1275-1280.
Guth, S. L. (1964): The effect of wavelength on visual perceptual latency. *Vision Research*, **4**, 567-578.
Gyoba, J. (1983): Stationary phantoms: A completion effect without motion and flicker. *Vision Research*, **23**, 205-211.
Gyoba, J. (1997): Loss of forest: perceptual fading and filling-in of static texture patterns. *Perception*, **26**, 1317-1320.
Harris, J. P. and Gregory, R. L. (1973): Fusion and rivalry of illusory contours. *Perception*, **2**, 235-247.
Hartline, H. K., Wagner, H. G. and Ratliff, F. (1956): Inhibition in the eye of Limulus. *Journal of General Physiology*, **39**, 651-673.
Hartridge, H. (1918): Chromatic aberration and the resolving power of the eye. *Journal of Physiology*, **52**, 175-246.
Hartridge, H. (1947): The visual perception of fine detail. *Philosophical Transactions of the Royal Society of London*, **29**, 311-338.
Helmholtz, H. von (1856, 1860, 1866, 1867): *Handbuch der Physiologischen Optik*, Leipzig: Voss. Part I (1856), Part II (1860), Part III (1866). The first two parts were published in the same volume as the third part in 1866. This was called the first edition according to Robinson (1972). In many case, "1867" is preferred for citation as follows. Helmholtz, H. von (1867). *Handbuch der physiologischen Optik*, Leipzig: Voss. Translated by J. P. C. Southall of the third German edition (1909-1911) was published as *Treatise on Physiological Optics*, New York: Dover (1924-1925, 1962). N. Wade (Ed.), *Helmholtz's Treatise on Physiological Optics*, Bristol: Thoemmes (2000).
Helson, H. (1963): Studies of anomalous contrast and assimilation. *Journal of the Optical Society of. America*, **53**, 179-184.
Hering, E. (1861): *Beiträge zur Physiologie, I. Zur Lehre vom Ortsinne der Netzhaut*, Leipzig: Engelman.
Hering, E. (1907): Vom simultanen Grenzkontrast. In T. Saemisch (Ed.), *Graefe-Saemisch Handbuch der gesamten Augenheilkunde*, 2nd edition, volume 3, part 1, chapter 12 (Leipzig: Engelmann) (pp. 135-141).
Hermann, L. (1870): Eine Erscheinung simultanen Kontrastes. *Pflüger Archiv für die gesamte Physiologie des Menschen und der Tiere*, **3**, 13-45.
Hershenson, M. (Ed.) (1989): *The Moon Illusion*, Hillsdale, NJ: Lawrence Erlbaum Associates.
Hess, C. (1904): Untersuchungen über den Erregungsvorgang im Sehorgan bei kurz — und bei längerdauernder Reizung. *Pflüger's Archiv für die gesamte Physiologie*, **101**, 226-262.
Higashiyama, A. (1992): Anisotropic perception of visual angle: Implications for the horizontal-vertical illusion, over-constancy of size and the moon illusion. *Perception & Psychophysics*, **51**, 218-230.
Hine, T. J., Cook, M. and Rogers, G. T. (1995): An illusion of relative motion dependent upon spatial frequency and orientation. *Vision Research*, **35**, 3093-3102.
Hine, T. J., Cook, M. and Rogers, G. T. (1997): The Ouchi illusion: an anomaly in the perception of rigid motion for limited spatial frequencies and angles. *Perception & Psychophysics*, **59**, 448-455.
Hisakata, R. and Murakami, I. (2008): The effects of eccentricity and retinal illuminance on the illusory motion in a stationary luminance gradient. *Vision Research*, **48**, 1940-1948.
Hoffman, D. D. (1998): *Visual Intelligence; How We Create What We See*, New York: Norton.
Holway, A. F. and Boring, E. G. (1940): The Moon illusion and the angle of regard. *American Journal of Psychology*,

52, 509-516.

Holway, A. F. and Boring, E. G. (1941): Determinants of apparent visual size with distance variant. *American Journal of Psychology*, **53**, 21-37.

Hong, S. W. and Shevell, S. K. (2004): Brightness contrast and assimilation from patterned inducing backgrounds. *Vision Research*, **44**, 35-43.

Horemis, S. (1970): *Optical and Geometrical Patterns and Designs*, New York: Dover.

Howard, I. P. (1983): Occluding edges in apparent reversal of convexity and concavity. *Perception*, **12**, 85-86.

Howard, I. P. and Rogers, B. J. (1995): *Binocular Vision and Stereopsis*, New York and Oxford: Oxford University Press.

Howe, C. Q. and Purves, D. (2005): The Müller-Lyer illusion explained by the statistics of image-source relationships. *Proceedings of the National Academy of Sciences of the United States of America*, **102**, 1234-1239.

Howe, P. D. L. (2001): A comment on the Anderson (1997), the Todorović (1997) and the Ross and Pessoa (2000): explanations of White's effect. *Perception*, **30**, 1023-1026.

Howe, P. D. L. (2005): White's effect: Removing the junctions but preserving the strength of the illusion *Perception*, **34**, 557-564.

Hsieh, P.-J., Caplovitz, G. P. and Tse, P. U. (2006): Illusory motion induced by the offset of stationary luminance-defined gradients. *Vision Research*, **46**, 970-978.

Ichikawa, M., Masakura, Y. and Munechika, K. (2006): Dependence of illusory motion on directional consistency in oblique components. *Perception*, **35**, 933-946.

池田　進（1993）：あの山が透けて見える―透明視の一つの事例．関西大学社会学部紀要，**25**，165-168．

今井省吾（1963）：Hering 錯視の数値的予測．人文学報（東京都立大学），**37**，25-52．

今井省吾（1971）：道路の縦断勾配の錯視．東京都立大学人文学報，**83**，13-28．

今井省吾（1984）：錯視図形・見え方の心理学，サイエンス社．

石黒　浩（2007）：アンドロイドサイエンス―人間を知るためのロボット研究，毎日コミュニケーションズ．

Jameson, D. and Hurvich, L. M. (1964): Theory of brightness and color contrast in human vision. *Vision Research*, **4**, 135-154.

Jameson, D. and Hurvich, L. M. (1975): From contrast to assimilation: In art and in the eye. *Leonardo*, **8**, 125-131.

Jastrow, J. (1891): A study of Zöllner's figures and other related illusions. *American Journal of Psychology*, **4**, 381-398.

Julesz, B. and White, B. (1969): Short term visual memory and the Pulfrich phenomenon. *Nature*, **222**, 639-641.

Kanizsa, G. (1955): Condizioni ed effetti della trasparenza fenomenica. *Rivista di Psicologia*, **49**(3), 3-19.

Kanizsa, G. (1974): Contours without gradients or cognitive contours? *Italian Journal of Psychology*, **1**, 93-113.

Kanizsa, G. (1976): Subjective contours. *Scientific American*, **234**(4), 48-52.

Kanizsa, G. (1979): *Organization in Vision: Essay on Gestalt Perception*, New York: Praeger.

Kanwisher, N., McDermott, J. and Chun, M. M. (1997): The fusiform face area: a module in extrastriate cortex specialized for face perception. *Journal of Neuroscience*, **17**, 4302-4311.

Katori, II. and Suzukawa, K. (1963): The estimation of apparent size in stereoscopic vision. *Japanese Psychological Research*, **5**, 72-83.

Kaufman, L. and Rock, I. (1962): The moon illusion. *Scientific American*, **207**, 120-132.

Kaufman, L., Kaufman, J. H., Noble, R., Edlund, S., Bai, S. and King, T. (2006): Perceptual distance and the constancy of size and stereoscopic depth. *Spatial Vision*, **19**, 439-457.

Khang, B.-G. and Essock, E. A. (1997a): A motion illusion from two-dimensional periodic pattern. *Perception*, **26**, 585-597.

Khang, B.-G. and Essock, E. A. (1997b): Apparent relative motion from a checkerboard surround. *Perception*, **26**, 831

-846.
Kingdom, F. and Moulden, B. (1992): A multi-channel approach to brightness coding. *Vision Research*, **32**, 1565-1582.
Kingdom, F. A. A., Yoonessi, A. and Gheorghiu, E. (2007): The Leaning Tower illusion: a new illusion of perspective. *Perception*, **36**, 475-477.
Kinney, J. A. S. (1962): Factors affecting induced colors. *Vision Research*, **2**, 503-525.
Kirschmann, A. (1891): Ueber die quantitativen Verhältnisse des stimultanen Helligkeits- und Farben-Contrastes. *Philosophische Studien*, **6**, 417-491.
北原義典（2009）：謎解き―人間行動の不思議―感覚・知覚からコミュニケーションまで（ブルーバックス B-1654），講談社.
Kitaoka, A. (1998): Apparent contraction of edge angles. *Perception*, **27**, 1209-1219.
北岡明佳（2001）：錯視のデザイン学（7）―工学的にはとらえきれない幻の光知覚．日経サイエンス，**31**(8), 66-68.
北岡明佳（2003）：トリックアイズ 2 ながめるだけで，「脳が活性化して，こころの健康によい」魔法のイラスト集，カンゼン.
Kitaoka, A. (2003): The frame of reference in anomalous motion illusions and ergonomics of human fallacy. *Ritsumeikan Journal of Human Sciences*, **6**, 77-80.
北岡明佳（2005a）：京大人気講義シリーズ・現代を読み解く心理学，丸善.
北岡明佳（2005b）：幾何学的錯視．後藤倬男・田中平八（編），錯視の科学ハンドブック，東京大学出版会 (pp. 56-77).
北岡明佳（2005c）：方向の錯視．後藤倬男・田中平八（編），錯視の科学ハンドブック，東京大学出版会 (pp. 136-153).
北岡明佳（2005d）：トリック・アイズ グラフィックス，カンゼン.
Kitaoka, A. (2005): A new explanation of perceptual transparency connecting the X-junction contrast-polarity model with the luminance-based arithmetic model. *Japanese Psychological Research*, **47**, 175-187.
北岡明佳（2006）：色が強くなる錯視．Ａ・Ｆ・Ｔジャーナル，**31**(Summer), 01.
北岡明佳（2007a）：だまされる視覚―錯視の楽しみ方，化学同人.
北岡明佳（2007b）：心理学から芸術へのアプローチ．基礎心理学研究，**26**, 97-102.
北岡明佳（監修）（2007c）：Newton 別冊 錯視 完全図解―脳はなぜだまされるのか？，ニュートンプレス.
Kitaoka, A. (2007a): Tilt illusions after Oyama (1960): A review. *Japanese Psychological Research*, **49**, 7-19.
Kitaoka, A. (2007b): Psychological approaches to art. *Japanese Journal of Psychonomic Science*, **26**, 97-102.
Kitaoka, A. (2007c): Phenomenal classification of the "optimized" Fraser-Wilcox illusion and the effect of color. Poster presentation in DemoNight, VSS2007, GWiz, Sarasota, Florida, USA, May 14, 2007.
Kitaoka, A. (2007d): A new motion illusion in a stationary image characterized by line drawing. *Talk presentaton in the 2007's winter meeting of the Vision Society of Japan*, the Tokyo Institute of Technology, Tokyo, Japan.
北岡明佳（2008a）：錯視の認知心理学．認知心理学研究，**5**, 177-185.
北岡明佳（2008b）：人はなぜ錯視にだまされるのか？ トリック・アイズ メカニズム，カンゼン.
北岡明佳（2009）：錯視絵．ギャンブリング＊ゲーミング学研究，**5**, 1-9.
Kitaoka, A. and Ashida, H. (2003): Phenomenal characteristics of the peripheral drift illusion. *VISION*, **15**, 261-262.
Kitaoka, A. and Ashida, H. (2004): A new anomalous motion illusion: the "central drift illusion". *Talk presentation in the 2004's winter meeting of the Vision Society of Japan*, the Kogakuin University, Tokyo, Japan.
Kitaoka, A. and Ashida, H. (2007): A variant of the anomalous motion illusion based upon contrast and visual latency. *Perception*, **36**, 1019-1035.
Kitaoka, A. and Murakami, I. (2007): Rotating Ouchi illusion. *Journal of Vision*, **7**(9), 984a.
Kitaoka, A., Gyoba, J. and Kawabata, H. (1999): Photopic visual phantom illusion: Its common and unique characteristics as a completion effect. *Perception*, **28**, 825-834.
Kitaoka, A., Gyoba, J. and Sakurai, K. (2006): Chapter 13 The visual phantom illusion: a perceptual product of sur-

face completion depending on brightness and contrast. *Progress in Brain Research*, **154** (Visual Perception Part 1), 247-262.

Kitaoka, A, Kuriki, I. and Ashida, H. (2006): The center-of-gravity model of chromostereopsis. *Ritsumeikan Journal of Human Sciences*, **11**, 59-64.

Kitaoka, A., Pinna, B. and Brelstaff, G. (2001): New variations of spiral illusions. *Perception*, **30**, 637-646.

Kitaoka, A., Pinna, B. and Brelstaff, G. (2004): Contrast polarities determine the direction of Café Wall tilts. *Perception*, **33**, 11-20.

Kitaoka, A., Gyoba, J., Kawabata, H. and Sakurai, K. (2001a) Two competing mechanisms underlying neon color spreading, visual phantoms and grating induction. *Vision Research*, **41**, 2347-2354.

Kitaoka, A., Gyoba, J., Kawabata, H. and Sakurai, K. (2001b) Perceptual continuation and depth in visual phantoms can be explained by perceptual transparency. *Perception*, **30**, 959-968.

小原未紗 (2006)：文字列が傾いて見える錯視における水平成分の役割．立命館大学学生論集, **12**, 83-103.

Köhler, W. and Wallach, H. (1944): Figural after-effects: An investigation of visual processes. *Proceedings of the American Philosophical Society*, **88**, 269-357.

小町谷朝生 (2005)：錯視と芸術．後藤倬男・田中平八 (編), 錯視の科学ハンドブック, 東京大学出版会 (pp. 427-435).

Kuffler, S. W. (1953): Discharge patterns and functional organization of mammalian retina. *Journal of Neurophysiology*, **39**, 651-673.

Kundt, A. (1863): Untersuchungen über Augenmass und optische Täuschungen. *Annalen der Physik und Chemie*, **120**, 118-158.

Kuriki, I., Ashida, H., Murakami, I. and Kitaoka, A. (2008): Functional brain imaging of the Rotating Snakes illusion by fMRI. *Journal of Vision*, 8(10),16, 1-10.

Leviant, I. (1996): Does 'brain-power' make Enigma spin? *Proceedings of the Royal Society of London, B*, **263**, 997-1001.

Lipps, T. (1897): *Raumästhetik und geometrisch-optische Täuschungen*, Leipzig: Barth.

Lit, A. (1949): The magnitude of the Pulfrich stereophenomenon as a function of binocular differences of intensity at various levels of illumination. *American Journal of Psychology*, **62**, 159-181.

Livingstone, M. S. (2000): Is it warm? Is it real? Or just low spatial frequency? *Science*, **290**, 1299.

Logvinenko, A. D. (1999): Lightness induction revisited. *Perception*, **28**, 803-816.

Logvinenko, A. D. (2003): A fair test of the effect of a shadow-incompatible luminance gradient on the simultaneous lightness contrast. *Perception*, **32**, 717-720; discussion 721-730.

Logvinenko, A. D. and Kane, J. (2004): Hering's and Helmholt's types of simultaneous lightness contrast. *Journal of Vision*, 4(12), 1102-1110.

Logvinenko, A. D. and Ross, D. A. (2005): Adelson's tile and snake illusions: Helmholtzian type of simultaneous lightness contrast. *Spatial Vision*, **18**, 25-72.

Logvinenko, A. D., Adelson, E. H., Ross, D. A. and Somers, D. (2005): Straightness as a cue for luminance edge classification. *Perception & Psychophysics*, **67**, 120-128.

Lotto, R. B., Williams, S. M. and Purves, D. (1999): Mach bands as empirically derived associations. *Proceedings of the National Academy of Sciences*, **96**, 5245-5250.

Luckiesh, M. and Moss, F. K. (1933): A demonstrational test of vision. *American Journal of Psychology*, **45**, 135-139.

Mach, E. (1865): Über die Wirkung der raumlichen Verteilung des Lichtreizes auf die Netzhaut, I'. *Sitzungsberichte der Akademie der Wissenschaften in Wien, Mathematisch-naturwissenschaftliche Klasse*, **52**, 303-322.

Mach, E. (1886): *Beiträge zur Analyse der Empfindungen*, Jena: Gustav Fischer.

MacKay, D. M. (1957): Moving visual images produced by regular stationary patterns. *Nature*, **180**, 849-850.

Maheux, M., Townsend, J. C. and Gresock, C. J. (1960): Geometrical factors in illusions of direction. *American Journal of Psychology*, **73**, 535-543.

米谷　淳 (2005)：構えと錯視. 後藤倬男・田中平八（編），錯視の科学ハンドブック，東京大学出版会 (pp. 339-348).

Marr, D. (1982): *Vision*, New York: W. H. Freeman.

Marr, D. and Ullman, S. (1981): Directional selectivity and its use in early visual processing. *Proceedings of the Royal Society of London, B*, **211**, 151-180.

Mather, G. (2000): Integration biases in the Ouchi and other visual illusions. *Perception*, **29**, 721-727.

Mather, G., Anstis, S. and Verstraten, F. (Eds.) (1998): *The Motion Aftereffect: A Modern Perspective*, Cambridge, MA: MIT Press.

McAnany, J. J. and Levine, M. W. (2004): The blanking phenomenon: a novel form of visual disappearance. *Vision Research*, **44**, 993-1001.

McCollough, C. (1965): Adaptation of edge-detectors in the human visual system. *Science*, **149**, 1115-1116.

McCourt, M. E. (1982): A spatial frequency dependent grating-induction effect. *Vision Research*, **22**, 119-134.

McCourt, M. E. (1983): Brightness induction and the Café Wall illusion. *Perception*, **12**, 131-142.

McGurk, H. and MacDonald, J. (1976): Hearing lips and seeing voices. *Nature*, **264**, 746-748.

McKee, S. P. and Mitchison, G. J. (1988): The role of retinal correspondence in stereoscopic matching. *Vision Research*, **28**, 1001-1012.

McKee, S. P., Verghese, P., Ma-Wyatt, A. and Petrov, Y. (2007): The wallpaper illusion explained. *Journal of Vision*, **7**(14):10, 1-11.

Metelli, F. (1974): The perception of transparency. *Scientific American*, **230**, 90-98.

Metzger, W. (1953): *Gesetze des Sehens*, Frankfurt: Waldemar Kramer.（メッツガー，W.（著），盛永四郎（訳）(1968)：視覚の法則，岩波書店）.

Monnier, P. and Shevell, S. K. (2003): Large shifts in color appearance from patterned chromatic backgrounds. *Nature Neuroscience*, **6**, 801-802.

Monnier, P. and Shevell, S. K. (2004): Chromatic induction from S-cone patterns. *Vision Research*, **44**, 849-856.

Mooney, C. M. (1957): Age in the development of closure ability in children. *Canadian Journal of Psychology*, **11**, 219-226.

Morgan, M. (2002): Running rings around the brain. *The Guardian*, Thursday, 24 January.

森　政弘 (1970)：不気味の谷. *Energy*, **7**(4), 33-35.

Morikawa, K. and Papathomas, T. V. (2002): Influences of motion and depth on brightness induction: An illusory transparency effect? *Perception*, **31**, 1449-1457.

Morinaga, S. and Ikeda, H. (1965): Paradox of displacement in geometrical illusion and the problem of dimensions—A contribution to the study of space perception. *Japanese Journal of Psychology*, **36**, 239-243.

Morrone, M. C. and Burr, D. C. (1988): Feature detection in human vision: A phase-dependent energy model. *Proceedings of the Royal Society of London, B*, **235**, 221-245.

Morrone, M. C., Burr, D. C. and Ross, J. (1994): Illusory brightness step in the Chevreul illusion. *Vision Research*, **34**, 1567-1574.

Morrone, M. C., Ross, J., Burr, D. C. and Owens, R. (1986): Mach bands are phase dependent. *Nature*, **324**, 250-253.

Motokawa, K. (1950): Field of retinal induction and optical illusion. *Journal of Neurophysiology*, **18**, 413-426.

Moulden, B. and Renshaw, J. (1979): The Münsterberg illusion and 'irradiation'. *Perception*, **8**, 275-301.

Mount, G. E., Case, H. W., Sanderson, J. W. and Brenner, R. (1956): Distance judgments of colored objects. *Journal of General Psychology*, **55**, 207-214.

Müller-Lyer, F. C. (1889): Optische Urteilstäuschungen. *Archiv für Anatomie und Physiologie, Physiologische Abteilung*, **2**, 263-270.

Munker, H. (1970): Farbige Gitter, Abbildung auf der Netzhaut und übertragungstheoretische Beschreibung der Farbwahrnehmung. Habilitationsschrift, Ludwig-Maximilians-Universität, München.

Münsterberg, H. (1897): Die vershobene Schachbrettfigur. *Zeitschrift fur Psychologie*, **15**, 184-188.

Murakami, I. and Cavanagh, P. (1998): A jitter after-effect reveals motion-based stabilization of vision. *Nature*, **395**, 798-801.

Murakami, I., Kitaoka, A. and Ashida, H. (2006): A positive correlation between fixation instability and the strength of illusory motion in a static display. *Vision Research*, **46**, 2421-2431.

Naito, S. and Cole, J. B. (1994): The gravity lens illusion and its mathematical model. In G. H. Fischer and D. Laming (Eds.), *Contributions to Mathematical Psychology, Psychometrics and Methodology*, New York: Springer Verlag.

中川 貴（2009）：眼の色収差に起因する色同化の幾何光学．VISION, **21**, 82.

中山明子（2008）：「踊るハート」錯視（1844）と「踊るハート達」錯視（2006）の比較検証．2008年度立命館大学文学部（人文学科心理学専攻）卒業論文．

Nakayama, K., Shimojo, S. and Ramachandran, V. S. (1990): Transparency: Relation to depth, subjective contours, luminance, and neon color spreading. *Perception*, **19**, 497-513.

Nakayama, K., Shimojo, S. and Silverman, G. H. (1989): Stereoscopic depth: its relation to image segmentation, grouping, and the recognition of occluded objects. *Perception*, **18**, 55-68.

Naor-Raz, G. and Sekuler, R. (2000): Perceptual dimorphism in visual motion from stationary patterns. *Perception*, **29**, 325-335.

Necker, L. A. (1832): Observations on some remarkable Optical Phenomena seen in Switzerland; and on an Optical Phenomenon which occurs on viewing a Figure of a Crystal or geometrical Solid. *The London and Edinburgh Philosophical Magazine and Journal of Science* **1**(5), 329-337.

Nguyen-Tri, D. and Faubert, J. (2003): The fluttering-heart illusion: a new hypothesis. *Perception*, **32**, 627-634.

Nijhawan, R. (1994): Motion extrapolation in catching. *Nature*, **370**, 256-257.

Ninio, J. and Stevens, K. A. (2000): Variations on the Hermann grid: an extinction illusion. *Perception*, **29**, 1209-1217.

Noguchi, K. (2003): The relationship between visual illusion and aesthetic preference-An attempt to unify experimental phenomenology and empirical aesthetics. *Axiomathes*, **13**, 261-281.

Noguchi, K. and Rentschler, I. (1999): Comparison between geometrical illusion and aesthetic preference. *Journal of Faculty of Engineering, Chiba University*, **50**, 29-33.

Noguchi, K., Kitaoka, A. and Takashima, M. (2008): Gestalt-oriented perceptual research in Japan: Past and present. *Gestalt Theory*, **30**, 11-28.

O'Brien, V. (1958): Contour perception, illusion and reality. *Journal of the Optical Society of America*, **48**, 112-119.

小笠原慈瑛（1935）：実体鏡における"大きさ"について．増田博士謝恩心理学論文集, 19-27.

大口 敬（1995）：高速道路サグにおける渋滞の発生と道路線形との関係．土木学会論文集, **524**/IV-29, 69-78.

Oliva, A., Torralba, A. and Schyns, P. G. (2006): Hybrid Images. *ACM Transactions on Graphics, ACM Siggraph*, **25**(3), 527-532.

Oppel, J. J. (1855): Über geometrisch-optische Täuschungen. *Jahresbericht des physikalischen Vereins zu Frankfurt am Main*, 1854-55, 37-47.

O'Regan, J. K., Rensink, R. A. and Clark, J. J. (1999): Change-blindness as a result of "mudsplashes". *Nature*, **398**, 34.

苧坂良二（2005）：天体錯視．後藤倬男・田中平八（編），錯視の科学ハンドブック，東京大学出版会（pp. 246-258）．

Ouchi, H. (1977): *Japanese Optical and Geometrical Art*, Mineola, NY: Dover.

Owens, D. A. and Leibowitz, H. W. (1975): Chromostereopsis with small pupils. *Journal of the Optical Society of America*, **65**, 358-359.

Oyama, T. (1960): Japanese studies on the so-called geometrical-optical illusions. *Psychologia*, 3, 7-20.
大山　正 (2000)：視覚心理学への招待―見えの世界へのアプローチ，サイエンス社．
Oyama, T. and IIsia, Y. (1966): Compensatory hue shift in simultaneous color contrast as a function of. separation between inducing and test fields. *Journal of Experimental Psychology*, 71, 405-413.
Oyama, T. and Goto, T. (2007): Editorial: Studies on optical illusions in Japan. *Japanese Psychological Research*, 49, 1-6.
大山　正・中原淳一 (1960)：透明視に及ぼす明度，色相，面積の影響．心理学研究，31, 35-48.
Penrose, L. S. and Penrose, R. (1958): Impossible objects: A special type of illusion. *British Journal of Psychology*, 49, 31-33.
Pierce, A. H. (1898): The illusion of the kindergarten patterns. *Psychological Review*, 5, 233-253.
Pierce, A. H. (1900): The illusory dust drift: A curious optical phenomenon. *Science*, 12, 208-211.
Pinna, B. (2005): The role of the Gestalt principle of similarity in the watercolor illusion. *Spatial Vision*, 18, 185-207.
Pinna, B. and Brelstaff, G. J. (2000): A new visual illusion of relative motion. *Vision Research*, 40, 2091-2096.
Pinna, B. and Spillmann, L. (2002): A new illusion of floating motion in depth. *Perception*, 31, 1501-1502.
Pinna, B. and Spillmann, L. (2005): New illusions of sliding motion in depth. *Perception*, 34, 1441-1458.
Pinna, B., Brelstaff, G. and Spillmann, L. (2001): Surface color from boundaries: A new 'watercolor' illusion. *Vision Research*, 41, 2669-2676.
Pinna, B., Spillmann, L. and Ehrenstein, W. H. (2002): Scintillating lustre and brightness induced by radial lines. *Perception*, 31, 5-16.
Pinna, B., Spillmann, L. and Werner, J. S. (2003): Anomalous induction of brightness and surface qualities: a new illusion due to radial lines and chromatic rings. *Perception*, 32, 1289-1305.
Pinna, B., Werner, J. S. and Spillmann, L. (2003): The watercolor effect: A new principle of grouping and figure-ground organation. *Vision Research*, 43, 43-52.
Plug, C. and Ross, H. E. (1989): Historical review. In M. Hershenson (Ed.), *The moon illusion*, Hillsdale, NJ: Lawrence Erlbaum Associates (pp. 5-27).
Ponzo, M. (1912): Rapports entre quelques illusions visuelles de contraste angulaire et l'appréciation de grandeur des astres à l'horizon. *Archives Italiennes de Biologie*, 58, 327-329.
Popple, A. V. and Levi, D. M. (2000): A new illusion demonstrates long-range processing. *Vision Research*, 40, 2545-2549.
Popple, A. V. and Sagi, D. (2000): A Fraser illusion without local cues? *Vision Research*, 40, 873-878.
Prandtl, A. (1927): Über gleichsinnege Induktion und die Lichtverteilung in gitterartigen Mustern. *Zeitschrift für Sinnesphysiologie*, 58, 263-307.
Prazdny, K. (1983): Illusory contours are not caused by simultaneous brightness contrast. *Perception & Psychophysics*, 34, 403-404.
Prazdny, K. (1985): On the nature of inducing forms generating perceptions of illusory contours. *Perception & Psychophysics*, 37, 237-242.
Pressey, A. W. and den Heyer, K. (1968): Observations on Chiang's "new" theory of geometrical illusions. *Perception & Psychophysics*, 4, 313-314.
Prestrude, A. M. (1971): Visual latencies at photopic levels of retinal luminance. *Vision Research*, 11, 351-361.
Prestrude, A. M. and Baker, H. D. (1968): New method of measuring visual-perceptual latency differences. *Perception & Psychophysics*, 4, 152-154.
Prestrude, A. M. and Baker, H. D. (1971): Light adaptation and visual latency. *Vision Research*, 11, 363-369.
Pulfrich, C. (1922): Die Stereoskopie im Dienste der isochromen und hetereochromen Photometrie. *Naturwissen-*

schaften, **10**, 553-564, 569-574, 596-601, 714-722, 735-743, 751-761.
Ramachandran, V. S. (1988): Perception of shape from shading. *Nature*, **331**, 163-166.
Ramachandran, V. (1992a): Blind spots. *Scientific American*, **266**, 44-49.
Ramachandran, V. S. (1992b): Perception: A biological perspective. In G. A. Carpenter and S. Grossberg (Eds.), *Neural Networks for Vision and Image Processing*, Cambridge, MA: MIT Press.
Ramachandran, V. S. and Cavanagh, P. (1985): Subjective contours capture stereopsis. *Nature*, **317**, 527-530.
Ramachandran, V. S. and Gregory, R. L. (1991): Perceptual filling in of artificial scotomas in human vision. *Nature*, **350**, 699-702.
Ratliff, F. (1965): *Mach Bands. Quantitative Studies on Neural Networks in the Retina*, San Francisco, CA: Holden-Day.
Redies, C. and Spillmann, L. (1981): The neon color effect in the Ehrenstein illusion. *Perception*, **10**, 667-681.
Redies, C., Spillmann, L. and Kunz, K. (1984): Colored neon flanks and line gap enhancement. *Vision Research*, **24**, 1301-1309.
Rensink, R. A., O'Regan, J. K., and Clark, J. J. (1997): TO SEE OR NOT TO SEE: The need for attention to perceive changes in scenes. *Psychological Science*, **8**, 868-373.
Ripamonti, C. and Gerbino, W. (2001): Classical and inverted White's effects. *Perception*, **30**, 467-488.
Robinson, J. O. (1972/1998): *The Psychology of Visual Illusion*, Mineola, NY: Dover.
Rock, I. (1974): The perception of disoriented figures. *Scientific American*, **230**, 78-85.
Rogers, B. J. and Anstis, S. M. (1972): Intensity versus adaptation and the Pulfrich stereophenomenon. *Vision Research*, **12**, 909-928.
Rosenbach, O. (1902): Zur Lehre von den Urtheilstäuschungen. *Zeitschrift für Psychologie*, **29**, 434-448.
Rubin, E. (1915): *Visuell Wahrgenommene Figuren. Studien in Psychologischer Analyse*, København: Gyldendalske Boghandel.
Sakurai, K. and Gyoba, J. (1985): Optimal occluder luminance for seeing stationary visual phantoms. *Vision Research*, **25**, 1735-1740.
Schachar, R. A. (1976): The "pincushion grid" illusion. *Science*, **192**, 389-390.
Schrauf, M. and Spillmann, L. (2000): The scintillating grid illusion in stereo-depth. *Vision Research*, **40**, 717-721.
Schrauf, M., Lingelbach, B. and Wist, E. R. (1997): The scintillating grid illusion. *Vision Research*, **37**, 1033-1038.
Schröder, H. (1858): Ueber eine optische Inversion bei Betrachtung verkehrter, durch optische Vorrichtung entworfener physischer Bilder. *Annalen der Physik und Chemie*, **181**, 298-311.
Seki, K., Ishiai, S., Koyama, Y., Sato, S., Hirabayashi, H. and Inaki, K. (2000): Why are some patients with severe neglect able to copy a cube? The significance of verbal intelligence. *Neuropsychologia*, **38**, 1466-1472.
Sekuler, R., Sekuler, A. B. and Lau, R. (1997): Sound alters visual motion perception. *Nature*, **385**, 308.
Selfridge, O. G. (1955): Pattern recognition in modern computers. *Proceedings of the Western Joint Computer Conference*, 91-93.
Shapley, R. M. (1986): The importance of contrast for the activity of single neurons, the VEP and perception. *Vision Research*, **26**, 45-61.
Shepard, R. N. (1981): Psychophysical complementarity. In Kubovy, M. and Pomeranz, J. (Eds.), *Perceptual Organization*, Hillsdale, NJ: Lawrence Erlbaum Associates (pp. 279-341).
シェパード, R. N. (著), 鈴木光太郎・芳賀康朗 (訳) (1993): 視覚のトリック：だまし絵が語る「見る」しくみ, 東京：新曜社.
Shevell, S. K. and Wei, J. (1998): Chromatic induction: Border contrast or adaptation to surrounding light. *Vision Research*, **38**, 1561-1566.
椎名　健 (1995): 錯覚の心理学, 講談社現代新書, 講談社.

Shimojo, S., Kamitani, Y. and Nishida, S. (2001): Afterimage of perceptually filled-in surfaces. *Science*, **293**, 1677-1680.
Shulman, G. L. (1992): Attentional modulation of a figural aftereffect. *Perception*, **21**, 7-19.
Simons, D. J. and Levin, D. T. (1997): Change blindness. *Trends in Cognitive Psychology*, **1**, 261-267.
Sohmiya, S. (2007): A wave-line colour illusion. *Perception*, **36**, 1396-1398.
Spillmann, L. (1994): The Hermann grid illusion: a tool for studying human perceptive field organization. *Perception*, **23**, 691-708.
Spillmann, L. and Levine, J. (1971): Contrast enhancement in a Hermann grid with variable figure-ground ratio. *Experimental Brain Research*, **13**, 547-559.
Spillmann, L., Fuld, K. and Gerrits, H. J. M. (1976): Brightness contrast in the Ehrenstein illusion. *Vision Research*, **16**, 713-719.
Spillmann, L., Heitger, F. and Schuller, S. (1986): Apparent displacement and phase unlocking in checkerboard patterns. *Paper presented at the 9th European Conference on Visual Perception*, Bad Nauheim.
Stone, L. S. and Thompson, P. (1992): Human speed perception is contrast dependent. *Vision Research*, **32**, 1535-1549.
高島 翠 (2008):無彩色における水彩効果—墨絵効果の成立条件について．心理学研究，**79**, 379-384.
田中平八 (1994):幾何学的錯視と残効．大山 正・今井省吾・和気典二（編），新編 感覚知覚心理学ハンドブック，誠信書房（pp. 681-736）．
Taya, R., Ehrenstein, W. H. and Cavonius, C. R. (1995): Varying the strength of the Munker-White effect by stereoscopic viewing. *Perception*, **24**, 685-694.
Terada, T., Yamamoto, R. and Watanabe, T. (1935): On some optical illusions. *Scient. Pap. Inst. Chem. Res.*, **26**, 109-121.
Thompson, P. (1980): Margaret Thatcher: a new illusion. *Perception*, **9**, 483-484.
Thompson, P. G. (1982): Perceived rate of movement depends on contrast. *Vision Research*, **22**, 377-380.
Todorović, D. (1997): Lightness and junctions. *Perception*, **26**, 379-394.
Topper, D. R. (1984): The Poggendorff illusion in Descent from the Cross by Rubens. *Perception*, **13**, 655-658.
Treisman, A. and Gelade, G. (1980): A feature integration theory of attention. *Cognitive Psychology*, **12**, 97-136.
Troncoso, X. G., Macknik, S. L. and Martinez-Conde, S. (2005): Novel visual illusions related to Vasarely's 'nested squares' show that corner salience varies with corner angle. *Perception*, **34**, 409-420.
Troxler, D. (1804): Über das Verschwinden gegebener Gegenstände innerhalb unsers Gesichtskrcises. In K. Himley and J. A. Schmidt (Eds.), *Ophthalmologisches Bibliothek*, *Vol. II*. Jena: Fromann (pp. 51-53).
對梨成一 (2008):坂道の傾斜知覚の研究．心理学博士号取得論文（立命館大学）．
Tynan, P. and Sekuler, R. (1975): Moving visual phantoms: A new contour completion effect. *Science*, **188**, 951-952.
Uznadze, D. (1931): Über die Gewichtstäuschung und ihre Analoga. *Psychologische Forschung*, **14**, 366-379.
VanRullen, R. and Dong, T. (2003): Attention and scintillation. *Vision Research*, **43**, 2191-2196.
Van Tuijl, H. F. J. M. (1975): A new visual illusion: Neonlike color spreading and complementary color induction between subjective contours. *Acta Psychologica*, **39**, 441-445.
Van Tuijl, H. F. J. M. and de Weert, C. M. M. (1979): Sensory conditions for the occurrence of the neon spreading illusion. *Perception*, **8**, 211-215.
Van Tuijl, H. F. J. M. and Leeuwenberg, E. L. J. (1979): Neon color spreading and structural information measures. *Perception and Psychophysics*, **25**, 269-284.
Varin, D. (1971): Fenomeni di contrasto e diffusione cromatica nell'organizzazione spaziale del campo percettivo. *Rivista di Psicologia*, **65**, 101-128.

Vezzani, S. (1999): Shrinkage and expansion by amodal completion: a critical review. *Perception*, **28**, 935-947.
von Bezold, W. (1874): *Die Farbenlehre im Hinblick auf Kunst und Kunstgewerbe*, Braunschweig: Westermann.
von Campenhausen, C. and Schramme, J. (1995): 100 years of Benham's top in colour science. *Perception*, **24**, 695-717.
von der Heydt, R., Peterhans, E. and Baumgartner, G. (1984): Illusory contours and cortical neuron responses. *Science*, **224**, 1260-1262.
von der Heydt, R., Peterhans, E. and Dursteler, M. R. (1992): Periodic-pattern-selective cells in monkey visual cortex. *Journal of Neuroscience*, **12**, 1416-1434.
von Grünau, M. W. (1975a): The 'fluttering heart' and spatio-temporal characteristics of color processing - I: Reversibility and the influence of luminance. *Vision Research*, **15**, 431-436.
von Grünau, M. W. (1975b): The 'fluttering heart' and spatio-temporal characteristics of color processing - II: Lateral interactions across the chromatic border. *Vision Research*, **15**, 437-440.
von Grünau, M. W. (1976): The 'fluttering heart' and spatio-temporal characteristics of color processing - III: interactions between the systems of the rods and the long wavelength cones. *Vision Research*, **16**, 397-401.
von Kries, J. (1896): Über die Wirkung kurzdauernder Lichtreize auf das Sehorgan. *Zeitschrift für Psychologie und Physiologie der Sinnesorgane*, **12**, 81-101; "Appendix II: Theories of Vision", In *Treatise on Physiological Optics* Vol. 3 (NY: Dover, 1962); English translation by J. P. C. Southall for the Optical Society of America (1925): from the 3rd German edition of Handbuch der Physiologischen Optik (Hamburg: Voss, 1910): (pp. 426-454).
Vos, J. J. (1960): Some new aspects of color stereoscopy. *Journal of Optical Society of America*, **50**, 785-790.
Vos, J. J. (1966): The color stereoscopic effect. *Vision Research*, **6**, 105-107.
Wade, N. J. (1996): Descriptions of visual phenomena from Aristotle to Wheatstone. *Perception*, **25**, 1137-1175.
Wade, N. J. (2003): Movements in art: from Rosso to Riley. *Perception*, **32**, 1029-1036.
Wade, N. J. (2004): Translation and recognition. *Perception*, **33**, 1-10.
Wade, N. J. (2005): Sound and sight: Acoustic figures and visual phenomena. *Perception*, **34**, 1275-1290.
Wallach, H. (1935): Über visuell wahrgenommene Bewegungsrichtung. *Psychologische Forschung*, **20**, 325-380.
White, M. (1979): A new effect on perceived lightness. *Perception*, **8**, 413-416.
White, M. (1981): The effect of the nature of the surround on the perceived lightness of gray bars within square-wave test gratings. *Perception*, **10**, 215-230.
White, M. (1982): The assimilation-enhancing effect of a dotted surround upon a dotted test region. *Perception*, **11**, 103-106.
Williams, J. M. and Lit, A. (1983): Luminance-dependent visual latency for the Hess effect, the Pulfrich effect, and simple reaction time. *Vision Research*, **23**, 171-179.
Wilson, J. A. and Anstis, S. M. (1969): Visual delay as a function of luminance. *American Journal of Physiology*, **82**, 350-358.
Witkin, H. A., Dyk, R. B., Faterson, H. F., Goodenough, D. R. and Karp, S. A. (1962): *Psychological differentiation: Studies of development*, New York: John Wiley & Sons.
Witkin, H. A., Lewis, H. B., Hertzman, M., Machover, K., Meissner, P. B. and Wapner, S. (1954): *Personality through Perception: An Experimental and Clinical Study*, Oxford, England: Harper.
Wohlgemuth, A. (1911): On the after-effect of seen movement. *British Journal of Psychology, Monograph Supplement*, **1**, 1-117.
Wolfe, J. M. (1984): Global factors in the Hermann grid illusion. *Perception*, **13**, 33-40.
Wolfe, J. M. (1998): Visual search. In H. Pashler (Ed.), *Attention*, East Sussex, UK: Psychology Press (pp. 13-71).
Wollaston, W. H. (1824): On the apparent direction of eye in a portrait. *Philosophical Transactions of the Royal*

Society of London, **B114**, 247-256.

Woodhouse, J. M. and Taylor, S. P. (1987): Further studies of the Café Wall and Hollow Squares illusions. *Perception*, **16**, 467-471.

Zaidi, Q., Spehar, B. and Shy, M. (1997): Induced effects of backgrounds and foregrounds in three-dimensional configurations: the role of T junctions. *Perception*, **26**, 395-408.

Zavagno, D. (1999): Some new luminance-gradient effects. *Perception*, **28**, 835-838.

Zeki, S., Watson, J. D. and Frackowiak, R. S. (1993): Going beyond the information given: the relation of illusory visual motion to brain activity. *Proceedings of the Royal Society of London, B*, **252**, 215-222.

Zöllner, F. (1860): Uber eine neue Art von Pseudoskopie und ihre Beziehungen zu den von Plateau und Oppel beschriebenen Bewegungsphanomenen. *Annalen der Physik und Chemie*, **186**, 500-523.

◎索 引

ア 行

アーガイル錯視　046, 048
赤の渦巻き　202
明るさ　031
　——の恒常性　034
　——の錯視　031
　——の対比　032
　——の同化　036
アモーダル補完　116
暗から明の方向に動いて見える
　　錯視　106
暗順応　216
暗所視　126
アンダーソンの錯視　034
安定透明視　148

位置の錯視　001
市松模様錯視　020
市松模様図形　042
異方性　010, 122
色が変わって見える錯視　074
色の恒常性　060, 076
色の瘤による色の道　124
色の錯視　057
色の残像　070
色のストリート　124
色の対比　058
色の同化　062
色の土牢錯視　066
色立体視　160
陰影　038
陰性残像　070

ヴァザルリ錯視　038
ヴァリン図形　126
ヴァン・トゥエイル図形　122

ウェルトハイマー-ベナリ効果
　　044
ウォラストン錯視　188
動く錯視　079
ウズナッゼ効果　028
渦巻き錯視　024
梅鉢模様錯視　004
運動残効　079, 202
運動誘導性消失錯視　079, 142
ヴント錯視　022

エイムズの台形窓　164
エイムズの部屋　164
エイムズの窓　164
エーデルソンのコフカの環
　　046
エーデルソンのタイル錯視
　　046
エニグマ錯視　112
エビングハウス錯視　004
MT野　100
L接合部　170
エーレンシュタイン錯視　120
遠隔色対比　064
遠隔色同化　064
エンターテインメント性　210

凹画面錯視　194
オオウチ錯視　079, 080
大きさの恒常性　002, 154, 164
大きさの錯視　001
奥行き反転図形　152
オッペル-クント錯視　008, 208
オートステレオグラム　154
踊るハート錯視　102
踊るハート達　102
おばけ坂　162
オービソン錯視　022

オプ効果　112

カ 行

回転斜線錯視　086
顔ガクガク錯視　196
顔の錯視　185
顔の倒立効果　010, 185, 186
隠し絵　169, 172
　　結合探索による——　180
隠し字　170
角度・傾きの錯視　001
影付きの左右に動く蛇　204
重なり　146
　——による奥行き知覚の錯視
　　146
形の恒常性　164, 190
形の錯視　001
カニッツァ図形　116
カニッツァの三角形　116, 118
カニッツァの正方形　116
　——の両眼立体視　156
カフェウォール錯視　020
壁紙錯視　158
眼球運動　080
ガーンセイ-モルガン錯視　086

消える錯視　137
幾何学的・光学的錯視　001
幾何学的錯視　001
輝度　031
ギブソン錯視　022
逆カフェウォール錯視　020
逆相性明所視ファントム　128
逆相性誘導　048
逆ホワイト効果　044
狭義の錯視　212
きらめき格子錯視　052

ギルクリストの明るさ対比 032
キルシュマンの法則 058

空間視 145
空間周波数 080
空気遠近法 214
空白現象 140
窪みの錯視 022
クモの巣錯視 210
クモの巣の糸 124
グレア効果 128
クレイク-オブライエン-コーンスイート効果 040
グレゴリーのダルメシアン犬の写真 172
クレスト部 162
クレーター錯視 150

化粧 185
結合探索課題 180
幻覚 115, 201
現象 204
現象的現象 204

光学的錯視 001
広義の錯視 212
光滲現象 206
合成写真錯視 146
後退色 160
光沢 038
ゴットシャルトの図形群 174
コントラスト依存の時間遅れ錯視 100
コントラスト・コントラスト 036
コントラスト変調による透明視 148

サ 行

最高輝度法則 032

最少の無限階段 166
最適化型フレーザー-ウィルコックス錯視 106
彩度 058
彩度対比 062
さかさ絵 186
さかさま顔 186
　——の過大視 196
坂道対比 162
坂道の錯視 162
錯視 201, 206
　——に似た概念 202
　——の分類 212
　——の歴史 206
錯視的輪郭 116
サグ部 162
錯覚 115, 201
サッチャー錯視 186
三角形の鋭角過大視 208
参照枠 082

シアー変換 190
シェパード錯視 010
視覚的ファントム 128
視覚的補完 115, 116
色相 058
軸外色収差 160
磁石の丘 162
視線の知覚 185, 188
視線方向のずれ効果 192
ジター錯視 079
縞誘導 048
実在 201
写真 212
ジャストロー錯視 006
斜塔錯視 010
視野の上半の過大視 010
充血錯視 192
周辺視 137
周辺視消失錯視 138
重力レンズ錯視 014
主観色 074

主観的輪郭 116
　——の立体視 156
　線の端による—— 118, 120
シュブルール錯視 038
シュレーダーの階段 152
ジョヴァネッリ錯視 014
消失錯視 140, 142
人工的暗点 138
進出色 160
心的イメージ 201

図 034, 176
水彩効果 202
水彩錯視 054, 132, 202
　——の図地分離効果 132
垂直水平錯視 010
図形残効 028
スージー 176
図地反転図形 152, 176
図地分離 034
スチュワートの環 044
ステレオキャプチャ 158
ステレオグラム 154, 212
ステレオ的増強 156
スネーク錯視 046
墨絵効果 040
ずれたエッジの錯視 018
ずれたグラデーションの錯視 020
ずれた線の錯視 018

生理学的錯視 216
線遠近法 002
線オオウチ錯視 080
線画による回転錯視 094
全体部分反転 176
線の端による主観的輪郭 118, 120
線パターンによる主観色 074
線分が不連続なネオン色拡散 130

相補的残像　112
宗宮の波線色錯視　130
側抑制　038
側仰制説　032

タ　行

第1次視覚野　072
ダイヤモンドオオウチ錯視　084
滝の錯視　202
だまし絵　208, 212
樽錯視　026

地　034, 176
チェッカーシャドー錯視　046
知覚　201
中心視　050, 137
中心ドリフト錯視　110
直交バイアス　082

追跡眼球運動　090
ツェルナー錯視　001, 016, 208

T接合部　044, 146
ティチェナー錯視　004
デ・ヴァロアーデ・ヴァロアの市松模様図形　042
デ・ヴァロアーデ・ヴァロアの市松模様の色錯視　062
テクスチャ消失錯視　138
デルブーフ錯視　004
テレビの錯視　190
天体錯視　206

同心円錯視　004
動的ネオン色拡散　130
投錨理論　032
透明視　148
道路勾配の錯視　162
特徴検出課題　180
床屋のポールの錯視　079, 084

ドット明るさ錯視　044
ドット色錯視　066
トリックアート　208
土牢錯視　044
　色の——　066
トロクスラー効果　138
トロクスラー消失錯視　138
トロンプルイユ　208
ドンブロスキー格子錯視　050

ナ　行

斜めエッジの錯視　016
斜め効果　122
波型モンドリアン図形　046
ニニオの消失錯視　140
認知的錯視　214
認知的錯覚　214
ネオン明るさ拡散　120, 122
ネオン明るさ錯視　032
ネオン色拡散　120
　——による針差し格子錯視　124
　——のヴァリン図形　126
　——の両眼立体視　156
ネオン色フランク　122
ねじれひもの錯視　016
ネッカーの立方体　152

ハ　行

ハイブリッド画像　178
ハイン錯視　086
バーゲン錯視　052
パステルカラー現象　074
パース変換　190
波線色錯視　130
パターン誘導性フリッカー色　074
パックマン図形　116

針差し格子錯視　124
反転図形　152
反転透明視　148

光　124
非透明視　148
表情の口優位性効果　198
表情の眉優位性効果　198
標的図形　042
ピラミッド錯視　038
ピンクッション図形　042
ピンナ錯視　054, 090
　——の平行移動錯視表現　092
ピンナの明るさ誘導　054
ピンナのきらめき光沢現象　054
ピンナの水彩錯視　132
ピンナ-ブレルスタッフ錯視　090

フィック錯視　010, 208
フィリング・イン　040, 116
フェーズシフト錯視　016
フェヒナー色　074
不可能図形　146, 166
不気味の谷　192
複視　196
膨らみの錯視　022
フットステップ錯視　079
物理的錯視　216
物理的錯覚　216
浮動運動錯視　104
プラズニーの図形　116
フラッシュラグ効果　079
フーリエ解析　082
フーリエ成分　082
不良設定問題　031
プルフリッヒ効果　100
プレヴォスト-フェヒナー-ベンハム主観色　074
フレーザー-ウィルコックス錯

視(群) 079, 106
フレーザー錯視 016
　　――による渦巻き錯視 024
プレッセー錯視 012
分割距離錯視 008
分節化 032
文脈効果 214

並置混色 064
ヘス効果 100
蛇の回転 108
ベベル図形 150
ヘリング格子錯視 050
ヘリング錯視 022
ヘルマン格子錯視 050
ヘルムホルツの正方形 008
ヘルムホルツの分割角度錯視 008
変化の見落とし 182
変則的輪郭 116
ベンハムのコマ 074
ペンローズの三角形 166

方位選択性 072
ぼかしと二値化 172
ポッゲンドルフ錯視 001, 012, 206
ポップアウト 180
ポップル錯視 016
ホレミス格子錯視 050
ホロウフェース錯視 194
ホロウマスク錯視 194
ホワイト効果 044, 202
ホワイトのドット明るさ錯視 044
ホン-シェベル錯視 044
ポンゾ錯視 002

マ 行

マッカロー効果 072
マッハの帯 038
マッハの本 152
窓枠問題 084
マリリンシュタイン(マリリン・アインシュタイン) 178
みかけの速度差による錯視 104
ミステリー坂 162
3つの棒 166
ミュラー＝リヤー錯視 001, 002, 208
ミュンスターベルク錯視 020, 208

無限階段 166
ムーニーフェース 172
ムンカー錯視 066, 202

明から暗の方向に動いて見える錯視 106
明所視 126
明所視ファントム 126
明度 058

妄想 201
盲点 134, 216
　　――の錯視 134
網膜像 080
文字列が傾いて見える錯視 018
モーダル補完 116
モトカワ線 124
モニエ-シェベル錯視 068
モルタル線 020
モローネ-バー-ロス錯視 038

ヤ 行

矢印ドリフト錯視 110

よい連続の要因 174
　　――による隠し絵 174
陽性残像 070
四色錯視 096

ラ 行

ラヴァトリーウォール錯視 020
ラマチャンドランの図形 150
ランダムドット色錯視 066
ランダムドットステレオグラム 154

立体視 145
　　主観的輪郭の―― 156
リバースファイ現象 079
両眼視差 154
両眼網膜像差 154
両眼立体視 154
　　――による大きさの錯視 154
隣接格子 118

ルビンの盃 152
ルーミング法 090

レディース-シュピルマン図形 120

ログヴィネンコの錯視 046
ロット-ウィリアムス-パーヴスのマッハの帯 038

ワ 行

Y接合部の錯視 096
　　――による渦巻き錯視 024
　　――の回転錯視表現 098
彎曲錯視 022

著者略歴

きた おか あき よし
北 岡 明 佳

1961 年　高知県に生まれる
1991 年　筑波大学大学院心理学研究科博士課程修了
　　　　 東京都神経科学総合研究所
2001 年　立命館大学文学部助教授
2006 年　ロレアル色の科学と芸術賞・金賞（第 9 回）
2007 年　日本認知心理学会独創賞（第 3 回）
現　在　立命館大学文学部教授
　　　　 教育学博士
主　著　『トリック・アイズ』シリーズ（カンゼン，2002-2013）
　　　　 『現代を読み解く心理学』（丸善，2005）
　　　　 『錯視の科学ハンドブック』（分担執筆，東京大学出版会，2005）
　　　　 『だまされる視覚 錯視の楽しみ方（DOJIN 選書 1）』（化学同人，2007）
　　　　 『錯視 完全図解―脳はなぜだまされるのか？（ニュートンムック Newton 別冊）』（監修，ニュートンプレス，2007）
　　　　 『知覚心理学―心の入り口を科学する（いちばんはじめに読む心理学の本 5）』（編著，ミネルヴァ書房，2011）
　　　　 『錯視と錯覚の科学（ニュートンムック Newton 別冊）』（監修，ニュートンプレス，2013）

錯　視　入　門　　　　　　　　　　　　定価はカバーに表示

2010 年 6 月 30 日　初版第 1 刷
2014 年 3 月 20 日　　　 第 3 刷

　　　　　　　　　　　　　　　著　者　北　岡　明　佳
　　　　　　　　　　　　　　　発行者　朝　倉　邦　造
　　　　　　　　　　　　　　　発行所　株式会社　朝　倉　書　店
　　　　　　　　　　　　　　　東京都新宿区新小川町 6-29
　　　　　　　　　　　　　　　郵便番号　162-8707
　　　　　　　　　　　　　　　電話　03(3260)0141
　　　　　　　　　　　　　　　FAX　03(3260)0180
　　　　　　　　　　　　　　　http://www.asakura.co.jp

〈検印省略〉

© 2010 〈無断複写・転載を禁ず〉　　　　中央印刷・牧製本

ISBN 978-4-254-10226-0　C 3040　　　　Printed in Japan

JCOPY　〈(社)出版者著作権管理機構 委託出版物〉

本書の無断複写は著作権法上での例外を除き禁じられています．複写される場合は，そのつど事前に，(社)出版者著作権管理機構（電話 03-3513-6969，FAX 03-3513-6979，e-mail: info@jcopy.or.jp）の許諾を得てください．

東工大 内川惠二総編集　高知工科大 篠森敬三編
講座 感覚・知覚の科学 1
視　　　覚　　　I
―視覚系の構造と初期機能―
10631-2 C3340　　　A 5 判 276頁 本体5800円

〔内容〕眼球光学系―基本構造―（鵜飼一彦）／神経生理（花沢明俊）／眼球運動（古賀一男）／光の強さ（篠森敬三）／色覚―色弁別・発達と加齢など―（篠森敬三・内川惠二）／時空間特性―時間的足合せ・周辺視など―（佐藤雅之）

東工大 内川惠二総編集　東北大 塩入　諭編
講座 感覚・知覚の科学 2
視　　　覚　　　II
―視覚系の中期・高次機能―
10632-9 C3340　　　A 5 判 280頁 本体5800円

〔内容〕視覚現象（吉澤）／運動検出器の時空間フィルタモデル／高次の運動検出／立体・奥行きの知覚（金子）／両眼立体視の特性とモデル／両眼情報と奥行き情報の統合（塩入・松宮・金子）／空間視（中溝・光藤）／視覚的注意（塩入）

東工大 内川惠二総編集　横国大 岡嶋克典編
講座 感覚・知覚の科学 5
感 覚・知 覚 実 験 法
10635-0 C3340　　　A 5 判 240頁 本体5200円

人の感覚・知覚の研究には有効適切な実験法が必要であり、本書で体系的に読者に示す。〔内容〕心理物理測定法／感覚尺度構成法／測定・解析理論／測光・測色学／感覚刺激の作成・較正法／視覚実験法／感覚・知覚実験法／非侵襲脳機能計測

東京成徳大 海保博之監修　筑波大 菊地　正編
朝倉心理学講座 6
感 覚 知 覚 心 理 学
52666-0 C3311　　　A 5 判 272頁 本体3800円

感覚知覚の基本的知識と最新の研究動向、またその不思議さを実感できる手がかりを提示。〔内容〕視覚システム／色／明るさとコントラスト／かたち／三次元空間／運動／知覚の恒常性／聴覚／嗅覚／味覚／感性工学／知覚機能障害

東工大 内川惠二著
色彩科学選書 4
色覚のメカニズム
―色を見る仕組み―
10540-7 C3340　　　A 5 判 224頁 本体4800円

〔内容〕色の視覚／色覚系の構造／色覚のフロントエンド―三色型色覚／色覚の伝達系―輝度・色型色覚／色弁別／色覚の時空間特性／色の見え／表面色知覚／色のカテゴリカル知覚／色の記憶と認識／付録：刺激光の強度の単位，OSA表色系，他

前京都工繊大 久保田敏弘著
新版 ホログラフィ入門
―原理と実際―
20138-3 C3050　　　A 5 判 224頁 本体3900円

印刷，セキュリティ，医学，文化財保護，アートなどに汎用されるホログラフィの仕組みと作り方を伝授。〔内容〕ホログラフィの原理／種類と特徴／記録材料／作製の準備／銀塩感光材料の処理法／ホログラムの作製／照明光源と再生装置／他

前東大 尾上守夫・東大 池内克史・東大 羽倉弘之編
3 次元映像ハンドブック
20121-5 C3050　　　A 5 判 480頁 本体22000円

3次元映像は各種性能の向上により応用分野で急速な実用化が進んでいる。本書はベストメンバーの執筆者による、3次元映像に関心のある学生・研究者・技術者に向けた座右の書。〔内容〕3次元映像の歩み／3次元映像の入出力（センサ，デバイス，幾何学的処理，光学的処理，モデリング，ホログラフィ，VR，AR，人工生命）／広がる3次元映像の世界（MRI，ホログラム，映画，ゲーム，インターネット，文化遺産）／人間の感覚としての3次元映像（視覚知覚，3次元錯視，感性情報工学）

日本視覚学会編
視覚情報処理ハンドブック
〔CD-ROM付〕
10157-7 C3040　　　B 5 判 676頁 本体29000円

視覚の分野にかかわる幅広い領域にわたり、信頼できる基礎的・標準的データに基づいて解説。専門領域以外の学生・研究者にも読めるように、わかりやすい構成で記述。〔内容〕結像機能と瞳孔・調節／視覚生理の基礎／光覚・色覚／測光システム／表色システム／視覚の時空間特性／形の知覚／立体（奥行き）視／運動の知覚／眼球運動／視空間座標の構成／視覚的注意／視覚と他感覚との統合／発達・加齢・障害／視覚機能測定法／視覚機能のモデリング／視覚機能と数理理論

上記価格（税別）は2014年2月現在